Deutsch

Herausgegeben von
**Gisela Dörnhöfer-Oßwald,
Constanze Niederhaus,
Klaus Nowak, Anselm Wenzke**

Erarbeitet von
**Kirsten Althaus, Manja Auerbach,
Gisela Dörnhöfer-Oßwald,
Juliane Große, Barbara Herrmann,
Melanie Jaddy, Annett Jaensch,
Carola Mushold, Constanze Niederhaus,
Klaus Nowak, Anselm Wenzke**

Cornelsen

Illustrationen:
Matthias Pflügner, Berlin: S. 11, 15, 42, 46, 64, 76, 81, 103, 104, 132, 146, 148, 152, 162
Carsten Märtin, Oldenburg: S. 39, 40, 41

Projektleitung:	Gabriele Biela
Redaktion:	Karin Unfried, Friederike Schöning, Dietlinde Thomas
Bildrecherche:	Kirsten Greve, Gabriele Sprickerhof, Klein und Halm
Gesamtgestaltung und technische Umsetzung:	Klein und Halm Grafik-Design, Berlin

www.cornelsen.de

Die Webseiten Dritter, deren Internetadressen in diesem Lehrwerk angegeben sind, wurden vor Drucklegung sorgfältig geprüft. Der Verlag übernimmt keine Gewähr für die Aktualität und den Inhalt dieser Seiten oder solcher, die mit ihnen verlinkt sind.

Dieses Werk berücksichtigt die Regeln der reformierten Rechtschreibung und Zeichensetzung.

1. Auflage, 7. Druck 2023

Alle Drucke dieser Auflage sind inhaltlich unveraltet
und können im Unterricht nebeneinander verwendet werden.

© 2009 Cornelsen Verlag, Berlin
© 2017 Cornelsen Verlag GmbH, Berlin

Druck und Bindung: Livonia Print, Riga

ISBN 978-3-06-450276-5

PEFC zertifiziert
Dieses Produkt stammt aus nachhaltig bewirtschafteten Wäldern und kontrollierten Quellen.
www.pefc.de
PEFC/12-31-006

Vorwort

Liebe Schülerinnen, liebe Schüler,

Sie möchten sich erfolgreich für einen Ausbildungsplatz bewerben und Ihr Wissen und Ihre Fähigkeiten erweitern.

Das Fach Deutsch bildet eine wichtige Grundlage; denn in Alltag, Schule und Beruf wird es immer wichtiger, kommunikative Situationen richtig zu deuten und sie angemessen zu gestalten. Das erfordert vor allem Fähigkeiten im Sprechen, Zuhören, Schreiben und im Lesen von Texten aller Medien. Das Buch bietet dafür Hilfestellungen.

„Job fit – Deutsch" ist nach Bausteinen gegliedert. Es enthält:

Basisbaustein: Wiederholung

Hier finden Sie grundlegende Lernmethoden und Arbeitstechniken, die Sie beim Lernen unterstützen, sowie Material und Basiswissen zum selbstständigen Wiederholen und Üben aus den Bereichen Rechtschreibung und Grammatik. Testaufgaben helfen Ihnen, Ihr Wissen und Können selbst einzuschätzen. Das Kapitel „Bewerbung" bereitet Sie umfassend und gezielt mündlich und schriftlich auf Ihre Bewerbung vor.

Lernbaustein: Erarbeiten

In diesem Teil des Buches werden Ihnen Kenntnisse zu grundlegenden Bereichen wie Kommunikation, Medien und Werbung vermittelt. Sie erhalten Anregungen für Projektideen und können selbst gestaltend tätig werden. Darüber hinaus lesen Sie Texte zu Themen aus Ihrer Lebenswelt und erweitern Ihr Wissen zum Umgang mit Literatur.

Prüfungsbaustein

Mit diesem Teil des Buches bereiten Sie sich ganz gezielt auf eine Abschlussprüfung vor. Zu jedem Prüfungsformat erhalten Sie Musteraufgaben, die Sie mit Hilfen Schritt für Schritt erarbeiten. An einer weiteren Aufgabe können Sie testen, ob Sie das Gelernte schon selbst anwenden können. Eine Übersicht über die Teilaufgaben Ihrer Prüfung sowie eine Übung zum Verstehen von Arbeitsanweisungen in Prüfungen schließt diesen Teil Ihres Buches ab.

Viel Freude und Erfolg im Unterricht sowie auf Ihrem weiteren Ausbildungsweg wünschen Ihnen die Herausgeberinnen und Herausgeber, Autorinnen und Autoren sowie die Verlagsredaktion.

Inhaltsübersicht

Basisbaustein: Wiederholung

Lernbaustein: Erarbeiten

Inhaltsübersicht

Prüfungsbaustein

Methodensammlung: Lernen lernen

Was Ihnen das Kapitel bietet:

Im folgenden Kapitel wird Ihnen eine Vielfalt von Lernhilfen und Lernmethoden vorgestellt, die Sie beim Lernen unterstützen kann. Tipps und Tricks rund um das Lernen erleichtern Ihnen die Arbeit für die Schule. Anschauliche Abbildungen zeigen Ihnen, wie leicht und effektiv gearbeitet werden kann.

Wo gibt es mehr zu diesem Themenbereich?

Die Lernmethoden und Lernhilfen dieses Kapitels unterstützen Sie bei Ihrer Arbeit im Deutschunterricht, Sie können diese in allen Kapiteln des Buches anwenden. Entsprechende Verweise finden Sie in den Kapiteln.

Das Lernen vorbereiten

Schlaf und Ruhe

Lernen ist ein aktiver Vorgang, den Sie gut organisiert durchführen sollten. Um richtig konzentriert lernen zu können, müssen Sie ausgeschlafen bzw. ausgeruht sein. Wie viel Schlaf die/der Einzelne benötigt, ist unterschiedlich. Jedoch sollten Heranwachsende im Normalfall nicht weniger als sieben Stunden schlafen, um ausgeruht am Unterricht teilnehmen zu können.

5 Ruhe am Arbeitsplatz zu Hause bedeutet, dass Sie keine unnötige
Geräuschkulisse beim Lernen stört. Dazu gehört auch das Musikhören,
welches das Lernen nicht unterstützt, sondern eindeutig behindert –
wie die Lernpsychologie belegt hat.
Ruhe am Arbeitsplatz in der Schule bedeutet, dass Sie während
10 des Unterrichts aktiv mitarbeiten und sich nicht nebenbei
mit Ihren Klassenkameraden unterrichtsfremd unterhalten.
Dann wird es im Klassenzimmer nicht so laut.

Stellen Sie sich auf Störungen ein, die unvermeidlich sind.
Versuchen Sie, Störungen, die vermeidbar sind, abzustellen.

1 Untersuchen Sie Ihr Lernen in der Schule.
   a) Nennen Sie Situationen, in denen Sie beim Lernen in der Schule gestört wurden.
   b) Besprechen Sie in der Klasse, wie Störungen vermieden werden können.

Tägliche Leistungskurve

Die Leistungskurve zeigt Ihnen, zu welchen Tageszeiten
man gut bzw. weniger gut lernt. Bedenken Sie, dass es sich
um allgemeine Durchschnittswerte handelt, die individuelle Abweichungen erlauben. Mit Hilfe Ihrer persönlichen
5 Leistungskurve können Sie sich den Tag sinnvoll einteilen.
Sie wissen dann, wann Sie konzentriert lernen – und Sie
können sich die restliche Zeit für Ihre weiteren Verpflichtungen und Freizeitinteressen einteilen.

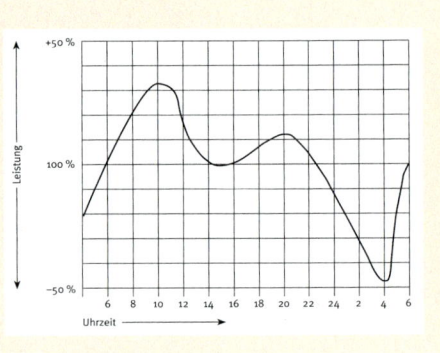

2 Untersuchen Sie das Schaubild und erstellen Sie Ihre eigene Leistungskurve.
   a) Klären Sie, zu welchen Tageszeiten man gut und wann man schlecht lernt.
   b) Übertragen Sie das Schaubild mit der Durchschnittskurve auf ein kariertes Blatt.
   c) Zeichnen Sie in das Schaubild Ihre persönliche Leistungskurve. Überlegen Sie vorher,
   wann Ihnen das Lernen leichtfällt und wann weniger leicht.
   d) Vergleichen Sie die allgemeine Kurve mit Ihrer persönlichen Kurve. Was fällt Ihnen auf?
   e) Sprechen Sie in der Klasse darüber, wie Sie das Lernen und Ihre Freizeitaktivitäten zeitlich
   am sinnvollsten einteilen.

Ordnung am Arbeitsplatz

Ihr Arbeitsplatz sollte sich an einem ruhigen Platz in der
Wohnung befinden. Sie sollten über eine Lichtquelle verfügen, die Ihnen die unmittelbare Arbeitsfläche (Schreib-
und Lesefläche) mit genügend Licht versorgt. Der
5 Arbeitsplatz ist aufgeräumt; es befinden sich immer nur
die Arbeitsmaterialien auf dem Tisch, die Sie im Moment
benötigen. Je mehr freie Fläche Sie haben, umso besser.

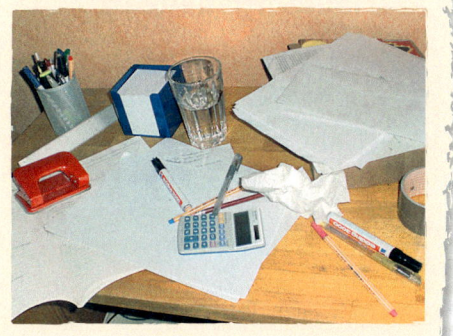

3 Machen Sie sich Gedanken über den idealen Arbeitsplatz.
  a) Vergleichen Sie die Beschreibung des idealen Arbeitsplatzes mit dem Foto.
    Was fällt Ihnen auf? Was müsste an diesem Arbeitsplatz geändert werden?
  b) Wie sieht Ihr persönlicher Arbeitsplatz aus?
  c) Sammeln Sie in der Gruppe weitere Merkmale eines idealen Arbeitsplatzes.

Ordnung auf dem Papier/im Heft

Sollten Sie mit so genannten Kolleg-Blocks
arbeiten, dann ziehen Sie bitte links und
rechts jeweils mindestens einen Rand von
2,5 cm Breite. So wirken Ihre Notizen über-
5 sichtlich und Sie haben die Möglichkeit, auch
nachträglich Notizen unterzubringen.
Schreiben Sie immer das Datum auf den Rand.
Beginnen Sie jedes neue Thema auf einer
neuen Seite. So können Sie schnell prüfen, wie
10 umfangreich ein Kapitel ist bzw. wo es beginnt
und wo es endet.
Heften Sie die Unterlagen zu den einzelnen
Fächern entweder in getrennte dünne Ordner
bzw. Schnellhefter oder sortieren Sie
Ihre Blätter in einem dicken Ordner, in dem
15 Sie sie nach Fächern mit Trennblättern
(Registerblättern) systematisch abheften.
Eine Alternative sind Hefte; ob liniert oder
kariert, spielt keine Rolle, denken Sie
an den Rand, die Überschrift und das Datum.

4 Bereiten Sie Musterseiten nach obigem Vorbild vor und verwenden Sie diese für Ihre Notizen.

Hausaufgabenheft

Hausaufgaben dienen der Vertiefung des Lernstoffs oder dem Üben für Klassenarbeiten bzw. für die Abschlussprüfung.

Damit Sie einen Überblick darüber haben, in welchen Fächern Sie Hausaufgaben aufhaben, sollten Sie sich entweder einen Terminkalender oder ein Vokabelheft zulegen.

5 Im Terminkalender tragen Sie beim jeweiligen Datum ein, in welchem Fach Sie welche Hausaufgabe haben. Damit Sie nichts vergessen, tragen Sie alle Hausaufgaben sofort nach Bekanntgabe ein.

Im Vokabelheft notieren Sie zunächst das Datum und in der Zeile darunter das Fach und die Aufgabe(n). Aufgaben, die Sie erledigt haben, streichen Sie durch. In Ihrem Vokabelheft lassen

10 Sie vorn ein paar Seiten frei, auf denen Sie alle wichtigen Termine wie Klassenarbeitstermine, Abgabezeitpunkt für Hausarbeiten (z.B. Bewerbungsmappe, Referat oder Plakat für eine Präsentation usw.) und Prüfungstermine notieren können.

Wenn Sie mit einem Terminkalender arbeiten, dann tragen Sie die oben genannten Termine mit einer anderen Farbe als die Hausaufgaben beim jeweiligen Datum ein. Damit haben Sie

15 den Überblick darüber, was „Alltagsgeschäft" ist und was an Sonderterminen dazukommt. Sie können auch Ihre Noten aufschreiben und sich so einen Überblick über Ihre Leistungen verschaffen.

Wochenplan

Haben Sie Probleme, sich Ihre Zeit einzuteilen, dann hilft Ihnen ein Wochenplan: Dort tragen Sie für jeden Tag alle Termine vom Aufstehen bis zum Schla-

5 fengehen mit der jeweiligen Uhrzeit ein. Sie bekommen einen Überblick darüber, welche unvermeidlichen, festen Termine Sie haben und wie viel Zeit Ihnen für weitere Aktivitäten zur Verfügung steht.

	Montag	Dienstag	Mittwoch	Donnerstag	Freitag	Samstag	Sonntag
7:45							
	Unterricht	Unterricht	Unterricht		Unterricht		
				Unterricht			
13:00						Prüfungs-vor-bereitung	frei
14:00							
15:00	Haus-aufgaben	Haus-aufgaben	Haus-aufgaben		Haus-aufgaben		
16:00							
17:00			Prüfungs-vor-bereitung		Haus-aufgaben		
18:00							
19:00		Sport				Sport	
20:00							

10 Sie können sich mit einem Wochenplan bereits am Ende einer Woche Übersicht über die nächste Woche verschaffen und sehen, welche Aufgaben und Arbeiten anstehen. Vergessen Sie nicht, Langzeit-Projekte (z.B. Referat oder Bewerbungsmappe) einzutragen.

5 Erstellen Sie Ihren eigenen Wochenplan. Nehmen Sie ein unbeschriebenes Stundenplanformular zur Hand oder zeichnen Sie selbst eine Wochenübersicht.

a) Tragen Sie alle festen Termine mit Angabe des zeitlichen Umfangs rot ein.

b) Ergänzen Sie mit einer anderen Farbe weitere geplante Aktivitäten.

c) Prüfen Sie, inwieweit Ihre Leistungskurve und Ihre Lernzeit übereinstimmen (Aufg. 2, S. 8). Gibt es die Möglichkeit, Termine zu ändern?

d) Prüfen Sie, ob Sie genügend Entspannungs- und Ruhephasen haben.

Lernkartei

Mit der Lernkartei können Sie Ihr Gedächtnis längerfristig trainieren und Ihr Wissen festigen. Der Vorteil dieser Lernmethode ist, dass Sie immer nur das lernen, was Sie wirklich noch nicht beherrschen. In Deutsch können Sie die Lernkartei
5 z.B. nutzen, um die Rechtschreibung Ihrer Problemwörter zu wiederholen oder typische Merkmale bestimmter Aufsatzformen.
Sie benötigen einen Karteikasten, den Sie kaufen oder selbst aus Pappkarton basteln können. Bestücken Sie ihn mit Karteikarten aus Papier oder Pappe. Den Kasten unterteilen Sie in vier Fächer. Dazu verwenden Sie am besten stabile Pappe. Wenn Sie z.B. Problemwörter schreiben
10 lernen wollen, notieren Sie auf der Vorderseite der Karte Ihr Problemwort (z.B. „Training") und auf der Rückseite zwei bis drei Wörter aus derselben Wortfamilie (z.B. „trainieren", „Trainer", „trainiert").

Jeden Tag nehmen Sie sich ca. zehn Karteikarten vor. Wenn der Inhalt „sitzt", kommt die Karte aus dem ersten ins zweite Fach. Einmal in der Woche werden die Karteikarten des zweiten
15 Faches nochmals herausgenommen und wiederholt. Die Karten, deren Inhalt immer noch beherrscht wird, kommen ins dritte Fach; die anderen Karten kommen zurück ins erste Fach. Entsprechend verfahren Sie mit den Karten im dritten Fach: Einmal in der Woche üben Sie diese. Die Karten mit den nicht beherrschten Inhalten kommen wieder ins erste Fach. Die Karten, bei denen Sie keine Probleme mehr haben, „wandern" ins vierte Fach, ins „Archiv".

Lernen durch Wiederholen/Lernen in der Gruppe

Um Wissen im Langzeitgedächtnis, z.B. für Prüfungen, zu speichern, müssen Sie den Lernstoff häufig wiederholen.

Dabei reichen zehn Minuten Wiederholung jeden Tag, z.B. von Vokabeln, Problemwörtern und Fachbegriffen, mit Hilfe der Lernkartei (siehe oben).
5 Eine ähnliche Methode ist das Lernen mit Hilfe eines Vokabelheftes, wie Sie es aus dem Fremdsprachenunterricht kennen.
Eine weitere Arbeitsmethode stellt das wechselseitige Abfragen dar.

Lernen Sie gemeinsam, bilden Sie Lerngruppen!
10 Vereinbaren Sie Termine, bei denen Sie den Lernstoff gemeinsam wiederholen und sich gegenseitig abfragen. Wenn Sie anderen den Lernstoff erklären, können Sie sich die Inhalte besser merken.

Ein Brainstorming durchführen

Beim Brainstorming (brainstorm: engl. = Geistesblitz) werden spontane erste Ideen und Gedanken zu einem Thema zusammengetragen. Es dient einer ersten Ideensammlung zu einem Thema/Problem. Beim Brainstorming in der Gruppe wird keine Kritik geübt, die Teilnehmer/innen überlegen ganz frei und regen sich durch ihre Beiträge gegenseitig zu neuen Ideen an.

5 Schreiben Sie alle Ideen/Gedanken zum Thema stichwortartig auf ein Blatt. Noch übersichtlicher ist es, wenn Sie jede Idee/jeden Gedanken auf ein eigenes kleines Blatt oder Kärtchen schreiben, dann können Sie die Punkte später nach Belieben sortieren. Die Kärtchen können Sie auch an die Tafel oder an eine Pinnwand heften.

Eine Mindmap erstellen

Eine Mindmap (engl. = Kopf-Landkarte) ist eine grafische Übersicht zu Themen, Problemen, Texten, Sachverhalten usw. Sie kann dazu dienen, Strukturen und Zusammenhänge „auf einen Blick" zu erkennen und anschaulich zu machen. Eine Mindmap kann Ihnen z. B. als Vorbereitung für das Schreiben einer Inhaltsangabe oder einer Stellungnahme dienen.

5 Sie legen ein möglichst großes Blatt Papier im Querformat auf den Tisch. An den Rand schreiben Sie in einer ersten Phase sämtliche Gedanken/Begriffe, die Ihnen zu diesem Thema einfallen, stichwortartig und ungeordnet auf.
In einem zweiten Schritt ordnen Sie Ihre Gedanken in einem Schaubild (siehe Beispiel). Suchen Sie nach übergeordneten Begriffen und zeichnen Sie Verbindungslinien zu dazugehörenden

10 untergeordneten Begriffen. Die untergeordneten Begriffe lassen sich möglicherweise auch noch einmal unterteilen. Durch die Strukturierung fallen Ihnen in der Regel noch weitere Gedanken/ Begriffe ein, die Sie ergänzen. Zum Schluss können Sie zusammengehörige Begriffe mit der gleichen Farbe markieren, sodass die Mindmap noch übersichtlicher wird.

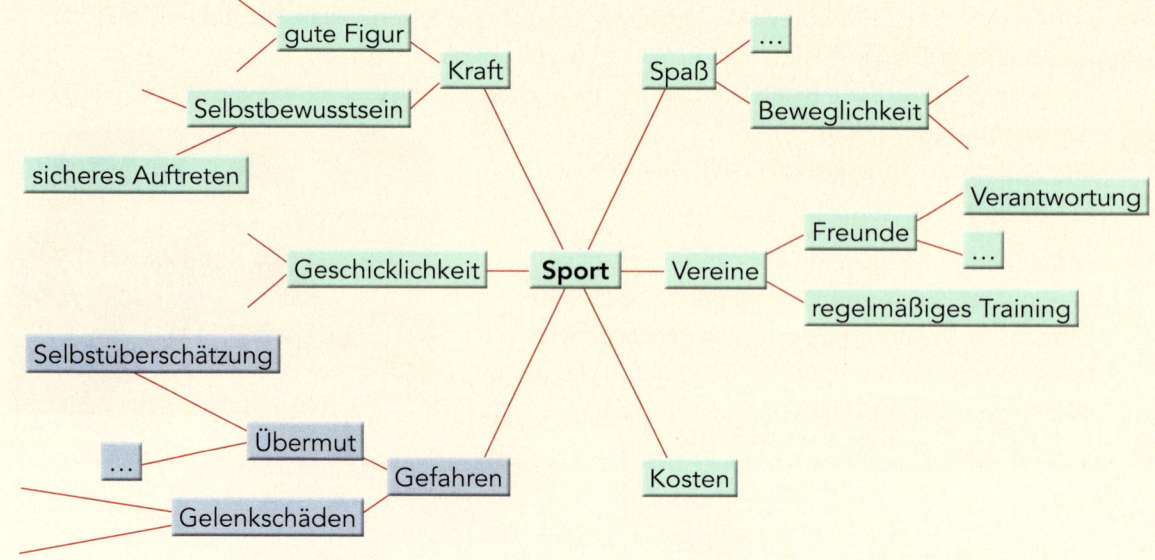

Informationen beschaffen

Im Wörterbuch nachschlagen

Bei Klassenarbeiten und in der Prüfung dürfen Sie ein Wörterbuch benutzen. Dazu brauchen Sie Routine beim Nachschlagen.

Um sich im Wörterbuch schnell zurechtzufinden, sollten Sie das Alphabet sicher beherrschen. Sie müssen wissen, ob ein Buchstabe eher vorne im Alphabet steht (und damit auch im Wörter-
5 buch), in der Mitte oder im hinteren Bereich. Schlagen Sie das Wörterbuch erst einmal auf, suchen Sie zunächst nach dem Anfangsbuchstaben des Wortes und dann nach dem Wort selbst.

1 Schreiben Sie die Namen aller Ihrer Mitschüler/innen einzeln auf Karten oder Zettel. Sortieren Sie die Karten/Zettel anschließend in alphabetischer Reihenfolge.

2 Üben Sie die Arbeit mit dem Wörterbuch.

> Bank • fragen • Praktikum • blanchieren • Zwinge • Bank • gern •
> Atlas • Grat • reduzieren • Gel • rot • gell • Bit • Virus • gar

a) Erstellen Sie eine Tabelle und schreiben Sie die oben genannten Begriffe in alphabetischer Reihenfolge in die erste Spalte. Ergänzen Sie bei Nomen den Artikel.

Begriff (mit Artikel)	Wortart	Plural (Mehrzahl)	Bedeutung
... Bank, die Bank, die	... Nomen ...	... Bänke ...	... Sitzgelegenheit ...

b) Schlagen Sie jeden Begriff im Wörterbuch nach und entnehmen Sie dem Eintrag die jeweilige Wortart, die Pluralform und die Bedeutung des Wortes. Tragen Sie diese ebenfalls in die Tabelle ein.

In der Stadtbibliothek recherchieren

Die Stadtbibliotheken bieten eine Vielzahl an Medien, die Sie für den Unterricht oder für Bewerbungen nutzen können. Wenn Sie Referate, Tests, Klassenarbeiten oder Prüfungen vorbereiten wol-len, finden Sie hier viel Material und freundliche Unterstützung
5 beim Suchen. Häufig stehen auch Computer zur Verfügung. Sie haben die Möglichkeit, Ihre Bewerbungsunterlagen oder Referate zu schreiben oder Informationen im Internet zu recherchieren.

3 Planen Sie zusammen mit Ihrer Lehrkraft eine Führung in der Stadtbibliothek.

Internet-Recherche

Unter Internet-Recherche versteht man das Suchen von Informationen im Internet. Diese kann Ihnen zum Beispiel bei der Vorbereitung einer Bewerbung oder eines Referats helfen.

Informationen über das Internet zu bekommen, ist nicht schwer. Schwerer ist es dagegen, genau *die* Informationen zu bekommen, die man sucht, und die Informationen zu bewerten.

5 Sie können die meist hohe Anzahl an angebotenen Webseiten eingrenzen, indem Sie bei der Auswahl Ihrer Suchwörter genau sind. Durch die Eingabe mehrerer Begriffe können Sie das Themengebiet so weit eingrenzen, dass die Zahl der Seiten, die Ihnen der Computer anbietet, nicht unüberschaubar riesig ist.

Um den Wert der Seiten 10 richtig einschätzen zu können, sollten Sie darauf achten, wer die jeweilige Seite verfasst hat. Hinter Internetseiten stecken oft auch 15 finanzielle Interessen. So sind die Homepages privater Firmen immer auch Teil ihrer Werbestrategie. Sie sollten sich bewusst sein, dass im Internet 20 auch Irrtümer und Unwahrheiten stehen. Deswegen dürfen Sie Informationen aus dem Internet nie gedankenlos übernehmen.

4 Nehmen wir an, Sie möchten Kabel im Boden vor Ihrem Haus verlegen/verlegen lassen, wissen aber nicht, worauf Sie achten müssen, damit Sie keinen Schaden anrichten. Suchen Sie im Internet nach Informationen.
  a) Geben Sie in einer Suchmaschine das Suchwort „Kabelverlegung" ein. Wie viele Suchergebnisse erhalten Sie?
  b) Geben Sie bei einem weiteren Versuch die Suchwörter „Kabelverlegung" + „Sicherheit" ein. Wie verändert sich die angebotene Seitenzahl?
  c) Geben Sie nun die drei Suchwörter „Kabelverlegung" + „Erdkabel" + „Sicherheit" ein. Wie verändert sich die angebotene Seitenzahl? Fassen Sie Ihre Beobachtungen zusammen.

5 Wählen Sie ein Thema und recherchieren Sie dazu im Internet. Stellen Sie den Verlauf und die Ergebnisse Ihrer Suche in der Klasse vor.

Diagonales Lesen

Unter diagonalem Lesen (diagonal = schräg, quer verlaufend) versteht man ein erstes über-
fliegendes Lesen, bei dem man einen Text zunächst oberflächlich liest.

Sie erlangen dadurch einen groben Überblick, worum es in dem Text geht, und können entscheiden, ob der Text für Sie, z.B. für ein Referat (oder eine Präsentation), interessant ist oder ob er,
5 da es z.B. um ein anderes Thema geht, wieder beiseitegelegt werden kann.

Orientieren Sie sich an der Überschrift/den Überschriften und an den Nomen im Text, da diese
Ihnen am schnellsten etwas über den Inhalt des Textes verraten. Halten Sie nach Wörtern Aus-
schau, die Ihnen ins Auge stechen oder die Ihnen bekannt vorkommen.

5-Schritt-Lesetechnik

1. Schritt: Sie **überfliegen** den Text diagonal, wie oben beschrieben.
Wenn Sie z.B. eine Präsentation zum Thema „Fleischfreie Ernährung" machen
wollen und feststellen, dass es im Text um Wurstproduktion geht, können Sie
diesen beiseitelegen.

2. Schritt: Stellen Sie die W-**Fragen** (Wer, Was, Wie, Wann, Warum?)
oder weitere Fragen, die Sie mit Hilfe des Textes beantworten wollen.
Formulieren Sie die Fragen schriftlich.

3. Schritt: Lesen Sie den Text gründlich. Suchen Sie Antworten auf die
von Ihnen formulierten Fragen. Markieren Sie wichtige Textstellen, wenn Sie
eine Kopie vorliegen haben. Wenn nicht, notieren Sie sich die Zeilenangaben.
Schlagen Sie unbekannte Begriffe nach.
Achtung: Markieren Sie sparsam, damit der Text weiterhin übersichtlich bleibt.

4. Schritt: Schreiben Sie wichtige Begriffe – so genannte Schlüsselbegriffe –
und den Inhalt wesentlicher Textstellen in Ihr Heft.
Formulieren Sie dabei mit eigenen Worten, in einfachen klaren Sätzen.

5. Schritt: Wiederholen Sie mit Hilfe Ihrer Notizen den Inhalt des Textes.
Prüfen Sie, ob Ihre Notizen tatsächlich den Inhalt des Textes wiedergeben.
Korrigieren Sie, falls nötig, und ergänzen Sie fehlende Informationen.

1 Recherchieren Sie im Internet. Suchen Sie einen Text zu einem Berufsbild Ihrer Wahl
und erschließen Sie ihn mit Hilfe der 5-Schritt-Lesetechnik.

Vorlesen/Frei sprechen

Bevor Sie einen Text (z.B.) ein Gedicht vorlesen, sollten Sie ihn zuerst leise lesen. Beim Vorlesen sollten Sie Pausen an den richtigen Stellen machen und wichtige Wörter besonders betonen. Verändern Sie Ihre Stimme, sprechen Sie mal laut und mal leise, mal langsam und mal schnell.

Frei sprechen bedeutet: Sie halten z.B. einen Vortrag, ohne ihn von einer Vorlage abzulesen. Frei
5 sprechen zu können, das ist für Sie wichtig bei Präsentationen im Unterricht, in Prüfungen und bei Vorstellungsgesprächen.

Sie äußern sich in ganzen und grammatikalisch korrekten Sätzen. Sie vermeiden Verlegenheits- und Füllwörter wie „äh" und „also". Sie lesen nicht vom Blatt ab, Sie dürfen sich allerdings Stichworte notieren (in möglichst großer Schrift!), die Ihnen während des Vortrags als Gedanken-
10 stütze dienen. Sprechen Sie nicht zu schnell und nicht zu langsam, nicht zu laut und nicht zu leise. Unterstreichen Sie Ihre Worte durch Ihre Mimik und Ihre Gesten. Halten Sie Blickkontakt zum Publikum.

1 **a)** Wählen Sie ein Thema, zu dem Sie einen kurzen Vortrag halten wollen. Sammeln Sie dazu Informationen. Schreiben Sie die wichtigsten Stichworte auf Zettel oder Karteikarten.

b) Bereiten Sie Ihren Vortrag vor, wählen Sie aus,
vor wem Sie ihn probeweise halten möchten:
  – Sprechen Sie den Vortrag laut vor einer Mitschülerin/
    einem Mitschüler, einer Freundin/einem Freund oder
    einem Familienangehörigen.
  – Halten Sie den Vortrag alleine vor einem unsichtbaren
    Gegenüber, z.B. im Freien beim Gehen.

c) Sprechen Sie frei vor der Klasse. Die Zuhörer achten auf bestimmte Kriterien (siehe Tabelle rechts) und notieren ihre Beobachtungen. Sie vergeben Punkte von 1 bis 4.

d) Lassen Sie sich von Ihren Zuhörern Rückmeldung geben. Üben Sie Punkte, die Sie nicht so gut gekonnt haben.

	Vortrag 1 Name: ...
inhaltliche Richtigkeit	
verständliche Wiedergabe	
flüssiges Sprechen	
Sprechtempo	
Lautstärke	
Mimik/Gestik	
Blickkontakt	

4 = hervorragend gelungen
3 = überwiegend positiv
2 = schon ganz gut, aber …
1 = es gibt noch viel zu tun

Visualisierung und Medieneinsatz

Durch Visualisierung (visualize: lat.-engl. = sich vor Augen führen) werden Inhalte bildhaft veranschaulicht. Dies dient dazu, den Stoff zu verdeutlichen und verständlich zu machen. Vor allem, wenn Sie bei einer Präsentation theoretisches Wis-
5 sen vermitteln wollen, sollten Sie Bildmaterial verwenden, da sich Ihre Mitschüler/innen dann vom Sachverhalt „ein Bild machen" können und Lerninhalte besser behalten. Bei der Visualisierung können Ihnen Medien helfen.

Visualisierung kann auf verschiedene Weise erreicht werden, z.B. durch

- Tafelbild/Stichworte an der Tafel
- Tageslichtprojektor (Folie/n)
- Tischvorlage (Zusammenfassung auf Papier)
- Plakat
- Bilder/Grafiken/Texte

15 Achten Sie immer auf lesbare Schrift, alles muss auch von der letzten Reihe im Raum aus
deutlich erkennbar sein.
Überlegen Sie genau, mit welchen Mitteln Sie Ihr Thema anschaulich erklären können. Verwenden Sie nicht zu viele Medien, da dies die Zuhörer/innen überfordert. Es muss nicht unbedingt
eine Multimedia-Präsentation sein. Auch ein übersichtliches Tafelbild oder eine Folie mit einer
20 interessanten Abbildung können dazu dienen, den Zuhörern den „roten Faden" Ihres Vortrags
an die Hand zu geben bzw. als „Hingucker" ihr Interesse zu wecken.

Ein Plakat gestalten

Ein Plakat soll in knapper Form über einen Sachverhalt informieren. Gleichzeitig soll es Aufmerksamkeit erregen und neugierig machen. Ein gut gestaltetes Plakat bleibt in Erinnerung
(siehe Werbung). Sie können ein Plakat als Grundlage einer Präsentation verwenden.

Überladen Sie Ihr Plakat nicht, sonst ist es unübersichtlich. Wählen Sie das Textmaterial und
5 die Abbildungen gezielt aus. Die Texte sollten das Wichtigste des Themas kurz und verständlich
wiedergeben. Abbildungen sollten ansprechend gestaltet sein und die Inhalte unterstützen.
Arbeiten Sie unbedingt mit Farben und Abbildungen, sonst wird das Plakat zu unauffällig und
textlastig. Das Wichtigste sollte
am größten dargestellt sein, so
10 fällt es dem Betrachter zuerst auf.
Wählen Sie die Schriftgröße so,
dass das Plakat auch aus drei
Metern Entfernung noch lesbar
ist. Verwenden Sie nicht mehr als
15 drei verschiedene Schriftarten,
sonst wird das Plakat unübersichtlich. Denken Sie an die Kontraste zwischen Hintergrund und
Schrift/Abbildungen, z.B. ist blaue
20 Tinte auf dunkelblauem Papier
kaum zu lesen.

2 Wählen Sie Themen für Präsentationen aus, z.B. zu einem Klassenprojekt mit Einzel- und/oder Gruppenarbeit.
  a) Erarbeiten Sie Ihre Präsentation anhand der Hilfen auf Seite 16 und dieser Seite.
  b) Präsentieren Sie Ihre Beiträge vor der Klasse.

Das Lernen vorbereiten

- ausreichend Schlaf und Ruhe
- Ordnung am Arbeitsplatz halten
- Ordnung auf dem Papier/im Heft halten
- ein Hausaufgabenheft führen
- einen Wochenplan machen

Lernmethoden/Arbeitstechniken

- Lernkartei
- Lernen durch Wiederholen/Lernen in der Gruppe
- ein Brainstorming durchführen
- eine Mindmap erstellen

Informationen beschaffen

- Im Wörterbuch nachschlagen
- In der Stadtbibliothek recherchieren
- eine Internet-Recherche durchführen

Lesetechniken

- Diagonales Lesen
- 5-Schritt-Lesetechnik

Präsentieren

- vorlesen/frei sprechen
- Visualisierung und Medieneinsatz
- ein Plakat gestalten

Bewerbung

Was Ihnen das Kapitel bietet:

Dieses Kapitel bereitet Sie gezielt und umfassend auf die Bewerbung um einen Ausbildungsplatz vor. Mit Hilfe der „Strukturierten Kompetenzanalyse", die verpflichtend im Berufseinstiegsjahr durchgeführt wird, erhalten Sie ein individuelles Stärken- und Schwächenprofil. Dieses Wissen können Sie bei der Erstellung von Bewerbungsunterlagen nutzen. Sie erhalten genaue Angaben, wie Sie die einzelnen Bestandteile Ihrer Bewerbungsmappe gestalten und wie Sie sich optimal auf ein Vorstellungsgespräch vorbereiten.

Wo gibt es mehr zu diesem Themenbereich?

Ihre Rechtschreibung und Ihre Ausdrucksweise können Sie mit Hilfe der Aufgaben in den Kapiteln zur Rechtschreibung und zur Grammatik verbessern.
Wie Sie sich auf ein Gespräch vorbereiten, indem Sie sich zuvor in den Gesprächspartner hineinversetzen, erfahren Sie im Kapitel „Kommunikation".

Weitere Informationen zum Verfassen eines Anschreibens erhalten Sie im Prüfungskapitel „Inhaltsangabe und Geschäftsbrief". Das Grundwissen zum Schreiben eines (Praktikums-)Berichts bietet Ihnen das Prüfungskapitel „Bericht und Stellungnahme".

Die eigenen Kompetenzen erkennen – gezielt bewerben!

Am Beginn des Schuljahres steht im Berufseinstiegsjahr die „Strukturierte Kompetenzanalyse". Sie will sowohl die vorhandenen Fähigkeiten der Schülerinnen und Schüler als auch möglichen Förderbedarf aufzeigen. Die Ergebnisse helfen Ihnen dabei, sich zielgerichtet auf ein passendes Berufsbild vorbereiten zu können.

> **Verena:** „Irgendwie ist das sehr schwer: Das BEJ ist toll, aber ich habe noch nie gewusst, was ich beruflich einmal machen möchte!"
>
> **Mario:** „Ja, das ging mir eigentlich ähnlich, aber mein Klassenlehrer hat mir jetzt geholfen und mir Tipps gegeben, wo ich mich informieren kann."
>
> **Verena:** „Ehrlich? Hm – das fehlt mir noch. Wir haben erst einmal eine Testreihe durchgeführt, war schon cool und ich habe einiges über mich gelernt."
>
> **Mario:** „Ah, die Kompetenzanalyse – ja damit haben wir gerade begonnen. Das soll ja echt was bringen."
>
> **Verena:** „Ich fand das gut. Ich hätte gar nicht gedacht, dass ich auch im handwerklichen Bereich einige Begabungen habe, das hat mir neue Berufsmöglichkeiten eröffnet. Ich möchte mir das jetzt im Praktikum einmal anschauen."

1 Geben Sie in eigenen Worten wieder, was Verena und Mario im Dialog besprechen.

2 **a)** Mario hat Tipps bekommen, wo er sich über Berufe informieren kann. Was für Tipps könnten das sein?

b) Legen Sie eine Tabelle in Ihrem Heft an und füllen Sie diese aus. Besprechen Sie Ihre Ergebnisse in der Klasse.

Tipps zur Informationsbeschaffung über Berufe	Habe ich schon aus-probiert!	
	ja	nein
Suche nach Informationen im Internet	✓	
...		

Verena spricht die „Strukturierte Kompetenzanalyse" als eine Möglichkeit der Informationsbeschaffung an.

3 Werten Sie Ihre Erfahrungen hinsichtlich der „Strukturierten Kompetenzanalyse" aus.

a) Übertragen Sie die Stern-Grafik ohne die roten Linien des Musters in Ihr Heft. Tragen Sie Ihre eigene Bewertung ein, indem Sie an den entsprechenden Stellen ein Kreuz machen und dann die Kreuze wie im Muster miteinander verbinden. Sie können Punkte von eins (wenig) bis zehn (viel) vergeben.

Bei der „Strukturierten Kompetenzanalyse" habe ich ...

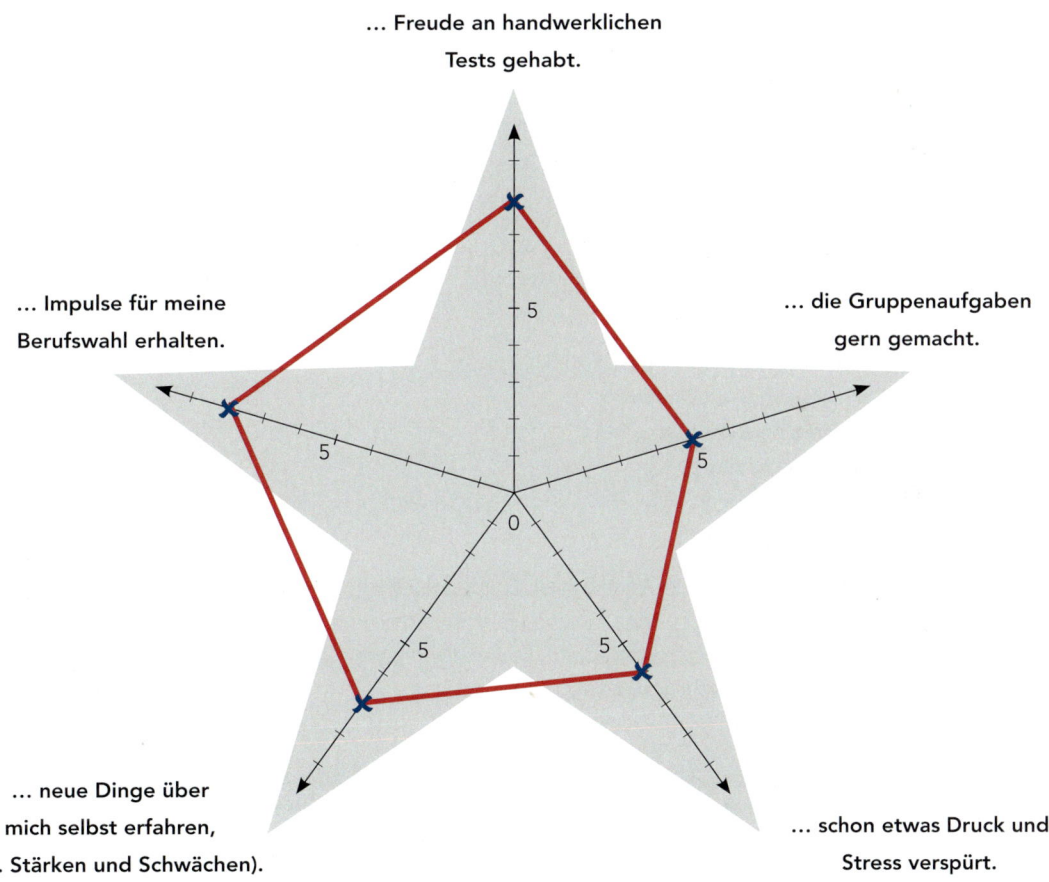

... Freude an handwerklichen Tests gehabt.

... Impulse für meine Berufswahl erhalten.

... die Gruppenaufgaben gern gemacht.

... neue Dinge über mich selbst erfahren, (z. B. Stärken und Schwächen).

... schon etwas Druck und Stress verspürt.

b) Stellen Sie Ihr Ergebnis kurz in der Klasse vor und begründen Sie Ihre Bewertung.

c) Sammeln Sie alle Einzelergebnisse und ermitteln Sie ein Durchschnittsergebnis der Klasse.

d) Besprechen Sie Ihr Klassenergebnis und leiten Sie daraus mögliche Hilfen und Vorgehensweisen für Ihre Bewerbungen ab.

Nach der Auswertung der „Strukturierten Kompetenzanalyse" erhalten alle Jugendlichen die Testergebnisse und einen individuellen schriftlichen Kompetenzbericht ausgehändigt. Hier erfährt jede Schülerin und jeder Schüler ihre/seine individuellen Stärken und Schwächen. Speziell ausgebildete Lehrerinnen und Lehrer erläutern den Kompetenzbericht in einem Abschlussgespräch.

4 Werten Sie Ihren persönlichen Kompetenzbericht aus.

a) Lesen Sie Ihren persönlichen Kompetenzbericht und unterstreichen Sie mit der Farbe Grün die Dinge, die Sie gut können und mit der Farbe Rot die Dinge, die Ihnen noch nicht so gut gelingen.

Name: Benjamin Maier   – *Muster* –

Geb: 14. 12. 1992

Folgende Verfahren wurden zur Kompetenzmessung eingesetzt:

Standardisierte Verfahren
– hamet 2

Nicht standardisierte Verfahren
– Leitfaden zum Aufnahmegespräch
– Lerntypentest
– Wertefragebogen
– Schulleistungstest Deutsch 2
– Schulleistungstest Mathe 2
– Schritt für Schritt
– Stressfragebogen

Potenzial
Benjamin Maier zeigte im Vergleich zur Gruppe der Berufseinmünder unterdurchschnittliche Ergebnisse bei motorischen Routine-Aufgaben unter Tempomotivation. Die Merkfähigkeit war über den Sinneskanal (Abschreiben) am besten ausgeprägt. Diese Ausprägung soll bei der Aufarbeitung neuer Lerninhalte berücksichtigt werden.

Wertesystem
Benjamin Maier betrachtete die von uns vorgegebenen Werte überwiegend als sehr wichtig. Als sehr wichtig bezeichnet er Werte wie persönliche Entfaltung, leistungs-/arbeitsbezogene Orientierung, soziale Orientierung, familiäre Orientierung. Zusätzlich ist für den Teilnehmer wichtig: Ich möchte später einmal ein eigenes Haus und einen tollen Beruf haben.

Methodenkompetenz
Bei der selbstständig zu bearbeitenden Aufgabe Schritt für Schritt wurden folgende Ergebnisse erzielt: Eine Bewerbung und ein Lebenslauf wurden abgegeben. Die Unterlagen entsprachen weitgehend den üblichen Standards. Der abgegebene Tagesplan und die Einkaufsliste waren nicht vollständig und unrealistisch bzw. es wurde nur der Tagesplan oder die Einkaufsliste abgegeben. Eine Einladungskarte lag vor. Tag, Beginn der Party, Dauer und Ort waren ersichtlich …

---

b) Versuchen Sie, die Fähigkeiten und Defizite, die im Bericht genannt werden, mit eigenen Worten zu beschreiben.

c) Hilft Ihnen dieser individuelle Kompetenzbericht bei der Berufswahl? Sprechen Sie in der Klasse über diese Frage und begründen Sie Ihre Ansicht.

5 Werten Sie den Kompetenzbericht für sich persönlich aus. Erstellen Sie dazu eine Tabelle.

a) Was haben Sie Neues über sich erfahren? Notieren Sie kurz in der ersten Spalte.

Was habe ich Neues über mich erfahren?	Welche Berufe könnten zu mir passen?	Möchte ich mich in diesem Beruf bewerben oder ein Praktikum absolvieren?	
		ja	nein
Ich habe gelernt, dass ich auch handwerklich begabt bin (v. a. die Arbeit mit Holz macht mir Freude).	Schreiner Holzmechaniker	✓	
...	...		

b) Welche Berufe kommen aufgrund des Kompetenzprofils in Frage? Notieren Sie in der zweiten Spalte.

Tipp: Recherchieren Sie z. B. im Internet (Homepage der Bundesagentur für Arbeit).

c) Überlegen Sie, ob Sie in einem dieser Berufe gern ein Praktikum bzw. eine Ausbildung machen würden. Notieren Sie in der dritten Spalte.

Tipp: Nutzen Sie Ihre Ergebnisse des Kompetenzprofils und des Kompetenzberichts, um sich zielgerichtet auf offene Ausbildungsplätze zu bewerben. Begründen Sie Ihre Berufswahl mit Ihren individuellen Kompetenzen.

Basiswissen

Die **„Strukturierte Kompetenzanalyse"** möchte einen so genannten „IST-Zustand" über die Fähigkeiten von Schülerinnen und Schülern erheben. Zu einem bestimmten Termin am Beginn des Schuljahres wird mit Hilfe einer umfangreichen Testreihe überprüft, in welchen Bereichen Kompetenzen vorhanden sind, die man weiter ausbauen sollte. Neben den Kompetenzen werden auch mangelnde Fähigkeiten (Defizite) festgestellt. Hier wird gleichzeitig der Förderbedarf deutlich.

Mit den Ergebnissen kann die Schülerin/der Schüler sich selbst besser einschätzen und die Bewerbung für einen bestimmten Beruf fällt leichter.

Ein Berufsbild beschreiben

Sie sollten sich über den Beruf, den Sie später ausüben möchten, genau informieren. So können Sie feststellen, ob Ihr Wunschberuf wirklich zu Ihnen passt. In Vorstellungsgesprächen wird außerdem oft danach gefragt, wie Sie sich Ihren Arbeitsalltag vorstellen.

1 Wie und wo können Sie sich über Berufsbilder informieren? Ergänzen Sie die Tabelle. Notieren Sie Fragen, die Sie stellen können.

Gesprächspartner	Fragen
– Agentur für Arbeit	– Wo werden Azubis gesucht?
– Personen, die den Beruf ausüben	– ...

Hier Näheres zum Arbeitsalltag der Kauffrau/des Kaufmanns im Einzelhandel.

Der Beruf der Kauffrau/des Kaufmannes im Einzelhandel ist sehr vielseitig. Die Kaufleute müssen das Sortiment kontrollieren und Waren bestellen. Wenn die Kaufleute Waren
5 einkaufen, müssen sie eng mit Herstellern und Lieferanten zusammenarbeiten. Es gehört zu ihren Aufgaben, die Waren anzunehmen sowie attraktiv und übersichtlich anzuordnen. Sie rechnen die Waren an der
10 Kasse ab und organisieren betriebswirtschaftliche Aufgaben, wie zum Beispiel die Endabrechnung am Ende eines Tages. Außerdem gestalten sie Schaufenster und führen gemeinsam mit ihren Kolleginnen
15 und Kollegen Marketingaktionen durch.

Einer der wichtigsten Bereiche ist die Kundenberatung. Dabei müssen sie gut auf die unterschiedlichen Kundentypen eingehen und ihnen ein kompetenter Ansprechpartner
20 sein. Kaufleute arbeiten also nicht nur im Verkaufsraum, sondern auch im Büro am Computer oder im Lager. Je nach Ausbildungsweg sind sie z. B. in Kaufhäusern, Modeläden, Parfümerien, Baumärkten, Super-
25 märkten oder im Elektrohandel tätig. Wenn man diesen Ausbildungsberuf wählt, sollte man bedenken, dass die Arbeitszeiten oft unregelmäßig sind. So kann es vorkommen, dass man an Samstagen oder an Sonn-
30 und Feiertagen arbeiten muss.

2 Untersuchen Sie den Inhalt des Textes.
a) Der Text enthält fünf Abschnitte. Geben Sie die Zeilenzahlen der Abschnitte an.
b) Ordnen Sie die folgenden Fragen den einzelnen Abschnitten zu.
Wo ist der Arbeitsplatz? Welche Arbeitszeiten hat man? Womit ist man hauptsächlich beschäftigt? In welchen Branchen wird man eingesetzt? Mit wem hat man Kontakt?
c) Geben Sie den Inhalt der Abschnitte in eigenen Worten wieder.

3 Beschreiben Sie selbst ein Berufsbild.
a) Sammeln Sie Informationen zu einem Ausbildungsberuf Ihrer Wahl. Unter www.berufenet.de oder www.meinestadt.de finden Sie Informationen zu Berufsbildern und Lehrstellen.
b) Formulieren Sie eine Beschreibung des Berufs. Beantworten Sie die Fragen aus Aufgabe 2b.
Tipp: Lassen Sie Ihre Ausarbeitung von einer Lehrkraft kontrollieren.

Der Beruf – Fähigkeiten und Anforderungen

In verschiedenen Berufen werden unterschiedliche Fähigkeiten verlangt.

> Teamfähigkeit • Kontaktfähigkeit • Selbstständigkeit • Selbstbewusstsein •
> Zuverlässigkeit • Flexibilität • körperliche Belastbarkeit • Fingerfertigkeit •
> handwerkliche Fähigkeit • körperliche Ausdauer • technisches Verständnis •
> räumliches Vorstellungsvermögen • Sprachbeherrschung • Zahlenverständnis •
> Kreativität • Genauigkeit • Konzentrationsfähigkeit • gute Rechtschreibung

1 Was verbirgt sich hinter den Begriffen? Erklären Sie diese.

– *Teamfähigkeit: bedeutet, mit anderen Menschen zusammenarbeiten zu können*
– *Kontaktfähigkeit: bedeutet, leicht mit anderen Menschen in Kontakt zu kommen ...*

2 **a)** Ordnen Sie den folgenden Tätigkeitsbereichen passende Fähigkeiten (Aufg. 1) zu.

> schreiben/verwalten • kaufen/verkaufen/beraten • anbauen/ernten •
> bauen • installieren/reparieren • pflegen/ behandeln • gestalten/entwerfen •
> transportieren/lagern/verpacken

Zuverlässigkeit — *Sprachbeherrschung*

schreiben/verwalten

Genauigkeit — *Konzentrationsfähigkeit*

b) Finden Sie zu jedem Tätigkeitsbereich zwei Berufe und notieren Sie diese.

schreiben/verwalten > Bürokauffrau, Reiseverkehrskauffrau

3 Listen Sie auf, welche Fähigkeiten in dem von Ihnen beschriebenen Berufsbild (S. 24, Aufg. 3) verlangt werden. Begründen Sie, warum diese für den Beruf wichtig sind. Verfassen Sie einen kurzen Text.

Als Kauffrau/mann im Einzelhandel muss man sehr kontaktfreudig sein, da man auf Kunden zugehen und sie beraten muss. Man sollte ...

Tipp: Vergleichen Sie Ihre Fähigkeiten (Kompetenzanalyse) mit denen, die in dem von Ihnen beschriebenen Beruf (S. 24, Aufg. 3) gefordert werden.

 Überlegen Sie, welche Informationen in einer Stellenanzeige für Sie als Bewerberin/Bewerber von Interesse sind.

Hier folgt eine Auswahl von Stellenanzeigen.

Ausbildungsplatz

Tischler/in zum 01.09.2…
schriftl. Bewerbung bis zum
30.03.2… an Herrn Koch,
Tischlerei Zapf, Holzstraße 10,
72070 Tübingen

1

Schwäbisches Tagblatt, 10.03.2…

3-jährige Ausbildung
zum/zur
Bäckereifachverkäufer/in
Tel. 1234/7789235

2

Stuttgarter Zeitung, 20.04.2…

Hotel zum Sonnenblick sucht eine/n Auszubildende/n zur
Fachkraft im Gastgewerbe
für unser kleines Restaurant

Gewünscht sind
- Hauptschulabschluss
- freundliche und höfliche Umgangsformen

Eine aussagekräftige Bewerbung mit Kopien Ihrer letzten beiden Zeugnisse schicken Sie bitte bis zum 09.04.2… an

Frau Sommer, Salatstr. 10,
12345 Schöndorf

3

Mannheimer Morgen, 15.02.2…

TIK
Markt

Auszubildende
– im Verkauf –
Kaufmann/Kauffrau im Einzelhandel
Verkäufer/Verkäuferin

Verfügen Sie über einen guten Schulabschluss, sind höflich und freundlich,
kontaktfreudig und haben ein gepflegtes Erscheinungsbild?
Dann können Sie sich über unsere Internetseite www.tik-markt.de online bei uns bewerben.

4

Schwäbische Zeitung, 12.05.2…

Wir suchen zum 01.09.2…:
Auszubildende in den Berufen
– Maler/in und Lackierer/in
– Maurer/in
– Fliesenleger/in
Schicken Sie bitte Ihre Bewerbungsunterlagen
z.Hd. Herrn Meyer an: Bauunternehmen Hacke,
Walweg 10, 12344 Baustadt

5

Reutlinger General-Anzeiger, 09.04.2…

*Frisörsalon Gabriel bietet
einen Ausbildungsplatz zur/zum Frisör/in*

Wir erwarten Kreativität, Interesse an den aktuellen Modetrends und Einfühlungsvermögen.

*Schicken Sie Ihre Bewerbungsunterlagen
an Frau Schulze, Taubengasse 9, 12355 Lachendorf*

6

Badische Neueste Nachrichten, 01.03.2…

2 Welche der Anzeigen spricht Sie besonders an? Begründen Sie.

3 Untersuchen Sie die Stellenanzeigen.
   a) Wählen Sie drei Anzeigen aus, die Sie näher untersuchen.
   b) Erstellen Sie eine Tabelle nach dem folgenden Vorbild.

	Ausbildungsberuf	Anforderungen	Ausbildungsbeginn	Ausbildungsdauer	geforderte Bewerbungsunterlagen	Adresse der Firma, Ansprechpartner/in
1.	Tischler/in		01.09.2…		schriftliche Bewerbung	Herr Koch, Tischlerei Zapf, Holzstraße 10, 72070 Tübingen
2.	…	…	…	…	…	…

   c) Notieren Sie in Ihrer Tabelle alle Informationen, die in den drei Stellenanzeigen enthalten sind.
   d) Könnten Sie sich auf die ausgewählten Stellenanzeigen mit Ihren Fähigkeiten/ Ihrer Qualifikation bewerben? Begründen Sie Ihre Ansichten.

4 Der Informationsgehalt der Stellenanzeigen ist unterschiedlich. Sprechen Sie in der Klasse darüber, wie Sie sich fehlende Informationen beschaffen könnten.

Basiswissen

Informationen zu einem Ausbildungsberuf bekommen Sie:
   – im Berufsinformationszentrum (BIZ),
   – im Internet (z. B. www.berufenet.de),
   – indem Sie Familienangehörige und Freunde befragen,
   – indem Sie unterschiedliche Firmen besuchen,
   – in der Bibliothek.

Folgende **Angaben aus einer Stellenanzeige** sind für die Bewerbung wichtig:
   – Name, Adresse, Telefonnummer des Arbeitgebers,
   – Angaben zum Ausbildungsberuf,
   – Beginn des Ausbildungsverhältnisses,
   – Eingangsvoraussetzungen (z. B. Schulbildung),
   – geforderte Bewerbungsunterlagen.

Telefonische Anfrage – Ausbildungsplatz

Wenn man eine Ausbildungsstelle sucht, kann man sich telefonisch bei Firmen erkundigen.

Herr Rothe: Baumarkt Schneider, Rothe mein Name, was kann ich für Sie tun?
Steffen: Hi, hier ist Steffen. Sagen Sie mal, haben Sie noch freie Ausbildungsplätze?
Ich habe mir gerade überlegt, ich könnte ja eine Ausbildung bei Ihnen machen …

1 Untersuchen Sie diesen Anfang eines Telefonats.
a) Wie wird Herr Schneider wohl auf Steffens Frage reagieren?
b) Formulieren Sie Steffens Eingangsfrage um. Nutzen Sie dazu die Arbeitstechnik.

Arbeitstechnik

Wie telefoniere ich richtig?
– Gruß, z. B.: „Guten Tag", „Guten Abend"
– Vor- und Nachnamen deutlich nennen, z. B.: „Mein Name ist Steffen Meister."
– Grund des Anrufes nennen, z. B.: „Ich möchte mich erkundigen, ob Sie ab September freie Ausbildungsplätze zur/zum Kauffrau/Kaufmann im Einzelhandel haben."
– Fragen stellen, z. B.: „Bis wann und an wen soll ich meine Bewerbungsunterlagen schicken?"
– Dank (auch bei einer Absage), z. B.: „Vielen Dank, dass Sie sich Zeit genommen haben."
– Verabschiedung, z. B.: „Auf Wiederhören"
Telefonieren ist einfacher, wenn man sich vorher notiert, was man im Gespräch sagen möchte.

Herr Rothe: Baumarkt Schneider, Rothe meine Name, was kann ich für Sie tun?
Steffen: Guten Tag, Herr Rothe. Mein Name ist Steffen Meister. Ich rufe an, da ich von einer Ihrer Mitarbeiterinnen gehört habe, dass sie Kaufleute im Einzelhandel ausbilden. Haben Sie für das nächste Ausbildungsjahr noch freie Lehrstellen?
5 *Herr Rothe:* Also, soweit ich weiß, sind schon Bewerbungen einge-gangen, aber die Lehrstelle ist noch nicht besetzt.
Steffen: Freut mich. Dann möchte ich mich gern bei Ihnen bewerben. Könnten Sie mir sagen, wie ich jetzt weiter vorgehen soll? Bis wann und an wen soll ich meine
10 Bewerbungsunterlagen schicken?
Herr Rothe: Die Bewerbungsfrist endet in zwei Wochen. Die Bewerbung sollte an mich adressiert sein.
Steffen: Ja, die Adresse habe ich. Ich bedanke mich recht herzlich für die Informationen und wünsche Ihnen noch einen schönen Nachmittag. Auf Wiederhören.
15 *Herr Rothe:* Nichts zu danken. Auf Wiederhören.

2 Untersuchen Sie die zweite Version des Dialogs.
a) Wo formuliert Steffen gut? Nennen Sie die Zeilen. Begründen Sie Ihre Meinung.
b) Nach welchen Informationen könnte Steffen noch fragen?

3 Spielen Sie ein Telefonat im Rollenspiel.

Bewerbungsmappe: Lebenslauf

In jede Bewerbungsmappe gehört ein Lebenslauf. Es gibt verschiedene Möglichkeiten, den Lebenslauf zu gestalten.

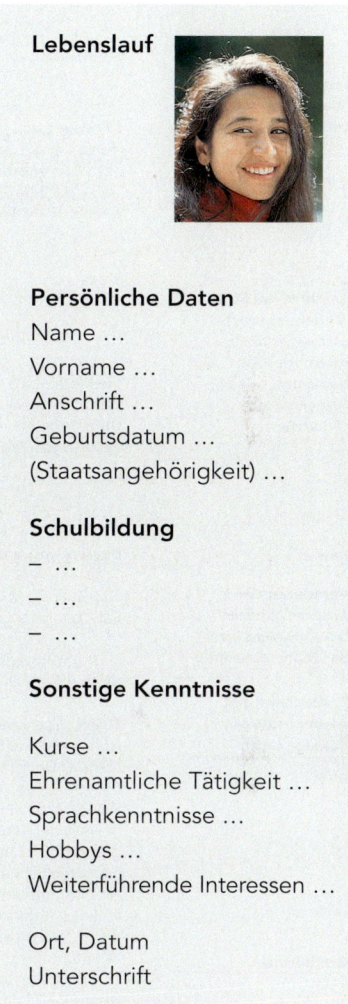

Lebenslauf

Name:	Winkler
Vorname:	Lisa
Anschrift:	Musterstraße 10
	70173 Stuttgart
Geburtsdatum:	15.01.1992
	(Staatsangehörigkeit muss nur genannt
	werden, wenn sie nicht deutsch ist)
Schulbildung:	1998 – 2002 Grundschule, Stuttgart
	2002 – 2008 Hauptschule, Stuttgart
	seit 2008 Berufseinstiegsjahr am
	Berufsschulzentrum, Stuttgart
Schulabschluss:	Hauptschulabschluss
Lieblingsfächer:	Mathematik, Deutsch, Sport
Besondere Kenntnisse:	EDV-Kenntnisse (Word, Excel)
Sprachkenntnisse:	Englisch (gut)
Hobbys:	Basketball spielen
Praktikum:	26.02.2007–09.03.2007
	Betriebspraktikum als Einzelhandels-
	kauffrau im Baumarkt „Schneider"
Ehrenamtliches Engagement:	Mitarbeit im Verkauf der Schulcafeteria
Weiterführende Interessen:	Mitarbeit in der Tischlerei des Vaters

Stuttgart, 11.03.2007

Lisa Winkler

Lebenslauf

Persönliche Daten
Name ...
Vorname ...
Anschrift ...
Geburtsdatum ...
(Staatsangehörigkeit) ...

Schulbildung
– ...
– ...
– ...

Sonstige Kenntnisse
Kurse ...
Ehrenamtliche Tätigkeit ...
Sprachkenntnisse ...
Hobbys ...
Weiterführende Interessen ...

Ort, Datum
Unterschrift

Hier sind zwei verschiedene Möglichkeiten aufgezeigt, einen Lebenslauf zu gestalten.

1. Entscheiden Sie sich für eine Variante und verfassen Sie Ihren persönlichen Lebenslauf.
   a) Schreiben Sie zunächst die Überschrift und lassen Sie Platz für ein Foto.
   b) Erstellen Sie am PC eine Tabelle mit zwei Spalten. Übernehmen Sie in die erste Spalte die Vorgaben (Name, Vorname, Anschrift ...) und tragen Sie in die zweite Spalte Ihre persönlichen Daten ein.
   c) Notieren Sie das Datum, das mit dem Bewerbungsschreiben übereinstimmen muss. Unterschreiben Sie den Lebenslauf mit blauer Farbe.

Für ein Bewerbungsschreiben gibt es Formvorschriften nach DIN 5008. Diese gelten auch
für den Geschäftsbrief (siehe S. 123)

Absender, Telefonnummer, E-Mail-Adresse	**Ort und Datum (müssen mit dem Lebenslauf übereinstimmen)**

5 Till Meyer Ammerbuch, 14.03.2…
Herrenburger Str. 12
72119 Ammerbuch
Tel.: 07073/12345
E-Mail: Till.Meyer@tmx.de

10

Anschrift der Firma (ist der Ansprechpartner bekannt, kommt dessen Name unter den Firmennamen: „Frau/Herrn …"

15

Tischlerei Zapf
Herrn Koch
Holzstraße 10
20 72070 Tübingen

Betreff

25 **Bewerbung um einen Ausbildungsplatz als Tischler/in**

Anrede (ist der Ansprechpartner bekannt, wird hier der Name genannt.)

Sehr geehrter Herr Koch,

1. Abschnitt Bezug auf Anzeige (wofür man sich bewirbt)

30 in der Stuttgarter Zeitung vom 03.05.2… suchten Sie einen Auszubildenden für den Beruf
des Tischlers. Ich interessiere mich für diesen Ausbildungsplatz.

2. Abschnitt gibt wieder, was man gerade macht

Zurzeit absolviere ich an der Hilde-Domin-Schule in Herrenberg das Berufseinstiegsjahr.
Ich habe diese Schule gewählt, weil meine Neigungen im handwerklichen Bereich liegen und
35 hier der Umgang mit Holz unterrichtet wird.

3. Abschnitt: eigene Erfahrungen, Fähigkeiten und Kompetenzen

Während des letzten Schuljahres hatte ich Gelegenheit zu einem Praktikum in einer Tischlerei.
Ich half bei der Herstellung und dem Einbau von Küchenmöbeln. Dies hat mir sehr viel Freude
gemacht und mich in dem Beschluss bestärkt, Tischler zu werden. Dabei habe ich mein
40 handwerkliches Geschick und präzises Arbeiten unter Beweis gestellt.
An Ihrer Firma reizt mich besonders die Vielfältigkeit des Produktangebots. Ich erhoffe mir,
von der Tradition Ihres Hauses und den Erfahrungen Ihrer Mitarbeiter profitieren zu können.
Ein Praktikum in diesem Beruf hat mir sehr gut gefallen und ich möchte gerne als Tischler
arbeiten.

4. Abschnitt Der Schlusssatz zielt auf die Einladung zu einem Vorstellungsgespräch.

Grußformel

45 Über eine Einladung zu einem Vorstellungsgespräch würde ich mich freuen.

Mit freundlichen Grüßen

Unterschrift (blau und mit Vor- und Zunamen)

50 *Till Meyer*
Vor- und Zuname

Anlage(n) (kein Doppelpunkt hinter „Anlage(n)")

Anlagen
Lebenslauf mit Foto
55 Zeugniskopien
Praktikumsnachweis

1 Untersuchen Sie das Bewerbungsschreiben auf Seite 30.

   a) Welche Informationen enthält das Schreiben?

   b) Welche Vorgaben im Hinblick auf die Form muss
man beim Verfassen eines Bewerbungsschreibens
unbedingt einhalten?

     Tipp: Prüfen Sie unbedingt vor Verschickung Ihrer
Bewerbung die Rechtschreibung Ihres Bewerbungsschreibens. Rechtschreibfehler hinterlassen einen
sehr negativen Eindruck beim möglichen Arbeitgeber.

2 Untersuchen Sie die Betreffzeile genauer.

   a) Worauf muss man bei der Betreffzeile achten? Übernehmen Sie die drei richtigen
Antworten in Ihr Heft.

Die Betreffzeile	
kann fett gedruckt sein	✓
kann Angaben dazu enthalten, wo bzw. wann Sie die Anzeige gefunden haben	
man kann „Betreff" davorsetzen	
enthält die korrekte Bezeichnung des angebotenen Ausbildungsberufs	
kann über zwei Zeilen gehen, wichtig ist ihre Aussagekraft	
Grund Ihres Schreibens	

   b) Formulieren Sie Beispiele für Betreffzeilen mit Hilfe der Stellenanzeigen auf Seite 26.

     Anzeige 2:
     Bewerbung um einen Ausbildungsplatz als Bäckereifachverkäufer/in

Tipp: Legen Sie das Muster eines Bewerbungsschreibens im Computer an. Sie können
Bestandteile, die immer vorkommen, wie z. B. den Kopf des Schreibens oder den Schlussteil,
abspeichern. Sie dürfen jedoch nicht vergessen, alle Bestandteile entsprechend an
die jeweilige Bewerbung anzupassen (z. B. das Datum und den Inhalt der Anlage(n)).

Bevor Sie das Bewerbungsschreiben ausformulieren, sollten Sie zunächst Ideen und Informationen sammeln, die Sie verwenden können.

1 Bereiten Sie Ihr Bewerbungsschreiben vor.

a) Informieren Sie sich über den Ausbildungsberuf, für den Sie sich bewerben (siehe S. 24 – 25). Machen Sie sich Notizen zu den Tätigkeiten und zu den notwendigen Fähigkeiten.

b) Überlegen Sie, wo Ihre Stärken und Schwächen liegen. Nutzen Sie – falls möglich – die Ergebnisse der „Strukturierten Kompetenzanalyse" (S. 22 – 23). Machen Sie sich Notizen.

c) Vergleichen Sie Ihre Ergebnisse aus Aufgabe a) und Aufgabe b). Wo gibt es Übereinstimmungen? In welcher Hinsicht sind Sie für den ausgeschriebenen Ausbildungsberuf gut geeignet? Markieren Sie die Punkte.

2 Formulieren Sie nun Ihr Bewerbungsschreiben.

a) Beantworten Sie zunächst stichwortartig die Fragen der folgenden Arbeitstechnik.

Tipp: Bei den Fragen zu Abschnitt 3 können Sie die Ergebnisse aus Aufgabe 1 nutzen.

Arbeitstechnik

Der **Hauptteil des Bewerbungsschreibens** besteht aus vier Abschnitten.

1. Abschnitt:
Hier schreiben Sie einleitend, wofür Sie sich bewerben und woher Sie wissen, dass ein Ausbildungsplatz angeboten wird. Sie beziehen sich z. B. auf eine Anzeige, ein Telefonat oder die Empfehlung eines Mitarbeiters der Firma.
Wofür bewerbe ich mich?

2. Abschnitt:
Soll Interesse wecken und bezieht sich auf das, was Sie zurzeit machen.
Was mache ich zurzeit? Auf welche Schule gehe ich gerade und mit welchem Abschluss werde ich diese beenden?

3. Abschnitt:
Dies ist der ausführlichste und wichtigste Teil des Anschreibens. Der/Die Leser Ihres Bewerbungsschreibens soll/en Lust bekommen, Sie näher kennen zu lernen. Formulieren Sie Argumente, die Ihre Eignung für den Beruf untermauern.
Warum interessiere ich mich für den Beruf?
Warum interessiere ich mich für diese Firma?
Was erhoffe ich mir von der Ausbildung?
Welche Eigenschaften, Fähigkeiten und Kenntnisse habe ich?
Welche Erfahrungen bringe ich durch Praktika oder Schülerjobs für diesen Beruf mit?

4. Abschnitt:
Der Schlusssatz zielt auf eine Einladung zu einem Vorstellungsgespräch.
Was erhoffe ich mir jetzt als nächsten konkreten Schritt?

b) Formulieren Sie nun Ihr Bewerbungsschreiben in ganzen Sätzen. Die folgenden Textbausteine können Ihnen dabei helfen. Passen Sie diese aber immer an Ihre spezielle Situation an.

1. Abschnitt
- Ich möchte mich bei Ihnen um einen Ausbildungsplatz als … bewerben.
- Ich bewerbe mich um die von Ihnen angebotene Ausbildung zur/zum …
- Ich interessiere mich sehr für den Beruf der/des … und möchte mich deshalb bei Ihnen um eine Ausbildungsstelle bewerben.
- Durch Ihre Anzeige in … vom … habe ich erfahren, dass Sie eine/n …
- Ich beziehe mich auf den von Ihnen angebotenen Ausbildungsplatz im …
- … hat mir empfohlen, mich bei Ihnen um einen Ausbildungsplatz zur/zum … zu bewerben.

2. Abschnitt
- Zurzeit besuche ich an der … das Berufseinstiegsjahr.
- Momentan besuche ich die … Schule in … und absolviere das Berufseinstiegsjahr. Dieses werde ich im Sommer 2… beenden.

3. Abschnitt
- Ich interessiere mich für den Ausbildungsberuf, weil …
- Das Interesse für diesen Beruf beruht auf einem Praktikum, das ich …
- Pünktlichkeit und Zuverlässigkeit sind für mich selbstverständlich.
- Meine Interessen liegen besonders in den Bereichen …
- Meine Lieblingsfächer sind … Es macht mir Freude …
- Ich denke, dass ich gute Voraussetzungen mitbringe, weil ich sehr kontaktfreudig bin und gut mit Zahlen umgehen kann.
- Der Umgang mit Menschen macht mir Freude, deshalb möchte ich gerne in einem Team arbeiten.
- Während meines Praktikums konnte ich Erfahrungen im Bereich … sammeln.
- In den Ferien habe ich als … gearbeitet.
- In meiner Freizeit …
- Ich habe an einer AG für … teilgenommen.

4. Abschnitt
- Über eine Einladung zu einem Vorstellungsgespräch würde ich mich sehr freuen.
- Ich würde mich freuen, wenn ich mich bei Ihnen persönlich vorstellen dürfte.
- Ich freue mich auf ein Gespräch mit Ihnen.

Basiswissen

Mit der **Bewerbungsmappe**, v.a. dem **Bewerbungsschreiben**, geben Sie Ihrem möglichen Arbeitgeber einen ersten Eindruck von sich. Das Schreiben muss bestimmte formale Vorgaben erfüllen (Muster S. 30). Um eine möglichst passende Bewerbung zu schreiben, sollte man über die entsprechende Firma und über den Ausbildungsberuf gut Bescheid wissen.

Das Vorstellungsgespräch

Sie haben eine Einladung zu einem Vorstellungsgespräch als Kauffrau/Kaufmann im Einzelhandel erhalten. Nun haben Sie die Möglichkeit, sich persönlich zu präsentieren und zu zeigen, dass genau Sie die/der Richtige für den Ausbildungsplatz sind.

Folgende Fragen können in einem Vorstellungsgespräch zur Sprache kommen.

Fragen zum Ausbildungsberuf, z. B.:
– Warum wollen Sie diesen Beruf erlernen?
– Was wissen Sie über den Beruf?

Fragen zur Schule, z. B.:
– In welchen Schulfächern sind Sie gut? In welchen haben Sie weniger Erfolg? Woran könnte das liegen?
– Wie kommen Sie mit Ihren Mitschülerinnen und Mitschülern, mit Ihren Lehrerinnen und Lehrern klar?

Fragen zur Firma, z. B.:
– Warum haben Sie sich gerade bei uns beworben?
– Was wissen Sie über unsere Firma?

Nicht berufsbezogene Fragen, z. B.:
– Wir möchten Sie näher kennen lernen. Erzählen Sie etwas über sich.
– Welche aktuellen politischen Ereignisse fallen Ihnen ein?

1 Betrachten Sie die oben genannten Bereiche genauer. Was will der Gesprächspartner durch diese Fragen über Sie erfahren? Tauschen Sie sich in der Klasse aus.

Der Gesprächspartner möchte erfahren, ob ich gut mit anderen Menschen zusammenarbeiten kann.
... , ob ich wirklich Interesse an dem Beruf habe ...

Für ein Vorstellungsgespräch sollten Sie sich gut über die entsprechende Firma informieren.

2 Sammeln Sie Informationen über eine Firma Ihrer Wahl.
a) Überlegen Sie zunächst, was Sie über die Firma wissen sollten. Notieren Sie in Stichworten.

   – Größe des Betriebs: ...   – Ansprechpartner/in: ...

b) Tragen Sie die Informationen zu der ausgewählten Firma zusammen.

3 Bereiten Sie sich auf ein Vorstellungsgespräch vor. Notieren Sie zu allen Fragen aus Aufgabe 1 mögliche Antworten (zum Ausbildungsberuf siehe auch S. 24).

Im Vorstellungsgespräch haben auch Sie die Möglichkeit, Fragen zu stellen.

4 Welche Fragen würden Sie dem Gesprächspartner im Vorstellungsgespräch gerne stellen? Schreiben Sie Ihre Fragen auf.

Wie viele Auszubildende hat Ihre Firma?
Welche Arbeitsbereiche würde ich im Laufe der Ausbildung kennen lernen? ...

Beim Vorstellungsgespräch spielen auch Umgangsformen eine Rolle.

Das „Einmaleins" des Vorstellungsgesprächs

Neben der inhaltlichen Vorbereitung bestimmen vor allem Auftreten und Körpersprache das Vorstellungsgespräch. Denn jetzt ist es wichtig, wie Sie sich präsentieren.

5 Es gibt zwar keine Regeln, wie das ‚richtige' Vorstellungsgespräch verläuft, aber es gibt einiges, worauf zu achten ist: Klopfen Sie an die Tür und warten Sie, bis Sie hereingerufen werden.

Betreten Sie den Raum und grüßen Sie mit ‚Guten Morgen' oder ‚Guten Tag'. Geben Sie der oder

10 den Person/en im Raum die Hand, wenn Sie dazu aufgefordert werden, und stellen Sie sich mit Vor- und Nachnamen vor. Warten Sie, bis Ihnen ein Stuhl angeboten wird.

Lassen Sie die Gesprächspartnerin/den Gesprächspartner das Gespräch beginnen und merken Sie sich ihren/seinen Namen. Blicken Sie dem Gegenüber in die Augen.

Bleiben Sie möglichst ruhig. Wenn Sie etwas nicht verstehen, ist das kein Problem, fragen Sie nach.

15 Sprechen Sie langsam und deutlich. Sie können bei den einzelnen Fragen auch kurz überlegen, was Sie sagen wollen.

5 Beantworten Sie folgende Fragen zum Text.
a) Welche Verhaltens- und Höflichkeitsregeln sind im Vorstellungsgespräch zu beachten?
b) Welche weiteren empfehlenswerten Verhaltensweisen fallen Ihnen ein?

– pünktlich kommen ...

6 Führen Sie ein Rollenspiel zum Vorstellungsgespräch durch.
a) Spielen Sie jeweils zu zweit ein Gespräch vor.
b) Die Zuschauer/innen beobachten das Rollenspiel und bewerten es in der Klasse oder in Kleingruppen. Beantworten Sie dabei folgende Fragen:

Werden die Höflichkeitsregeln eingehalten? (z. B. Begrüßung)
Wie ist die Körperhaltung? (z. B. aufrecht sitzen)
Wie ist der Gesichtsausdruck, die Gestik? (z. B. freundlich lächeln)
Wie ist das Sprechtempo? (z. B. nicht zu schnell)
Wird die Fragestellung beachtet? (z. B. nicht zu kurz antworten)

Sich auf ein Praktikum vorbereiten

Kevin hat einen Praktikumsplatz in einer Tischlerei/Schreinerei gefunden. Er überlegt sich nun, was er in seinem Praktikum gerne machen möchte.

– Holz schleifen
– zu Kunden fahren
– lernen, mit dem Hobel umzugehen
...

1 Welche Erwartungen haben Sie im Hinblick auf Ihren Praktikumsplatz? Notieren Sie, was Sie in Ihrem Praktikum gerne machen möchten.

Kevin informiert sich über den Beruf des Tischlers/Schreiners.

Tischler/innen arbeiten überwiegend bei Herstellern von Möbeln, Holzwaren oder Konstruktionsteilen. Auch im Tischlerhandwerk sind sie tätig, z.B. in Bautischlereien. Darüber
5 hinaus können sie bei Herstellern von Holzwerkstoffen oder in Baumärkten und Möbelhäusern beschäftigt sein. Auch Theater mit eigener Tischlerei, Messebauunternehmen oder Betriebe des Schiffbaus kommen
10 als Arbeitgeber infrage. Innenausbauten und Einrichtungsgegenstände aus Holz sind ihr Spezialgebiet: Tischler/innen stellen Schränke, Sitzmöbel oder Tische, Fenster oder Türen, aber auch Messe- und Ladeneinrichtungen
15 richtungen meist in Einzelanfertigung her. Dabei be- und verarbeiten sie Holz und Holzwerkstoffe mit einer Vielzahl unterschied-

licher Techniken. Sie sägen, hobeln und schleifen, führen Furnierarbeiten aus und
20 behandeln die Holzoberflächen. Die einzelnen Teile verschrauben oder verleimen sie zu fertigen Holzprodukten. Auf Baustellen setzen sie Fenster, Treppen und Türen ein; in Wohn- oder Büroräumen montieren sie
25 Einbaumöbel, Raumteiler oder Wandverkleidungen. Außerdem reparieren sie beschädigte Möbel oder gestalten Musterstücke.

2 Untersuchen Sie den Text.
a) Welche Tätigkeiten führt eine Tischlerin/ein Tischler aus?

– *Holzteile verschrauben ...*

b) Wo kann eine Tischlerin/ein Tischler eine Anstellung finden?

– *bei einem Hersteller von Möbeln, Holzwaren, Konstruktionsteilen ...*

3 Informieren Sie sich über die Tätigkeiten des Ausbildungsberufs, in dem Sie ein Praktikum machen (S. 24).

Tipp: Bewahren Sie Ihre Notizen aus der Vorbereitung des Praktikums auf. Sie können diese für den Praktikumsbericht nutzen.

Ein Praktikum durchführen – den Praktikumsbericht schreiben

Während des Praktikums können Sie leicht Informationen über „Ihre" Firma bekommen.

1 Sammeln Sie Informationen zu der Firma/dem Betrieb, in der/dem Sie ein Praktikum machen.

   a) Überlegen Sie sich Fragen, die Sie Ihrer Betreuerin/Ihrem Betreuer oder anderen Mitarbeitern der Firma stellen wollen. Die folgenden Stichpunkte können Ihnen dabei helfen: Produktion, Dienstleistung, Warenangebot, Anzahl der Mitarbeiterinnen/Mitarbeiter, Berufsbilder, Werkzeuge/Material/Maschinen …

   Welche Produkte werden bei Ihnen hergestellt? …

   b) Stellen Sie die Fragen und notieren Sie die entsprechenden Antworten für den Praktikumsbericht.

Tagesberichte werden ein wichtiger Bestandteil Ihres Praktikumsberichts sein. Kevin hat einen Tagesbericht während seines Praktikums als Tischler/Schreiner verfasst.

ACHTUNG FEHLER

> Mein Tag begann heute bereits um 7:00 Uhr. Es kam eine Holzlieferung und der Chef hatte angeordnet, dass alle Mitarbeiter beim Ausladen helfen. Wir brauchten eine Stunde, denn das Holz war sehr schwer. Verschiedene Holzplatten aus Massiv- und Sperrholz haben wir abgeladen. Um 9:00 Uhr bin ich mit meinem Chef zu einem Kunden gefahren. Es war
> 5   ein Privatkunde, der in einer riesigen Villa lebt und eine Sonderanfertigung für seine Küche bestellen wollte. Wir sind durch die Küche gegangen und haben alles vermessen, ich habe alle Maße genau an den Bauplan geschrieben. Es war sehr schwierig, man muss gut im Rechnen sein. Der Kunde hatte ganz genaue Vorstellungen und ihm fiel immer wieder etwas Neues ein. Ich bewunderte meinen Chef für seine freundliche und geduldige Art.
> 10   Gegen 12:00 Uhr waren wir zurück in der Werkstatt. Nun sollte ich die angefangenen Hobelarbeiten an einer Küchenbank beenden. Dabei musste ich ausdauernd und genau arbeiten, denn was einmal weg ist, kann man nicht mehr rankleben. Gegen 14:00 Uhr konnte ich Pause machen. Aber da war der Tag schon fast vorbei. Gegen 15:00 Uhr machte ich mir meine üblichen Notizen vom Tag. Nebenbei schaute ich meinen Kollegen zu, wie sie Furnier-
> 15   arbeiten erledigten. Auch beim Verzahnen von Zinken und Zapfen habe ich zugeschaut.

2 Erstellen Sie eine Liste von Kevins Tätigkeiten in Stichworten und schreiben Sie die entsprechende Uhrzeit bzw. Dauer der Tätigkeit auf.

7:00 Uhr – 8:00 Uhr Lieferung ausgeladen
9:00 Uhr …

3 Beurteilen Sie Kevins Tagesbericht. Stellen Sie z.B. folgende Fragen:
– Ist der Tagesbericht vollständig?
– Enthält der Bericht Überflüssiges (Wiederholungen, Unpassendes)?
– Ist die sprachliche Form in Ordnung? …

Für seinen Tagesbericht hat Kevin im Computer eine Tabelle angelegt.

Datum:	*Montag 02.11.200.*	
Uhrzeit	Tätigkeit	sonstige Bemerkungen
07:00 – 08:00	*Lieferung ausgeladen*	*neue Holzarten kennen gelernt*
08:00 – 9:00	*beim Zusammenleimen von Schränken geholfen*	*Fachbegriff „Zapfen" in eine Fachwortliste eintragen*

4 Untersuchen Sie die Eintragungen Kevins.
   a) Welche Informationen trägt Kevin in die Tabelle ein?
   b) Wie kann er mit Hilfe der Tabelle seinen Tagesbericht schreiben?
Tipp: Legen Sie sich im Computer eine Tabelle als Muster für einen Tagesbericht an.

Kevin möchte die Bedeutung der Fachbegriffe, die er im Praktikum gelernt hat, in seinem Praktikumsbericht erwähnen. Er hat sie in einer Fachwortliste gesammelt.

Fachwort	*Erklärung*
Spanplatte	*plattenförmiger Werkstoff, überwiegend aus Holzspänen, deshalb auch als Holzspanplatte bezeichnet*
(ver)zapfen/Zapfen	*...*

5 Untersuchen Sie Kevins Fachworttabelle.
   a) Ergänzen Sie die Tabelle. Lesen Sie dazu noch einmal den Text auf Seite 36.
   b) Wie kann Kevin die Bedeutung der Fachbegriffe klären? Machen Sie Vorschläge.
   c) Legen Sie zu Ihrem Praktikum eine Fachwortliste mit Erklärungen an.

Basiswissen

Das **Deckblatt des Praktikumsberichts** sollte folgende Informationen enthalten:
- Überschrift: „Betriebspraktikum" oder „Firmenpraktikum",
- Zeitraum (Wann wurde das Praktikum gemacht?),
- Betriebsadresse (Wo wurde das Praktikum absolviert?),
- Ausbildungsberuf (Wie ist die genaue Bezeichnung?),
- die eigene Anschrift.

6 Erstellen Sie ein Deckblatt für Ihren Praktikumsbericht. Berücksichtigen Sie das Basiswissen.

Einen Arbeitsvorgang im Praktikumsbericht beschreiben

Im Praktikumsbericht können Sie Arbeitsvorgänge beschreiben. Serkan lernt in der Fahrradwerkstatt, wie man einen Fahrradreifen repariert. Beschreiben Sie für Serkan den Arbeitsvorgang. Schreiben Sie im Passiv.

1 Schreiben Sie eine Überschrift für den Arbeitsvorgang auf. Wählen Sie eine der folgenden Möglichkeiten aus.

Ich repariere einen Fahrradreifen

So wird ein Fahrrad-reifen repariert

Ich repariere ein plattes Fahrrad

2 a) Nennen Sie zu Beginn alle Materialien und Hilfsmittel, die für den Arbeitsvorgang gebraucht werden. Denken Sie an den unbestimmten Artikel.

– eine Tube Vulkanisierlösung …

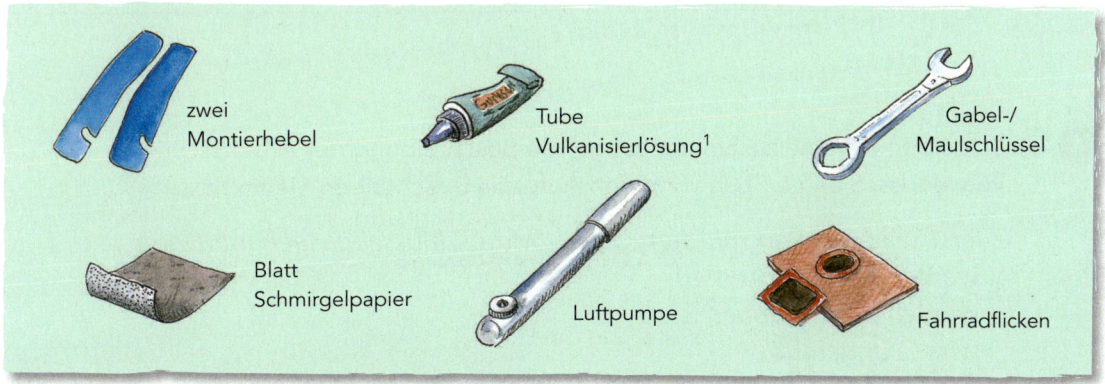

zwei Montierhebel

Tube Vulkanisierlösung[1]

Gabel-/Maulschlüssel

Blatt Schmirgelpapier

Luftpumpe

Fahrradflicken

[1] Vulkanisierlösung: ein Klebstoff für Fahrradflicken

b) Schreiben Sie in einem Satz auf, welche Materialien und Hilfsmittel Sie benötigen.

Für die Reparatur eines Fahrradschlauchs werden ein Gabel-/Maulschlüssel, …

3 Beschreiben Sie nun jeden Arbeitsschritt. Auf den Bildern finden Sie die Arbeitsschritte in der richtigen Reihenfolge. Schreiben Sie die Arbeitsschritte in Stichworten in einer Tabelle in Ihr Heft. Passende Stichworte finden Sie im grünen Kasten.

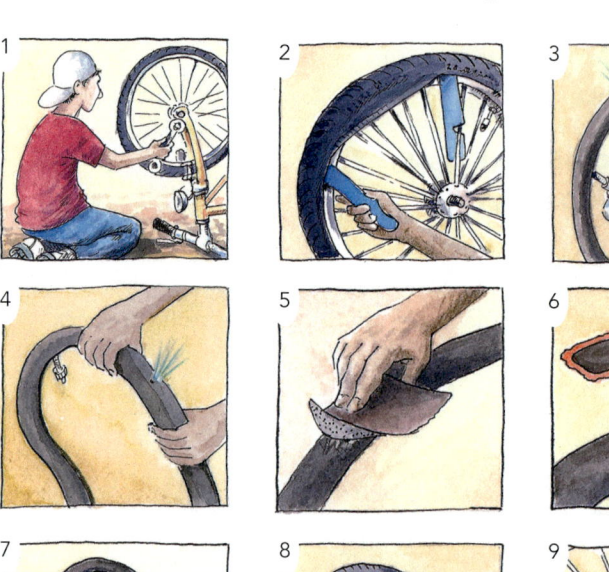

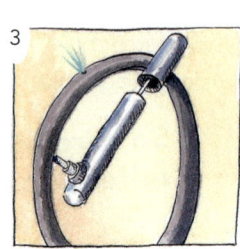

Was?
- Reifen und beschädigten Schlauch,
- ~~Rad~~ (2x),
- Loch (3x),
- reparierten Schlauch,
- beschädigten Schlauch,
- Schlauch und Reifen

Womit?
- mit den Montierhebeln,
- ~~mit dem Gabel-/ Maulschlüssel~~ (2x),
- mit Schmirgelpapier,
- mit der Luftpumpe (2x),
- mit Vulkanisierlösung und Flicken

Was tun?
- von der Felge abnehmen,
- ~~ausbauen,~~
- anrauen,
- wieder einbauen,
- leicht aufpumpen,
- aufpumpen,
- auf die Felge aufziehen,
- suchen,
- reparieren

	Was?	Womit?	Was tun?
1	Rad	mit dem Gabel-/Maulschlüssel	ausbauen
2	…	…	…

4 **a)** Schreiben Sie eine zusammenhängende Beschreibung der Arbeitsschritte. Verwenden Sie Ihre Stichworte von Aufgabe 3. Schreiben Sie im Passiv.

Zuerst wird das Rad mit dem Gabel-/Maulschlüssel ausgebaut. Dann …
… werden … abgenommen …
… werden … aufgezogen …
… wird … angeraut …
… wird … aufgepumpt …

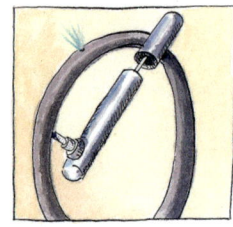

b) Unterstreichen Sie die Satzanfänge *blau*, das, was getan wird, *rot* und das, womit etwas getan wird, *grün*.

Zuerst wird das Rad mit dem Gabel-/Maulschlüssel ausgebaut.

5 Untersuchen Sie Ihre Beschreibung im Hinblick auf die Satzanfänge.
Verbessern Sie, indem Sie abwechslungsreiche Satzanfänge gestalten.

Zuerst ...; Anschließend ...; Jetzt ...; Danach ...; Nun ...; Zuletzt ...; Wenn der beschädigte Schlauch aufgepumpt ist, ...

6 Beschreiben Sie zum Schluss das Ergebnis des Arbeitsvorgangs.
Wählen Sie den passenden Satz aus:

Das Fahrrad ist jetzt wieder fahrbereit.
Ich kann jetzt wieder mit dem Fahrrad fahren.
Nun wird das Fahrrad wieder benutzt.

Serkan hat inzwischen auch gelernt, wie man eine Fahrradkette pflegt.

- Fahrrad auf die Folie stellen
- Kettenöl auf die Kettenglieder auftragen
- die Pedale drehen
- das überflüssige Kettenöl mit dem Lappen abreiben (abgerieben)

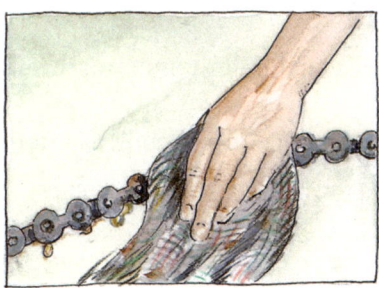

7 Beschreiben Sie den Arbeitsvorgang im Passiv. Nennen Sie zu Beginn die Materialien und die Hilfsmittel. Bilden Sie aus den Verben Passivformen mit „wird"/„werden". Denken Sie an die Überschrift und an das Ergebnis.

Zur Pflege einer Fahrradkette werden ... benötigt ...

8 Überprüfen Sie Ihre Beschreibung (Aufg. 7) mit Hilfe der Arbeitstechnik auf S. 42.

Einen Arbeitsvorgang im Praktikumsbericht beschreiben

Lars soll bei seinem Praktikum in der Gärtnerei eine Pflanze umtopfen. Er weiß nicht, wie das geht. Folgende Abbildungen können ihm dabei helfen. Sie zeigen in ungeordneter Reihenfolge, wie man eine Pflanze umtopft.

9 Beschreiben Sie den Arbeitsvorgang im Passiv.
  a) Überlegen Sie, in welcher Reihenfolge die sechs Arbeitsschritte durchgeführt werden müssen.
  b) Notieren Sie Stichworte.

  – Erde wird eingefüllt
  – die Pflanze wird ausgegraben

  c) Schreiben Sie den Arbeitsvorgang in ganzen Sätzen auf.
  d) Tauschen Sie die Beschreibung des Arbeitsvorgangs mit Ihrer Nachbarin/Ihrem Nachbarn. Erklären Sie den Arbeitsvorgang anhand der Beschreibung.
  e) Korrigieren Sie Ihre Beschreibung.

Sie können einen Arbeitsvorgang auch mit „man" beschreiben.

10 Schreiben Sie die Beschreibung der Arbeitsschritte in der Man-Form auf. Schreiben Sie in Ihr Heft.

  So topft man eine Pflanze um: Zum Umtopfen benötigt man ...

Arbeitstechnik

Wenn Sie **einen Arbeitsvorgang beschreiben**, müssen Sie Folgendes beachten:
- Finden Sie eine passende Überschrift.
- Nennen Sie alle benötigten Materialien und Hilfsmittel.
- Beschreiben Sie die einzelnen Arbeitsschritte in der richtigen Reihenfolge.
- Verwenden Sie abwechslungsreiche Satzanfänge.
- Schreiben Sie im Passiv oder formulieren Sie Sätze mit „man".
- Beschreiben Sie das Ergebnis des Arbeitsvorgangs. Verwenden Sie hier nicht das Passiv.

Den Praktikumsbericht schreiben

Kevin stellt ans Ende seines Praktikumsberichts eine eigene Bewertung seines Praktikums. Dazu zieht er die Notizen hinzu, die er sich als Vorbereitung gemacht hat (S. 36).

Das Praktikum hat mir sehr gut gefallen. Meine Erwartungen haben sich zum größten Teil erfüllt. Da ich gerne mit Holz arbeite, fühlte ich mich in der Werkstatt am wohlsten. Sägen, Hobeln und Schleifen habe ich sehr gern gemacht. Dabei habe ich gemerkt, wie anstrengend der Beruf ist. Aber das stört mich nicht. Ich packe gern zu. Interessant fand ich
5 die Besuche bei den Kunden. Freundlich, aber bestimmt muss man auftreten. Weniger gut fand ich das tägliche Putzen der Maschinen, Werkzeuge und der Werkstatt. Zuerst dachte ich, wenn man die gleich wieder benutzt, braucht man sie doch nicht zu putzen. Aber mit der Zeit habe ich verstanden, dass dadurch alles länger hält.

1 Untersuchen Sie Kevins Bewertung seines Praktikums.
  a) Was erwähnt er in seiner Bewertung?
  b) Wie wirkt die Bewertung auf Sie? Begründen Sie Ihre Antwort.
  c) Welche Formulierungen könnten Sie für Ihre Bewertung übernehmen?

Basiswissen

Im **Praktikumsbericht** werten Sie Ihr Betriebspraktikum aus. Sammeln Sie schon vor und während des Praktikums Informationen für den Praktikumsbericht.

Den Praktikumsbericht vorbereiten   **Den Praktikumsbericht schreiben**

Vor dem Praktikum	Während des Praktikums	Nach dem Praktikum

- ✓ Informationen zum Beruf einholen
- ✓ Fragen formulieren
- ✓ Erwartungen formulieren

- ✓ Tagesberichte schreiben
- ✓ Betreuer fragen
- ✓ Fachbegriffe sammeln

- ✓ Notizen sortieren
- ✓ mit Computer schreiben
- ✓ im Klarsichtordner abheften
- ✓ folgende Reihenfolge einhalten
  – Deckblatt
  – Infos zur Firma
  – Infos zum Beruf
  – Tagesberichte (im Präteritum schreiben)
  – Fachbegriffe
  – eigene Beurteilung

Zusammenfassung: Bewerbung

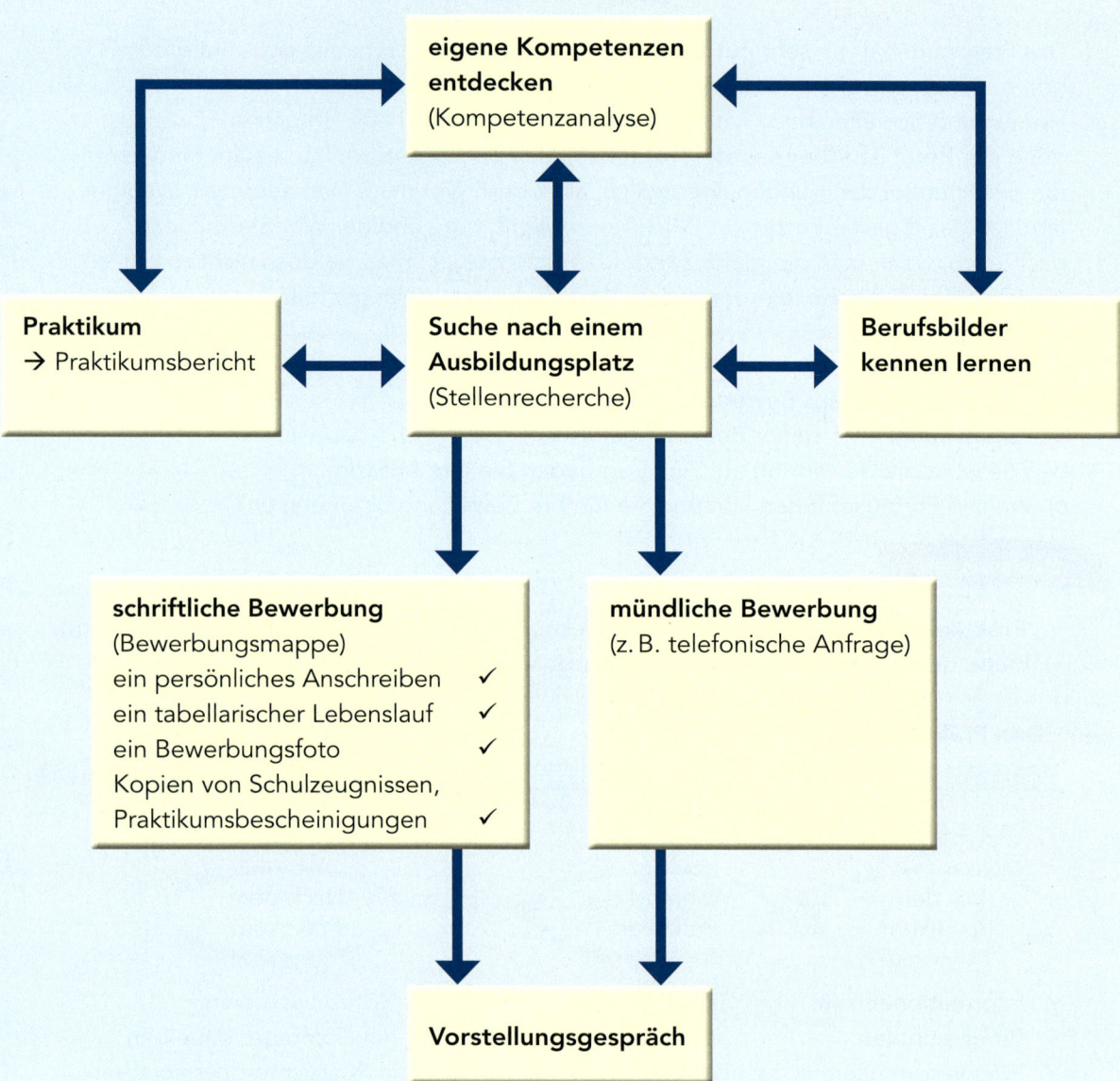

eigene Kompetenzen entdecken
(Kompetenzanalyse)

Praktikum
→ Praktikumsbericht

Suche nach einem Ausbildungsplatz
(Stellenrecherche)

Berufsbilder kennen lernen

schriftliche Bewerbung
(Bewerbungsmappe)
ein persönliches Anschreiben ✓
ein tabellarischer Lebenslauf ✓
ein Bewerbungsfoto ✓
Kopien von Schulzeugnissen,
Praktikumsbescheinigungen ✓

mündliche Bewerbung
(z. B. telefonische Anfrage)

Vorstellungsgespräch

Rechtschreibung

Was Ihnen dieses Kapitel bietet:

Ob am Arbeitsplatz oder in der Schule, richtiges Schreiben ist eine wichtige Voraussetzung für Ihr Weiterkommen. Im folgenden Kapitel werden Ihnen Tipps an die Hand gegeben, mit denen Sie Ihre Rechtschreibung verbessern können.

Merksätze und Beispiele helfen Ihnen, Fehlerquellen zu erkennen und Lösungsstrategien zu entwickeln. Viele Übungen geben Ihnen die Möglichkeit, Gelerntes anzuwenden, zu festigen und so immer mehr Sicherheit beim Schreiben zu gewinnen. Das Übungsmaterial ist nach den häufigsten Fehlerschwerpunkten angeordnet. Sie können es im Selbststudium oder auch im Klassenverband bearbeiten.

Wo gibt es mehr zu diesem Themenbereich?

Im Kapitel „Methoden-
sammlung: Lernen lernen"
finden Sie Tipps und Tricks,
um sich schwierige Wörter
besser einprägen zu können.
Im Kapitel „Grammatik /
Zeichensetzung" können Sie
Grundlegendes über
die Wortarten und die
Kommasetzung erfahren.

Die Schreibung nach Vokalen

a, e, i, o, u, ä, ö, ü sind **Vokale** (Selbstlaute). Ein Vokal kann **lang oder kurz** gesprochen werden.

au, äu, ei, eu sind **Diphthonge** (Zwielaute). Diphthonge sind **lange Vokale**.

b, c, d, f, g, h, j, k, l, m, n, p, q, r, s, t, v, w, x, z sind **Konsonanten** (Mitlaute).

Das Erkennen von kurzen und langen Vokalen hilft Ihnen beim richtigen Schreiben von Wörtern.

Lange Vokale:

In der Regel folgt *ein* Konsonant: schreiben, Beruf.

Für ein langes **i** steht meistens **ie**: Sie, wieder.

Vor **l, m, n, r** steht manchmal ein Dehnungs-**h**: ihr, nehmen.

Nach einem Diphthong oder langen Vokal folgt **ß** oder **s**: Rasen, heißen.

Kurze Vokale:

Es folgen zwei gleiche Konsonanten (z. B. **ff, ll, mm, nn, ss**): Betreff, fassen.

Es folgen mindestens zwei verschiedene Konsonanten: Stift, stumpf, kratzen, backen.

Hier dreht sich alles um den Beruf …

Beruf • Lebenslauf • Pause • Straße • Einladung • Vergütung • mehr • Erfahrung • Freizeit • Beratung • vergleichen • Note • Ziel • sehr • Anschreiben • anrufen • nachfragen • vielseitig • Aufgabe • Lehrjahr • Arbeitsprobe • Grüße • telefonieren

1 Untersuchen Sie die Schreibung der Wörter mit langem Vokal.
   a) Schreiben Sie alle Wörter mit einem langen Vokal, dem ein Konsonant folgt, auf.
   b) Schreiben Sie alle Wörter mit einem langen Vokal, dem ein Dehnungs-**h** folgt, auf.

… und die Bewerbung.

Hobby • Test • Adresse • kennen lernen • Arbeitsplatz • Interesse • Abschluss • Mappe • Vorstellungsgespräch • bekommen • treffen • Bewerbung • Stelle • besetzen • abschicken • Bäckerei • Passbild

2 Untersuchen Sie die Schreibung der Wörter mit kurzem Vokal.
   a) Schreiben Sie alle Wörter mit einem kurzen Vokal, dem zwei gleiche Konsonanten folgen, auf.
   b) Schreiben Sie alle Wörter mit einem kurzen Vokal, dem zwei verschiedene Konsonanten folgen, auf.

Robert bewirbt sich um einen Ferienjob.

Sehr geehrte Damen und Herren,

im kommenden Jahr werde ich die Schule abschließen und danach meine Ausbildung zum Koch beginnen. Um im Vorfeld erste praktische Erfahrungen zu sammeln und das Arbeitsumfeld besser kennen zu lernen, würde ich in den Ferien gern als Aushilfe bei Ihnen arbeiten. Ich bin zuverlässig, fleißig und bringe viel Interesse für diese Arbeit mit. Ich freue mich auf Ihre Antwort.

Mit freundlichen Grüßen
Robert Rahn

3 Entscheiden Sie, ob die markierten Vokale lang oder kurz gesprochen werden.
Legen Sie eine Tabelle an und ordnen Sie die Wörter so ein:

langer Vokal	*kurzer Vokal*
sehr …	*Herren …*

Tipp: Wenn Sie nicht sicher sind, wie ein Wort geschrieben wird, suchen Sie nach einem verwandten Wort, dessen Schreibweise Ihnen bekannt ist.
Verwandte Wörter bilden **Wortfamilien**. Sie haben einen **gemeinsamen Wortstamm:**
schließ-lich, schließ-en, an-schließ-end.
Der Vokal im Wortstamm kann sich verändern: ***fall-en, Ab-fäll-e, ent-fall-en.***
„Schließlich" schreibt man mit **ß** wie „schließen".
„Abfälle" schreibt man mit doppeltem **l** wie „fallen".

bezahlen

-zahl-   -fahr-   -kenn-

~~bezahlen~~ • Bekannter • fuhren • kennen • Abfahrt • gezählt • fährt • bekannt • Primzahl • Fahrrad • Volkszählung • unbezahlbar • Kenntnis • Zahlenspiel • kannten • Erfahrung • verzählt • Abzählreim • fahrplanmäßig • Kenner • Fähre • Kennzeichen • unzählbar

4 Übertragen Sie die Grafik in Ihr Heft und schreiben Sie die Wörter um den passenden Wortstamm herum. Unterstreichen Sie in jedem Wort den Wortstamm.

Die Schreibung nach Vokalen

Familienbande – Wortfamilien unter sich ...

um -fall- en	Spiel	ge -fahr- en
ge -fäll- ig	spiel- en	um -fahr- en
ver -lass- en	un -pass- end	ge -winn- en
Er -lass	pass- en	Ge -winn- er

5 Untersuchen Sie die Wortfamilien.
  a) Schreiben Sie die Wortfamilien in Ihr Heft. Lassen Sie unter jeder Wortfamilie zwei Zeilen frei.
  b) Erweitern Sie die Wortfamilien um zwei eigene Beispiele und schreiben Sie sie
      unter den jeweiligen Wortstamm.
  c) Überprüfen Sie mit Hilfe des Wörterbuchs, ob Sie die Wörter richtig geschrieben haben.

Test

Eigentlich wollte Julia mit ihrem Freund Robert zum Fußballspiel. Doch leider war das Wetter schlecht. Hier ist ihre Nachricht an Robert.

ACHTUNG FEHLER

Hallo Robert,

leider habe ich heute früh den Bus <u>verpast</u>. Also bin ich mit dem Rad <u>losgefaren</u>. Aber auf der <u>Strasse</u> war es <u>ser</u> glatt. Fast bin ich mit dem Rad <u>umgefalen</u>. Deshalb beschloss ich umzukehren, weil es <u>vil</u> zu <u>gefärlich</u> war. Ich hätte es sowieso gar nicht mehr rechtzeitig zum <u>Spiell</u> geschafft. Wie gern wäre ich jetzt bei euch! Ich hoffe, du meldest dich nachher mal und erzählst mir, wer gewonnen hat.

Viele <u>Grüsse</u>
Julia

1 In Julias Nachricht haben sich neun Fehler eingeschlichen. Sie sind im Text unterstrichen.
  a) Schreiben Sie den Text in Ihr Heft und korrigieren Sie die unterstrichenen Wörter dabei.
  b) Begründen Sie mit den Regeln aus dem Basiswissen, warum die Wörter so geschrieben
      werden, und schreiben sie diese Regeln in Stichworten unter den Text.

Die s-Schreibung

In einem Internetforum schreiben Jugendliche über ihre Ausbildung.
Einer von ihnen ist Michael.

Ich heiße Michael. | Früher habe ich viel | **draußen** auf der **Straße** herumgehangen | und mein **Abschlusszeugnis** | war nicht so gut. | Jetzt macht mir | meine Ausbildung als Industriemechaniker | viel **Spaß**. | Ich warte und repariere | Maschinen in einem **großen** Industriebetrieb. | Im dritten Ausbildungsjahr | sollen wir | die erlernten Fähigkeiten | (z. B. **Schweißen**, Drehen und **Messen**) | und das **Fachwissen** | selbstständig anwenden und **verbessern**. | Bei uns **heißt** das, | dass der Ausbilder | uns **regelmäßig** | Arbeitsaufträge erteilt, | die sich | mit einer besonderen Problemstellung **befassen**. | **Anschließend** soll der Auszubildende | eine Lösung für das Problem finden | und das Ergebnis | dem Ausbilder präsentieren. | Aber **lasst** | euch | jetzt **bloß** nicht abschrecken, | denn man macht | solche Aufgaben zu zweit | mit einem Kollegen, | da **fließen** keine Tränen. | Und wenn man dann | nicht weiter**weiß**, | kann man sich natürlich | auf den Ausbilder **verlassen**. | Vielleicht **entschließt** ihr euch | ja auch zu diesem Beruf! | **Grüße** von Michael

1 Üben Sie die Schreibung von Wörtern mit **ss** und **ß**.
   a) Lesen Sie den Text einmal laut und langsam.
   b) Prägen Sie sich die Wörter bis zum Strich ein und schreiben Sie sie auswendig auf eine linke Seite in Ihr Heft.
   c) Auf die rechte Heftseite notieren Sie die Überschrift „Problemwörter". Kontrollieren Sie den abgeschriebenen Text Wort für Wort und notieren Sie falsch geschriebene Wörter – nun richtig geschrieben – unter dieser Überschrift.

Diese Verben in unterschiedlichen Zeitformen bilden Wortreihen.

er hat geheißen • er ließ • er wusste • er misst • wissen • er verließ (sich) • er hieß • er entschloss sich • heißen • er hat gewusst • lassen • er entschließt sich • messen • er maß • er hat (sich) verlassen • er weiß • sich entschließen • er lässt • er verlässt (sich) • er hat sich entschlossen • er heißt • er hat gelassen • (sich) verlassen • er hat gemessen

2 Ordnen Sie die Verben, indem Sie Wortreihen bilden.
   a) Suchen Sie zuerst das Verb im Infinitiv.
   b) Ergänzen Sie dann den Infinitiv um die dazugehörigen Verben, sodass sich eine Wortreihe ergibt.

   heißen – er heißt – er hieß – er hat geheißen

Die s-Schreibung

Hier sind Verben im Infinitiv, im Präsens (3. Person, Singular), im Präteritum (3. Person, Singular) und im Partizip Perfekt aneinandergereiht.

> schließen • schließt • schloss • geschlossen
> messen • misst • maß • gemessen
> heißen • heißt • hieß • geheißen
> essen • isst • aß • gegessen
> vergessen • vergisst • vergaß • vergessen
> lassen • lässt • ließ • gelassen
> wissen • weiß • wusste • gewusst

3 Üben Sie die Schreibung von **ss** und **ß** in den Wortreihen.
   a) Lesen Sie eine Wortreihe und decken Sie sie ab.
   b) Schreiben Sie die Wortreihe in Ihr Heft.
   c) Decken Sie die Wortreihe wieder auf und kontrollieren Sie die Schreibweise.

Test

Michaels Berufsbeschreibung hat Marcels Interesse geweckt. Hier ist dessen Antwort.

ACHTUNG FEHLER

> Hallo Michael,
>
> ich heise Marcel. Deine Ausbildung scheint viel Spaß zu machen. Aber da ist man ja nicht regelmäßig drausen. Ich weiß einfach nicht, was ich bloß nach der Schule machen soll. Ich kann mich nicht entschließen. Manchmal habe ich grose Angst, dass ich keinen Ausbildungsplatz bekomme. Okay, ich muss noch lernen, denn das Ergebnis der Klassenarbeit morgen fliest in mein Abschluszeugnis ein.
>
> Viele Grüße
> Marcel

1 Im Brief von Marcel an Michael gibt es zwölf unterstrichene Wörter. Fünf von den zwölf Wörtern sind falsch geschrieben.
Schreiben Sie den Text in Ihr Heft und korrigieren Sie dabei die fünf Fehler.

Das oder dass?

In den „Tipps zum Verhalten in einem Vorstellungsgespräch" heißt es:

Sie sollten darauf achten, dass Sie sich möglichst natürlich geben und sich nicht verstellen. Das bedeutet jedoch nicht, dass Sie die Höflichkeitsregeln außer Acht lassen sollten. Auf einige Dinge sollten Sie verstärkt achten:

1. Das Anklopfen sollte selbstbewusst sein. Dabei sollten Sie weder an die Tür hämmern noch so leise klopfen, dass es innen kaum gehört werden kann.
2. Achten Sie darauf, dass Sie sich mit Ihrem vollen Namen vorstellen.
3. Geben Sie die Hand nicht zu lasch und zu schlapp – das wird leicht als Willensschwäche ausgelegt.
4. Es wird erwartet, dass Sie sich den Namen Ihres Gesprächspartners merken.
5. Ein Getränk, das Ihnen angeboten wird, dürfen Sie ohne Zögern annehmen. Aber wenn man Ihnen eine Zigarette anbietet, sollten Sie diese höflich ablehnen.

1 Arbeiten Sie mit einem Partner zusammen. Lassen Sie sich den Text diktieren. Kontrollieren Sie anschließend besonders die Schreibweise von **das** bzw. **dass**.

Bei einem Vorstellungsgespräch sind noch mehr Dinge zu beachten.

Sie sollten darauf achten, **dass** Sie während des ganzen Gesprächs aufmerksam und freundlich sind.
Vergessen Sie nicht, ▆▆▆▆▆▆ zu starkes Zurücklehnen und Verschränken der Arme unhöflich wirkt.
Wenn Sie unruhig auf dem Sitz herumrutschen oder mit den Fingern im Gesicht herumfummeln, wird ▆▆▆▆▆▆ als Unsicherheitsgeste aufgefasst.
Lassen Sie erkennen, ▆▆▆▆▆▆ Sie gut zuhören und genau verstehen, was im Gesprächsverlauf gesagt wird.
Häufiges Wegschauen, ▆▆▆▆▆▆ Desinteresse signalisiert oder ausweichend wirkt, sollten Sie vermeiden.
Ihr Gegenüber sollte nie den Eindruck haben, ▆▆▆▆▆▆ er/sie an Ihnen vorbeiredet.

2 Schreiben Sie den Text ab und entscheiden Sie mit Hilfe des Basiswissens, ob in die Lücke **das** oder **dass** eingesetzt werden muss.

Das oder dass?

Anna hat die Tipps zum Verhalten während eines Vorstellungsgesprächs gelesen und erzählt nun ihrer Freundin Mara davon.

Satzanfang	Satzende
Ich hoffe,	**dass** es mehr Bewerbungstrainings geben sollte.
Ich finde,	**dass** ich die Tipps beim nächsten Bewerbungsgespräch umsetzen kann.
Ich glaube,	**dass** ich mich mit vollem Namen vorstellen soll.
Ich weiß,	**dass** man in einem Bewerbungsgespräch sehr viele Dinge beachten muss.
Ich denke,	**dass** ich mir den Namen meines Gesprächspartners merken kann.

3 Verbinden Sie einen Satzanfang mit einem passenden Satzende. Achtung: Manchmal gibt es mehrere Möglichkeiten. Schreiben Sie die Sätze in Ihr Heft.

Test

Was sollten Sie bei einem Vorstellungsgespräch beachten?

Ich soll die Hand nicht zu lasch und zu schlapp geben, da

Es ist wichtig,

Ich sollte darauf achten,

Ich sollte vermeiden,

Zu vermeiden ist auch häufiges Wegschauen,

- das/dass leicht als Willensschwäche und Labilität ausgelegt wird.
- das/dass ich während des gesamten Gesprächs freundlich und aufmerksam bin.
- das/dass mein Gegenüber glaubt, an mir vorbeizureden.
- das/dass ausweichend wirken kann.
- das/dass ich mich mit vollem Namen vorstelle.
- das/dass ich mir den Namen meines Gesprächspartners merke.

1 Entscheiden Sie, ob **dass** oder **das** verwendet wird.
   a) Lesen Sie sich die Tipps zum Verhalten während des Vorstellungsgesprächs (S. 51) noch einmal durch.
   b) Schreiben Sie die Satzanfänge ab und ergänzen Sie sie mit einem passenden Satzende aus dem Kasten.

Groß- und Kleinschreibung

Nomen werden **großgeschrieben**. Man erkennt sie an folgenden Begleitwörtern:
Artikel: _ein_ Projekt, _das_ Ergebnis
Präposition: _mit_ Jugendlichen, _von_ Erwachsenen
Pronomen: _unsere_ Klasse, _ihre_ Berufswünsche
Mengenwörter: _einige_ Schüler, _viele_ Fragen
Adjektive: _schönes_ Wetter, _schwarze_ Schuhe
Bestimmte Nachsilben kennzeichnen ebenfalls Nomen: **-heit**, **-keit**, **-nis**, **-schaft**,
-tum, **-ung**: Ein**heit**, Heiter**keit**, Erkennt**nis**, Freund**schaft**, Eigen**tum**, Erfahr**ung.**

Diese Wörter und Wortgruppen stammen aus einer Berufsbeschreibung für Briefzusteller.

BERUF • VIELSEITIG • PÄCKCHEN • BRIEFE • PAKETSENDUNGEN • AUSTRAGEN •
FREUDE AM KONTAKT MIT MENSCHEN • KUNDENORIENTIERT • BEI WIND UND
WETTER UNTERWEGS • WICHTIGE EIGENSCHAFT ZUVERLÄSSIGKEIT

1 Schreiben Sie mit Hilfe der Wörter und Wortgrupppen fünf Sätze über die Arbeit
von Briefzustellern.

Der Beruf des Briefzustellers ist vielseitig.

Verben und **Adjektive** können in **Nomen umgewandelt** werden. Sie werden dann **großgeschrieben**. Man erkennt sie an Begleitwörtern: _das_ Kochen, _lautes_ Sprechen, _das_ Wichtige.

So finden Sie Adressen von Ausbildungsbetrieben.

Das genaue Anschauen von Tageszeitungen lohnt sich. Viele Firmen werben in der Regionalpresse für sich. Schnelles Anrufen bringt Klarheit darüber, ob die Firma
auch wirklich Ausbildungsplätze frei hat. Eine andere Möglichkeit sind die „Gelben Seiten".
Durch gründliches Suchen findet man Betriebe in der Nähe seines Wohnortes.
Auch das Stöbern im Internet bringt Erfolg. Die meisten Unternehmen haben heutzutage
ihre eigene Website, auf der sie alles Wissenswerte über sich präsentieren.

2 Schreiben Sie den Text in Ihr Heft. Finden Sie die vier Nomen, die aus Verben
gebildet wurden, und unterstreichen Sie diese Nomen und ihre Begleitwörter.

Groß- und Kleinschreibung

In einer Bewerbung kommt es auch auf die richtige Begründung der Berufswahl an.

> **Koch/Köchin:** Er/sie bereitet Gerichte zu, organisiert Arbeitsabläufe, stellt Speisepläne auf, kauft Zutaten ein und lagert sie fachgerecht ein.

3 Schreiben Sie vier Sätze, die begründen, warum sich jemand für den Beruf des Kochs oder der Köchin entscheidet. Formen Sie dafür die Verben in Nomen um.

Das Zubereiten von Gerichten macht mir Spaß. Das ...

> **Basiswissen**
>
> **Nomen** können immer auch **zusammen mit Präposition und Artikel** vorkommen: *laufen → beim Laufen, dekorieren → zum Dekorieren.*
> Der **Artikel** ist **versteckt: beim → bei dem, zum → zu dem, im → in dem.**

Worauf sollte man bei der Arbeit in der Hauswirtschaft achten?

- Zum Entfernen von Flecken
- Beim Arbeiten mit ätzenden Substanzen
- Beim Dekorieren einer Festtafel
- Vor dem Einschalten von elektrischen Geräten

- muss die Stromversorgung sichergestellt sein.
- kommt Blumenschmuck zum Einsatz.
- muss man eine Schutzbrille tragen.
- dürfen nur bestimmte Reinigungsmittel verwendet werden.

4 Bilden Sie sinnvolle Sätze und schreiben Sie sie in Ihr Heft.

Hier finden Sie Tipps, wie Sie Rückenbeschwerden vorbeugen können.

> In vielen Berufen gehört das TRAGEN schwerer Lasten zum Arbeitsalltag. So sollten Maurer, Möbelpacker oder Krankenpfleger auch ZUPACKEN können. Das HEBEN schwerer Gegenstände bedeutet eine zusätzliche Belastung für die Wirbelsäule und die Bandscheiben. Viele Leute machen den Fehler, sich dabei nach vorn zu BEUGEN. Man sollte beim HEBEN in die Hocke gehen und den Rücken gerade halten. Das lange SITZEN vor dem Computer kann schon bei Jugendlichen zu Rückenbeschwerden führen. Beim SPORTTREIBEN tut man viel für seinen Rücken. Ärzte empfehlen regelmäßiges SCHWIMMEN oder LAUFEN.

5 Schreiben Sie den Text in Ihr Heft und entscheiden Sie, ob die hervorgehobenen Wörter groß- oder kleingeschrieben werden müssen.

Tageszeiten und **Wochentage** mit einem **s** am Ende werden immer kleingeschrieben: *montags, vormittags.*

Was machen die Schülerinnen und Schüler an jedem Wochentag?

	MO	DI	MI	DO	FR
1	Deutsch	Englisch	Mathematik	Englisch	Mathematik
2	Computer	Sport	Gemeinschafts-kunde	Holztechnik	Englisch
3	...	Deutsch		...	Deutsch

6 Schreiben Sie mit Hilfe des Stundenplans Sätze.

Die Schülerinnen und Schüler haben montags in der ersten Stunde Deutsch, in der zweiten und ...

Die Anredepronomen *Sie*, *Ihnen* und *Ihr* werden **immer großgeschrieben**.

Die Skater-Anlage am Stadtbad soll geschlossen werden. Marc Funke schreibt im Namen seiner Klasse einen Beschwerdebrief an den Bürgermeister.

Sehr geehrter Herr Bürgermeister,

man sagte uns, dass die Skater-Anlage geschlossen werde. Viele Jugendliche nutzen SIE regelmäßig, weil es dort richtige Rampen und eine Halfpipe gibt. Leider würde IHNEN dann nichts anderes übrig bleiben, als zum Skaten in den Nachbarort zu fahren. Wir wären IHNEN sehr dankbar, wenn SIE uns zu diesem Sachverhalt Auskunft geben könnten. Wir hoffen sehr, dass die Anlage erhalten bleibt, da SIE für uns ein wichtiger Treffpunkt ist.

Für IHRE Antwort möchte ich mich schon jetzt bei IHNEN bedanken.

Mit freundlichen Grüßen
Marc Funke

7 Entscheiden Sie, ob es sich bei den hervorgehobenen Wörtern um Anredepronomen handelt oder nicht. Schreiben Sie dann den Brief in richtiger Groß- und Kleinschreibung in Ihr Heft.

Test: Groß- und Kleinschreibung

Aus dem Arbeitsalltag einer Fachverkäuferin im Nahrungsmittelhandwerk, Schwerpunkt Fleischerei:

BEVOR ICH ANFANGE ZU ARBEITEN, ZIEHE ICH MIR MEINE ARBEITSKLEIDUNG AN. DA IN MEINEM BERUF HYGIENE SEHR WICHTIG IST, TRAGE ICH BEIM ARBEITEN IMMER EINWEGHANDSCHUHE. BEVOR ICH DIE HANDSCHUHE ANZIEHE, MUSS ICH MEINE HÄNDE WASCHEN UND DESINFIZIEREN.

DAS ERSTE, WAS ICH MORGENS MACHE, IST DIE THEKE ZU BESTÜCKEN. DIE KOLLEGEN VON DER SPÄTSCHICHT HABEN AM ABEND ZUVOR DIE THEKE AUSGERÄUMT UND GEREINIGT. ICH GEHE IN DEN KÜHLRAUM UND HOLE NACHEINANDER MEHRERE WAGEN MIT WURST- UND FLEISCHWAREN UND BRINGE SIE ZUR VERKAUFSTHEKE. DANN RÄUME ICH DIE WURSTWAREN VOM WAGEN IN DIE THEKE.

EINE KUNDIN HAT KÄSE- UND WURSTPLATTEN FÜR 30 PERSONEN BESTELLT. ICH BEREITE DIE PARTYPLATTEN VOR. DAS KREATIVE AN DIESER ARBEIT MACHT MIR SEHR VIEL FREUDE. DIE PLATTEN DEKORIERE ICH MIT OBST UND GEMÜSE. FÜR DIE KÄSEPLATTEN VERWENDE ICH ZUM BEISPIEL WEINTRAUBEN ODER ERDBEEREN UND FÜR DIE WURSTPLATTEN GURKEN, TOMATEN UND PETERSILIE. NACH DEM DEKORIEREN DER PLATTEN ÜBERZIEHE ICH SIE MIT FRISCHHALTEFOLIE UND BRINGE SIE INS KÜHLHAUS. DIE KUNDIN WIRD SIE DANN ABENDS ABHOLEN.

1 Schreiben Sie den Text in richtiger Groß- und Kleinschreibung ab oder lassen Sie ihn sich diktieren.

Getrennt- und Zusammenschreibung

Basiswissen

Verbindungen aus **Nomen** und **Verb** werden **meist getrennt geschrieben**:
Klavier spielen.
Verbindungen aus **zwei Verben** werden **meist getrennt geschrieben**:
schwimmen lernen, lesen üben.

**Neben Ihrer Ausbildung finden Mark und
Annika kaum noch Zeit für ihre Hobbys.**

Ski • Schlagzeug • Marathon • Auto • Karten •
Inlineskates • fahren • spielen • laufen •

tanzen lernen •
spazieren gehen

1 Bilden Sie Sätze. Verwenden Sie entweder eine Verbindung aus Nomen und Verb oder eine
Verbindung aus zwei Verben.

Mark möchte gern wieder Ski fahren.

Basiswissen

Verbindungen aus **Adjektiv** und **Verb** in **wörtlicher Bedeutung** werden **getrennt
geschrieben:** *schnell laufen, tief schlafen.*

Hier werden Adjektive und Verben getrennt geschrieben.

offen bleiben • schwer fallen • hoch halten • fertig machen

Man sollte eine Aufgabe erst ▮▮▮▮▮▮, bevor man eine andere beginnt.
Die Demonstranten haben Transparente ▮▮▮▮▮▮.
Der Fußballspieler ist kurz vor der Halbzeitpause ▮▮▮▮▮▮.
Die Fenster dürfen während des Sturms nicht ▮▮▮▮▮▮.

2 Schreiben Sie die Sätze ab und ergänzen Sie die jeweils passenden Verbindungen
aus dem oberen Kasten.
Tipp: In einigen Sätzen müssen Sie Perfektformen verwenden.

Getrennt- und Zusammenschreibung

Basiswissen

Verbindungen aus **Adjektiv** und **Verb** werden **zusammengeschrieben**, wenn eine **übertragene Bedeutung** gemeint ist: *In Bussen darf man nicht schwarzfahren.*

Hier ist nicht alles wörtlich zu verstehen.

- Beim Lüften ist wichtig, dass die Fenster und Türen ausreichend lange offen bleiben / offenbleiben.
- Auf der Informationsveranstaltung des Ausbildungsbetriebs sind keine Fragen offen geblieben / offengeblieben.
- Die Schüler hoffen, dass ihnen die Prüfung leicht fallen / leichtfallen wird.
- Die Preise für Unterhaltungselektronik sind im vergangenen Jahr leicht gefallen / leichtgefallen.
- Die Prüfung ist mir schwer gefallen / schwergefallen.
- Unsere alte Nachbarin ist in ihrer Wohnung schwer gefallen / schwergefallen.

3 Entscheiden Sie, welche Schreibung im Satzzusammenhang richtig ist, und schreiben Sie die Sätze in Ihr Heft.

Basiswissen

Aus **Verbindungen** mit **zwei Verben** oder **einem Adjektiv und einem Verb** lassen sich **Nomen** machen. Diese werden dann groß- und zusammengeschrieben: *kaputt machen → das Kaputtmachen.*

So können Nomen entstehen.

Die Ausfahrt muss man <u>frei halten</u>.
Die Schüler müssen <u>schreiben üben</u>.
Die Köche müssen das Gericht <u>gar kochen</u>.

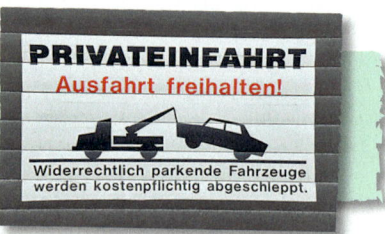

4 Formen Sie die unterstrichenen Wörter zu Nomen um. Schreiben Sie die kompletten Sätze nach folgendem Muster in Ihr Heft.

Manche Regeln muss man auswendig lernen. Das Auswendiglernen mancher Regeln ist notwendig.

Verben mit der **Vorsilbe _zu_** werden **zusammengeschrieben**.

zugeben → _Britta muss_ <u>zugeben</u>, _dass sie im Unrecht war._

Verben können immer auch als Infinitiv mit „zu" auftreten.

geben → _Ricardo hat vergessen, seinem Freund eine CD_ <u>zu geben</u>.

Die **Betonung der Verben** hilft Ihnen beim Erkennen von Getrennt- und Zusammenschreibung.

Sie muss ihren Fehler **zu**geben. Die Vorsilbe zu ist betont. → zusammen.

Er hat vergessen, seinem Freund die CD zu **geben**. Das Verb ist betont. → getrennt.

Zusammen oder getrennt, das ist hier die Frage.

- Sara hat ihre Eltern überredet, einen Tag länger im Urlaubsort zu bleiben / zubleiben.
- Der Lehrer sagt, dass die Bücher noch zu bleiben / zubleiben sollen.
- Auf einer Party kann es lustig zu gehen / zugehen.
- Einige Partygäste hatten keine Lust zu gehen / zugehen.

5 Entscheiden Sie, ob die Verben getrennt- oder zusammengeschrieben werden, und schreiben Sie die Sätze in Ihr Heft.

Test

Mit der richtigen Prüfungsvorbereitung lässt sich die Nervosität bekämpfen.

ACHTUNG FEHLER

Wenn Sie ausreichend Zeit einplanen, können Sie auch mal Ihre Bücher <u>zu machen</u>. Hat man den Lernstoff nicht verstanden, kann man ihn zwar <u>auswendiglernen</u>, aber vielleicht bekommt man Probleme, ihn richtig <u>zuverstehen</u>. Das <u>auswendig lernen</u> von Regeln ist also nicht die beste Lösung. Lassen Sie sich schwierige Regeln noch einmal erklären. Gehen Sie am Abend vor der Prüfung früh ins Bett. Wer versucht, spät abends noch einmal alles <u>zuwiederholen</u>, ist am nächsten Morgen schlecht in Form. Wenn Sie merken, dass Sie in der schriftlichen Prüfung mit einigen Aufgaben nicht sofort <u>klar kommen</u>, beginnen Sie mit den leichten Fragen. Auch für die mündliche Prüfung gilt: möglichst <u>entspannt bleiben</u> und sich nicht von den Prüfern aus der Ruhe <u>bringenlassen</u>.

1 Sechs von neun unterstrichenen Wörtern sind falsch geschrieben, die anderen drei sind korrekt. Schreiben Sie den Text in Ihr Heft und korrigieren Sie die fehlerhaften unterstrichenen Wörter.

Zusammenfassung: Rechtschreibhilfen im Überblick

Einfache oder doppelte Konsonanten

Prüfen Sie,
- ob Sie einen langen Vokal hören. In diesem Fall schreiben Sie einen einfachen Konsonanten (*Beruf*, *fragen*, *Pause*).
- ob Sie einen kurzen Vokal hören. In diesem Fall schreiben Sie einen doppelten Konsonanten (*Betreff*, *Stelle*, *kommen*, *doppelt*, *Kissen*, *hatte*).

Schreibung ss oder ß

Prüfen Sie,
- ob Sie einen langen Vokal hören. In diesem Fall schreiben Sie ß (*vergaß*).
- ob Sie einen kurzen Vokal hören. In diesem Fall schreiben Sie ss (*vergessen*).

Merke: vergessen – aber vergaß.

Schreibung das oder dass

Prüfen Sie,
- ob man *dieses*, *welches* oder *jenes* einsetzen kann. Wenn ja, verwenden Sie **das**.

Für das Wort **dass** kann man kein anderes Wort einsetzen.

Großschreibung

Prüfen Sie,
- ob das betreffende Wort am Satzanfang steht.
- ob ein Pronomen (z. B. *mein*, *dein*, *ihr*) vor dem Wort steht (→ Nomen).
- ob ein Artikel (*der*, *die*, *das* – *ein*, *eine*) vor dem Wort steht (→ Nomen).
- ob ein Artikel vor dem Wort stehen kann (→ Nomen).

Getrenntschreibung

Prüfen Sie,
- ob es sich um eine Verbindung aus Nomen und Verb handelt (*Fußball spielen*).
- ob es sich um eine Verbindung aus zwei Verben handelt (*lesen lernen*).
- ob es sich um eine Verbindung aus Adjektiv und Verb in wörtlicher Bedeutung handelt (*schön schreiben*).

Grammatik/ Zeichensetzung

Was Ihnen dieses Kapitel bietet:

Wie Sie sich besser und gezielter in Beruf und Alltag ausdrücken können, erfahren Sie in diesem Kapitel. Dabei helfen Ihnen grundlegende Kenntnisse der Wortarten, der Zeitformen, des Aktivs und Passivs sowie der direkten und indirekten Rede. Ob Bewerbungsschreiben oder Ausbildungsordnung, Bericht oder Arbeitsablauf – die Lerninhalte werden in praxisnahen Zusammenhängen geübt. Eine Fülle von Übungsmaterial hilft Ihnen, die richtigen sprachlichen Mittel für Ihre Kommunikation zu finden und anzuwenden. Und damit Ihr Anschreiben für die Bewerbung fehlerfrei und ansprechend wird, finden Sie auch Hinweise zu den wichtigsten Regeln der Zeichensetzung.

Wo gibt es mehr zu diesem Themenbereich?

Im Kapitel „Methodensammlung: Lernen lernen" finden Sie Tipps, um Ihr Gedächtnis zu schulen. Diese Hinweise können Ihnen helfen, sich beispielsweise Regeln und unregelmäßige Verben besser einzuprägen.
Im Kapitel „Rechtschreibung" erfahren Sie z. B., wie man eine Wortart in eine andere umformt. Auch zur Schreibung von *das* oder *dass* finden Sie hier Grundlegendes.

Wortarten

Basiswissen

Das **Nomen** bezeichnet
- **Lebewesen**: *die Frau, der Hund, die Palme;*
- **Gegenstände**: *die Kanne, der Tisch, das Haus;*
- andere **sichtbare oder unsichtbare Dinge**: *die Form, der Wunsch, das Lied.*

Nomen haben **Begleitwörter**, die man auch **Artikel** nennt. Man unterscheidet die **bestimmten Artikel** *(der, die, das)* und die **unbestimmten Artikel** *(ein, eine).* Nomen können auch ohne Artikel stehen.

Nomen können im **Singular** (Einzahl) oder im **Plural** (Mehrzahl) stehen:
*die Frau – **die Frauen**, der Tisch – **die Tische**, der Wunsch – **die Wünsche**.*

Im Deutschen werden Nomen **immer großgeschrieben**.

Hier finden Sie vieles, was im Berufsalltag für Floristen eine Rolle spielt.

GESTECKKRANZPFLANZEBLUMENDRAHTTOPFVASEDEKORATIONKUNDE

1 Finden Sie die Nomen und schreiben Sie sie in Ihr Heft.
  a) Schreiben Sie die Nomen auf und ergänzen Sie die passenden bestimmten Artikel.
  b) Schreiben Sie die Nomen im Plural mit dem bestimmten Artikel auf.

Basiswissen

Das **Verb** bezeichnet, **was jemand tut** oder **was geschieht**:
*Die Praktikantin **schreibt** ihren Bericht. Das Programm **beginnt** am frühen Abend.*
Am Verb kann man erkennen, in welcher **Zeitform** ein Satz steht:
*Gestern **ging** ich ins Kino. Heute **gehe** ich ins Stadion.*

Was machen Floristen in ihrem Beruf?

ACHTUNG FEHLER

~~binden~~ • brauchen • bedienen • pflegen • finden • beraten • erledigen

Floristen oder Floristinnen **binden** Blumensträuße und Gestecke. Sie reparieren die Pflanzen und putzen die Kunden. Sie zeichnen die Kasse, frisieren den Einkauf und kämmen ein Gespür für Farben und Formen, um für einen Anlass den passenden Blumenschmuck zu schweißen.

2 Schreiben Sie den Text mit den passenden Verben in Ihr Heft.

Das **Personalpronomen** kann ein **Nomen ersetzen**:
*Der Verkäufer bedient die Kunden. **Er** berät **sie**.*
Personalpronomen sind: ***ich, du, er, sie, es, wir, ihr, sie***.
Das **Possessivpronomen** zeigt, **wem etwas gehört**:
*Der Mechaniker ist ein guter Freund. Er repariert **mein** Auto umsonst.*
Possessivpronomen sind: ***mein**, **dein**, **sein**, **ihr**, **unser**, **euer**, **ihr**.*

Floristen arbeiten im Team. Damit die Teamarbeit funktioniert, sollten sie Folgendes beachten.

Damit Teamarbeit gut funktioniert, sollte man vernünftig mit Konflikten umgehen.
Sie können gelöst werden, wenn der Mitarbeiter oder die Mitarbeiterin sachlich auf
Vorwürfe reagiert. Er oder sie kann dann sein oder ihr Verhalten ändern. Kritik zielt nämlich
meistens nicht auf die Person, sondern auf ihre Funktion innerhalb des Unternehmens.

3 Schreiben Sie die Personalpronomen und die Possessivpronomen im Text in Ihr Heft.

Präpositionen drücken **Beziehungen** oder **Verhältnisse** aus. Das Nomen oder Pronomen
nach der Präposition muss in einem bestimmten **Fall** stehen: *seit **dem** dritten Mai*
(Dativ, 3. Fall), *für **den** Kunden* (Akkusativ, 4. Fall).
Nach manchen Präpositionen kann **Dativ** oder **Akkusativ** stehen:
*Ich stelle die Tasse auf **den** Tisch.* → Frage: **Wohin** stellst du die Tasse?
*Jetzt steht sie auf **dem** Tisch.* → Frage: **Wo** steht die Tasse?

So wurde Anja Floristin.

Angefangen hat es **mit einem Praktikum**. Als der neue Blumenladen gegenüber
(unsere Wohnung) öffnete, bewarb ich mich um (eine Stelle). Zunächst übernahm ich
einfache Arbeiten: Ich stellte Pflanzen und Kübel auf (der Gehsteig) und goss die Blumen
in (der Laden). Später half ich meinen Kollegen bei (ihre Arbeit). Meine Chefin sah, dass mir
der Umgang mit (die Kunden) Freude machte, und bot mir einen Ausbildungsplatz an.

4 Schreiben Sie die Präpositionen in Ihr Heft und setzen Sie die eingeklammerten Wörter
in den richtigen Fall.

Wortarten

Basiswissen

Das **Adjektiv** bezeichnet, **wie** jemand oder etwas ist:
*die **nette** Floristin, der **freundliche** Ausbilder, das **gute** Zeugnis.*
Adjektive kann man meist steigern: *nett – netter – am nettesten.*

Zuverlässigkeit ist in allen Berufen sehr wichtig.

Zuverlässigkeit bedeutet: da zu sein, pünktlich zu sein. Dazu gehört auch
eine schnelle Rückmeldung an den Ausbilder, wenn ich für eine große, schwierige Aufgabe
noch nicht bereit bin, oder das ehrliche Gespräch mit den Kollegen, wenn es
Probleme gibt. Und es bedeutet auch, im Betrieb wichtige Regeln einzuhalten.

5 Suchen Sie die sechs Adjektive und schreiben Sie sie in Ihr Heft.
a) Steigern Sie die Adjektive.

pünktlich – pünktlicher – am pünktlichsten

b) Suchen Sie zu jedem der sechs Adjektive das Gegenteil.

pünktlich – unpünktlich

Test

Die Berufswahl

Der erste **Schritt** sollte stets darin bestehen, die **eigenen** Interessen und Fähigkeiten
zu erkennen und **sie** bei der Berufswahl **in** den Mittelpunkt zu stellen. Die **verschiedenen** Tests **helfen** hier weiter. Und auch **die** Erfahrungsberichte anderer Azubis
sind manchmal hilfreich. Informationen dazu kann man leicht im Internet **finden**.
Wer sich **nach** der ersten Orientierung für einen **Beruf** entschieden hat, könnte
ganz sichergehen und zunächst mit **einem** Praktikum hineinschnuppern wollen.

1 Übertragen Sie die fett gedruckten Wörter aus dem Text in eine Tabelle in Ihrem Heft.
Ordnen Sie sie dabei nach Wortarten.

Artikel	Nomen	Verb	Adjektiv	Präposition	Pronomen
der	...				

Zeitformen

Das **Präsens** verwendet man, wenn etwas **in der Gegenwart passiert** oder wenn **über etwas Allgemeingültiges gesprochen** wird:
*Sie **schreibt** gerade eine E-Mail. Zu einer schriftlichen Bewerbung **gehört** ein Lebenslauf.*

Informatives rund um Schule und Beruf …

> stehen • ausfallen • achten • absolvieren • einführen
>
> Der Ausbilder ▬▬▬▬ darauf, dass die Arbeitsabläufe eingehalten werden.
> Im Beruf des Gärtners ▬▬▬▬ die Arbeit mit Pflanzen im Mittelpunkt.
> Isabelle ▬▬▬▬ ein Praktikum in einer Bäckerei.
> Die Schule ▬▬▬▬ eine neue Pausenordnung ▬▬▬▬.
> Der Ausflug ▬▬▬▬ wegen schlechten Wetters ▬▬▬▬.

1 Schreiben Sie die Sätze in Ihr Heft. Setzen Sie in die Lücken die oben aufgeführten Verben im Präsens ein.

Auszubildende in der Hauswirtschaft müssen Rezepte in Arbeitsabläufe umsetzen.

„Arme Ritter"

– *Weißbrot in dicke Scheiben schneiden*
– *Milch mit Ei, einer Prise Salz und 2 TL Zucker verquirlen*
– *Eiermilch auf beiden Seiten der Scheiben verteilen*
– *Weißbrotscheiben in Paniermehl wenden*
– *Öl in einer Pfanne erhitzen*
– *„Arme Ritter" bei mittlerer Temperatur von beiden Seiten goldbraun braten*
– *2 EL Zucker mit Zimt mischen und „Arme Ritter" damit bestreuen*

2 Schreiben Sie den Arbeitsablauf für die Zubereitung von „Armen Rittern" im Präsens.
  a) Verwenden Sie dabei die 1. Person Singular.

  Zuerst schneide ich Weißbrot in dicke Scheiben. Dann …

  b) Verwenden Sie dabei „man".

  Zuerst schneidet man Weißbrot in dicke Scheiben. Dann …

Zeitformen

Basiswissen

Das **Präteritum** verwendet man meist, wenn **Vergangenes schriftlich wiedergegeben** wird:
Letztes Jahr **suchte** *ich einen Ausbildungsplatz.*
Das **Perfekt** verwendet man meist, wenn **Vergangenes mündlich wiedergegeben** wird:
Hast *du schon* **gehört**? *Gestern* **ist** *Sabine zu spät* **gekommen**.

Hier wird schriftlich und mündlich über Vergangenes berichtet.

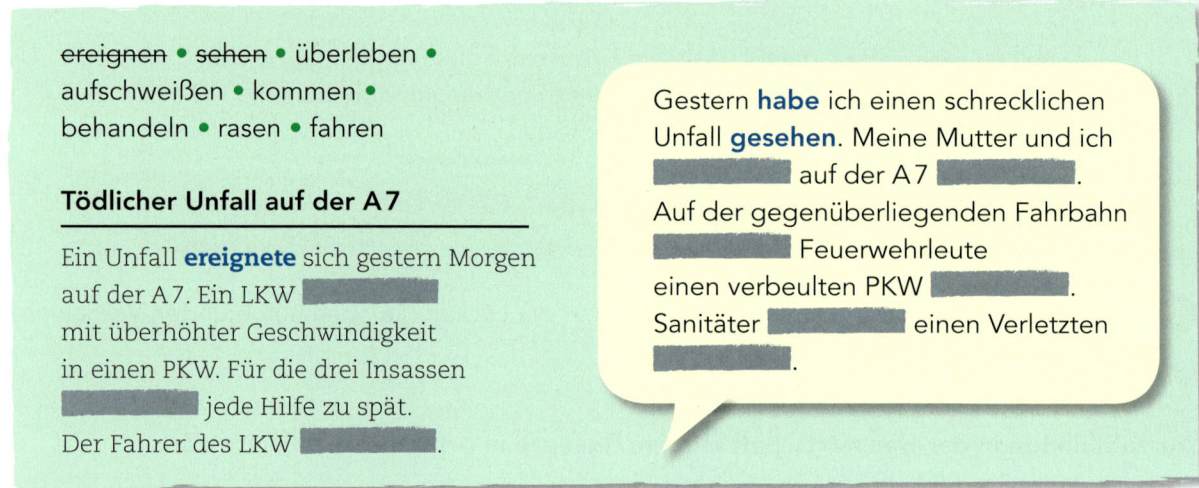

~~ereignen~~ • ~~sehen~~ • überleben •
aufschweißen • kommen •
behandeln • rasen • fahren

Tödlicher Unfall auf der A 7

Ein Unfall **ereignete** sich gestern Morgen
auf der A 7. Ein LKW �▒▒▒▒▒
mit überhöhter Geschwindigkeit
in einen PKW. Für die drei Insassen
▒▒▒▒▒▒ jede Hilfe zu spät.
Der Fahrer des LKW ▒▒▒▒▒▒▒.

Gestern **habe** ich einen schrecklichen
Unfall **gesehen**. Meine Mutter und ich
▒▒▒▒▒▒ auf der A 7 ▒▒▒▒▒.
Auf der gegenüberliegenden Fahrbahn
▒▒▒▒▒ Feuerwehrleute
einen verbeulten PKW ▒▒▒▒▒.
Sanitäter ▒▒▒▒▒ einen Verletzten
▒▒▒▒▒.

3 Schreiben Sie die Texte in Ihr Heft und setzen Sie die passenden Verben ein.

Sven erzählt einigen Freunden von der Veranstaltung „Arbeitgeber aus unserer Region stellen sich vor" im Berufsinformationszentrum (BIZ).

Zu der Infoveranstaltung sind 45 Schüler gekommen. Es ist um das Thema „Metallberufe"
gegangen, vor allem Jungen haben im Publikum gesessen. Frau Friese vom BIZ hat die
Veranstaltung eröffnet. Sie hat zuerst die Lehrstellensituation in unserer Region erläutert.
Dann hat Herr Vollmers von dem Ausbildungsbetrieb übernommen. Er hat über die Berufe
Werkzeugmechaniker und Feinmechaniker gesprochen. Danach hat Herr Vollmers noch auf
Schülerfragen geantwortet.

4 Mit Hilfe von Svens Informationen soll ein Bericht für die ganze Klasse verfasst werden.
Schreiben Sie diesen Bericht und verwenden Sie dabei das Präteritum.

Zu der Infoveranstaltung kamen 45 Schüler. Es …

Mit dem **Futur I** beschreibt man **Ereignisse in der Zukunft**: *Kai **wird** bald **umziehen***.

Kai hat einen Ausbildungsplatz zum Hotelfachmann bekommen.
Was wird er laut Ausbildungsplan im ersten Lehrjahr lernen?

Produkte auf ihre Beschaffenheit prüfen
die Lagerbestände kontrollieren
die Geräte und Maschinen reinigen und pflegen
die Gäste empfangen und betreuen

5 Schreiben Sie mit Hilfe des Auszuges aus dem Ausbildungsplan Sätze im Futur I.

Kai wird Produkte auf ihre Beschaffenheit prüfen. Er ...

Test

Vicky macht ein Praktikum im Gastgewerbe.

Zuerst kontrolliere ich die Getränkebestände in den Schränken. Fehlende Getränke
bestelle ich nach. Wir brauchen neues Bier und Mineralwasser. Dann gebe ich
die Bestellung für frische Früchte auf. Die Bestellungen trage ich in Listen ein.
Nach den Bestellungen habe ich Dienst im Restaurant. Ich serviere das Essen für Tisch 13.

1 Setzen Sie die Verben im Text ins Präteritum und ins Perfekt.
  a) Schreiben Sie den Text für einen Praktikumsbericht.
  b) Schreiben Sie, was Vicky ihren Eltern abends erzählt.

Am Ende des Praktikums gibt Vicky ihrer Nachfolgerin Leyla eine Liste mit deren Aufgaben.

Getränkebestände in den Schränken kontrollieren • Getränke nachbestellen •
Bestellungen aufgeben • Essen servieren • Gäste freundlich behandeln

2 Schreiben Sie mit Hilfe der Liste Sätze im Futur I.

Aktiv und Passiv

Aktiv oder **Passiv** werden verwendet, **um eine Handlung oder ein Geschehen aus unterschiedlichen Blickwinkeln** darzustellen.

Das **Aktiv** wird verwendet, wenn **der/die Handelnde im Mittelpunkt** steht oder besonders erwähnt werden soll:
*Der Chef ist zufrieden mit Sarah. <u>Sie</u> **arbeitet** gut und schnell.*

Das **Passiv** wird verwendet, wenn **eine Handlung oder ein Geschehen im Mittelpunkt steht**. Der/die Handelnde soll nicht erwähnt werden oder ist unbekannt:
*In einer Woche können wir in das neue Haus einziehen. Es **wird** gut und schnell **gearbeitet**.*

Das **Passiv** bildet man mit einer Form von **werden** und dem **Partizip Perfekt**.
Aktiv: *Der Postbote bringt das Päckchen.* → Passiv: *Das Päckchen **wird gebracht**.*
Aktiv: *Sven schreibt den Bericht.* → Passiv: *Der Bericht **wird geschrieben**.*

Peter macht ein Praktikum in einer Bäckerei. Hier sind seine Aufgaben für den Morgen.

1. Arbeitsplatz einrichten
2. Mehl, Milch, Eier, Hefe und Zucker mischen
3. aus dem Teig Brote formen
4. Brote backen
5. beim Verkauf helfen

1 Formen Sie mit Hilfe der Stichwörter Sätze im Aktiv und Passiv.
a) Beschreiben Sie, was Peter heute macht. Verwenden Sie das Aktiv.

Am Morgen richtet Peter seinen Arbeitsplatz ein. Danach ...

b) Beschreiben Sie, wie in einer Bäckerei gearbeitet wird. Verwenden Sie das Passiv.

Am Morgen wird der Arbeitsplatz eingerichtet. Danach ...

Wenn man **einen Zustand oder ein Ergebnis** beschreibt, verwendet man
das **Zustandspassiv**. Es wird mit einer Form von **sein** und dem **Partizip Perfekt** gebildet:
*Der Maler hat seine Arbeit beendet: Der Raum **ist angestrichen**.*

Am Ende seiner Praktikumswoche in der Bäckerei hat Peter viel getan.

Obst für den Kuchen geschält, Schürzen und Handtücher gewaschen,
Praktikumsbericht geschrieben, Nüsse geröstet,
Backstube gereinigt, Teigrührmaschine gereinigt

2 Schreiben Sie mit Hilfe der Stichworte ganze Sätze im Zustandspassiv in Ihr Heft.

Das Obst für den Kuchen ist geschält. Die Schürzen und Handtücher ...

Test

Was geschieht in einem Assessment-Center?

Bewerber interviewen	der Personalchef
ein Problem diskutieren	die Teilnehmer
das Diskussionsergebnis präsentieren	jede Gruppe
Rollenspiele durchführen	die Bewerber
die Persönlichkeit testen	ein Psychologe
die Ergebnisse auswerten	die Vertreter des Unternehmens

1 Bilden Sie mit den Stichworten Sätze im Aktiv Präsens und im Passiv Präsens.
   a) Wer macht was in einem Assessment-Center? Schreiben Sie Sätze im Aktiv Präsens
   nach dem folgenden Muster.

   Der Personalchef interviewt die Bewerber. Die Teilnehmer ... Jede Gruppe ...

   b) Was geschiet in einem Assessment-Center? Schreiben Sie Sätze im Passiv Präsens
   nach dem folgenden Muster.

   Die Bewerber werden interviewt. Ein Problem ... Das Diskussionsergebnis ...

Indirekte Rede

Mit der **indirekten Rede** kann man **wiedergeben**, was vorher jemand direkt gesagt hat.
In der indirekten Rede stehen die **Verben im Konjunktiv I**:
Direkte Rede: *Paul behauptet: „Geld **ist** das Wichtigste im Leben."*
Indirekte Rede: *Paul behauptet, Geld **sei** das Wichtigste im Leben.*
In der 1. Person Singular und in der 1. und 3. Person Plural gleichen die Konjunktivformen
manchmal den Verbformen im Präsens. Deshalb wird hier als **Ersatzform** der **Konjunktiv II**
verwendet: *ich habe* → *ich **hätte**; wir/sie haben* → *wir/sie **hätten**.*
Beim Umformen von der direkten in die indirekte Rede **wechseln oft die Pronomen**:
*Sie sagt: „**Mir** wird nie langweilig." Sie sagt, **ihr** werde nie langweilig.*

**Sara ist Auszubildende im 3. Lehrjahr. In einem Interview mit einem Reporter
der Lokalzeitung gibt sie Auskunft über den Beruf der Hauswirtschafterin.**

„Der Beruf **ist** so vielseitig, **mir wird** nie langweilig und **ich finde** es toll, dass **ich** immer
gleich ein ‚Ergebnis' **sehe** und **meine** erlernten Fähigkeiten auch zu Hause umsetzen **kann**.
Selbst daheim **kann ich** z. B. Blumenschmuck fachmännisch gestalten und dekorieren.
Ich lerne bei **meiner** Arbeit so viele Details kennen, an die sonst keiner **denkt**."

Sara sagt, der Beruf **sei** so vielseitig, **ihr werde** nie langweilig und **sie finde** es toll, dass
sie immer gleich ein Ergebnis **sehe** und **ihre** erlernten Fähigkeiten auch zu Hause umsetzen
könne. Selbst daheim **könne sie** z. B. Blumenschmuck fachmännisch gestalten und
dekorieren. **Sie lerne** bei **ihrer** Arbeit so viele Details kennen, an die sonst keiner **denke**.

1 Vergleichen Sie die Verben und Pronomen in den beiden Texten.
   a) Legen Sie eine Tabelle an. Vergleichen Sie die Verben und schreiben Sie ihre Formen
   in der direkten und indirekten Rede nebeneinander.

Direkte Rede	Indirekte Rede
ist …	sei …

   b) Legen Sie eine weitere Tabelle an. Vergleichen Sie die Pronomen und schreiben Sie sie
   in der direkten und indirekten Rede nebeneinander.

Direkte Rede	Indirekte Rede
mir …	ihr …

Mit der Arbeitslosigkeit souverän umgehen – das empfiehlt Herr Kraus, der Jobberater von der Agentur für Arbeit, auf einer Informationsveranstaltung.

Ist es nicht problematisch, wenn ich in meinem Lebenslauf meine Arbeitslosigkeit **erwähne**?

So genannte „Patchwork-Lebensläufe" **sind** heute nicht außergewöhnlich. Das **hat** sich mittlerweile auch bei Personalchefs herumgesprochen. Aus diesem Grund **muss** sich niemand verstecken.

Kann **ich** im Anschreiben **meine** Situation erklären?

Paul

Sie sollen die Arbeitslosigkeit nicht verschweigen. Aber es ist auch wichtig zu sagen, was **Ihr** Ziel ist und worauf **Sie** hinarbeiten. So zeigen **Sie** **Ihre** Motivation und **Ihre** Bereitschaft, sich neu zu orientieren.

Herr Kraus

Alexandra berichtet ihrer Freundin von der Informationsveranstaltung.

Zuerst fragte Paul, ob es nicht problematisch ⬛⬛⬛⬛, wenn er in seinem Lebenslauf seine Arbeitslosigkeit ⬛⬛⬛⬛. Der Jobberater antwortete, dass so genannte „Patchwork-Lebensläufe" heute nicht außergewöhnlich ⬛⬛⬛⬛. Das ⬛⬛⬛⬛ sich mittlerweile auch bei Personalchefs herumgesprochen. Aus diesem Grund ⬛⬛⬛⬛ sich niemand verstecken. Dann wollte Paul wissen, ob er im Anschreiben ⬛⬛⬛⬛ Situation erklären könne. Die Antwort des Beraters war, dass ⬛⬛⬛⬛ die Arbeitslosigkeit nicht verschweigen solle. Aber es sei auch wichtig zu sagen, was ⬛⬛⬛⬛ Ziel sei und worauf ⬛⬛⬛⬛ hinarbeite. So zeige ⬛⬛⬛⬛ ⬛⬛⬛⬛ Motivation und ⬛⬛⬛⬛ Bereitschaft, sich neu zu orientieren.

2 Schreiben sie Alexandras Bericht mit den fehlenden Verben und Pronomen in Ihr Heft. Setzen Sie dabei die Verben aus den Sprechblasen in den Konjunktiv I und ändern Sie die Pronomen.

Zuerst fragte Paul, ob es nicht problematisch sei, wenn er in seinem Lebenslauf seine Arbeitslosigkeit erwähne. Der Jobberater antwortete, ...

Indirekte Rede

Herr Kraus, der Jobberater, gibt weitere Ratschläge.

> Paul fragte, wie er seine Arbeitslosigkeit in einem Bewerbungsgespräch darstellen könne.
> Herr Kraus erwiderte, er müsse seine Situation kurz und sachlich beschreiben.
> Es funktioniere nicht, auf die Tränendrüse zu drücken. Wer jammere, der sei fehl am Platz.
> Er solle sagen, was er zu bieten habe und warum er diese Stelle annehmen wolle.
> Wenn er hier die richtige Begründung gebe, werde die arbeitslose Zeit in seinem
> Lebenslauf kein großes Thema mehr sein.

3 Formen Sie den Bericht in die direkte Rede um.
Formulieren Sie Fragen und Antworten.
Achten Sie auch darauf, die Pronomen zu verändern.

Paul: *Wie kann ich meine Arbeitslosigkeit
in einem Bewerbungsgespräch darstellen?*
Herr Kraus: *Sie müssen Ihre Situation kurz und
sachlich beschreiben. Es …*

Test

Hier ist die Fortsetzung des Interviews mit Sara.

> „Besonders gut gefällt mir an diesem Beruf, dass ich jeden Tag mit dem Gefühl
> nach Hause gehen kann, etwas Gutes getan zu haben. Für mich ist es unvorstellbar,
> in einem Büro zu arbeiten, wo ich die von mir erbrachten Leistungen nicht deutlich wieder-
> erkennen kann. Mittlerweile mache ich meine Ausbildung als Hauswirtschafterin
> in der Diakonie seit 2 ½ Jahren und habe noch etwa ein halbes Jahr bis zur Prüfung."

1 Formen Sie Saras Aussagen in die indirekte Rede um.

Das schreibt der Reporter.

> Sara könne diese Ausbildung empfehlen. Der Beruf biete gute Zukunftsperspektiven.
> Er sei abwechslungsreich und interessant. Man habe täglich Umgang mit Menschen.
> Deshalb eigne er sich besonders für aufgeschlossene junge Leute.

2 Formen Sie den Bericht des Reporters in die direkte Rede um.

Zeichensetzung

Bei **Aufzählungen** werden **Kommas** gesetzt. Aufzählungen können
aus einzelnen Wörtern, Wortgruppen oder ganzen Sätzen bestehen:
*Zu einer Bewerbung gehören das Anschreiben, der Lebenslauf, Zeugnisse
und ein Lichtbild.*

Vorgesetzte erwarten Unterschiedliches von ihren Mitarbeitern.

Pünktlichkeit
Zuverlässigkeit
Ordnung

Herr Mahler

Teamgeist
Motivation
Ehrlichkeit

Frau Kamp

Einsatzbereitschaft
Freundlichkeit
Kreativität

Herr Wessels

Flexibilität
Offenheit
Selbstständigkeit

Frau Malke

1 Formulieren Sie Sätze mit Aufzählungen.
a) Schreiben Sie mit Hilfe der Stichworte Sätze nach folgendem Muster.

Herr Mahler erwartet Pünktlichkeit, Zuverlässigkeit und Ordnung.

b) Schreiben Sie die Sätze nochmals auf und erweitern Sie sie dabei
um eine weitere Eigenschaft.

Ein **Nebensatz** wird **durch Komma vom Hauptsatz abgetrennt**. Einen Nebensatz
erkennt man daran, dass die gebeugte Form des Verbs an seinem Ende steht:
Ich bestelle immer Pizza Salami, weil sie mir am besten schmeckt.
Nebensätze werden oft mit einer Konjunktion eingeleitet. Wichtige Konjunktionen sind:
weil, denn, wenn, obwohl, dass.

Hier sind Haupt- und Nebensätze durcheinandergeraten.

weil sie schwanger ist • Sandra bekommt die Stelle bei der Mayer GmbH •
Robert freut sich • da sie gute Praktikumszeugnisse vorweisen kann •
Karla darf am Arbeitsplatz nicht schwer heben • wenn die Kollegen ihn loben

2 Verbinden Sie die Hauptsätze mit den passenden Nebensätzen und schreiben Sie sie in Ihr Heft.
Ergänzen Sie dabei die Kommas und den Punkt am Satzende.

Basiswissen

Ein **Nebensatz** kann auch am **Anfang eines Satzes** stehen. Der Hauptsatz folgt nach dem Komma:
Obwohl Maria verschlafen hatte, kam sie pünktlich zum Unterricht.

Ein **Nebensatz** kann **in einen Hauptsatz eingebettet** sein. Er steht dann in der Mitte und wird durch zwei Kommas abgetrennt:
Maria kam heute, obwohl sie verschlafen hatte, pünktlich zum Unterricht.

Steht der Nebensatz am Anfang oder am Ende eines Satzes? Das spielt keine Rolle, Hauptsache die Kommas werden richtig gesetzt.

ACHTUNG FEHLER

1. Nachdem die Maurer ihre Geräte bereitgestellt hatten begannen sie mit der Arbeit.
2. Claudia rannte zur Haltestelle weil ihr Bus schon kam.
3. Tobias fand seine CD nicht mehr obwohl er überall gesucht hatte.
4. Bevor der Film losging lief noch eine Vorschau.
5. Es ist bewiesen dass Rauchen schädlich für die Gesundheit ist.

3 Hier fehlt in jedem Satz ein Komma. Schreiben Sie die Sätze ab und ergänzen Sie mit Hilfe des Basiswissens die fehlenden Kommas.

Maria verließ das Büro früh. Was sie dann machte, erkennen Sie beim genaueren Hinschauen.

ACHTUNG FEHLER

MARIAGINGSCHONFRÜHNACHHAUSEWEILSIEKOPFSCHMERZENHATTE.
SIELEGTESICHINSBETTALSSIEFIEBERBEKAM.
SIEGINGAMNÄCHSTENTAGZUMARZTDASIESICHNICHTBESSERFÜHLTE.
DERARZTSCHRIEBSIEKRANKWEILSIESICHAUSKURIERENSOLLTE.
ERGABIHREINREZEPTDAMITSIESICHMEDIKAMENTEKAUFENKONNTE

4 Schreiben Sie den Text in der richtigen Form auf.
   a) Gliedern Sie die Wortschlange in einzelne Wörter. Schreiben Sie die Sätze in Ihr Heft und ergänzen Sie die fehlenden Kommas.

   Maria ging schon früh nach Hause, weil sie Kopfschmerzen hatte.

   b) Der Satzbau lässt sich auch ändern. Betten Sie den Nebensatz an der passenden Stelle in den Hauptsatz ein.

   Maria ging, weil sie Kopfschmerzen hatte, schon früh nach Hause.

Test: Zeichensetzung

Das kaufen Ina, Kai, Alex und Merit auf dem Weg zur Berufsschule.

Ina	Kai	Alex	Merit
Schokoriegel	Filzstift	Zeitung	Kaugummi
Postkarte	CD	Kaffee	Notizblock
Comic	Briefmarke	Salamibrötchen	Bleistift

1 Formulieren Sie vier Sätze mit Aufzählungen. Achten Sie auf die richtige Kommasetzung.

Kai hat einen Termin für sein erstes Bewerbungsgespräch.

damit er einen guten Eindruck hinterlässt • weil er schlechte Noten hatte •
Herr Kohn hat Kai eingeladen • Kai bereitet sich gut auf das Gespräch vor •
Kai wollte sich nicht bei der Kohn AG bewerben • da er ihn kennen lernen möchte

2 Verbinden Sie die Hauptsätze mit den passenden Nebensätzen und ordnen Sie sie entsprechend der zeitlichen Reihenfolge. Schreiben Sie die Sätze in Ihr Heft und ergänzen Sie dabei die Kommas.

Kais zukünftiger Chef erklärt, warum nicht nur gute Zeugnisnoten für eine Einstellung ausschlaggebend sind.

ACHTUNG FEHLER

Obwohl Kais Abschlusszeugnis nicht so gut war habe ich ihn eingestellt. Er hat mich einfach überzeugt weil er offen motiviert und freundlich ist. Es ist meine Erfahrung dass nicht nur Schulnoten wichtig sind. Für mich sind Ehrlichkeit Einsatzbereitschaft und Freundlichkeit ausschlaggebend bei der Einstellung meiner Mitarbeiter. Schließlich sind wir ein Serviceunternehmen. Weiterhin lege ich Wert auf Teamgeist da wir uns aufeinander verlassen müssen. Hier ist kein Platz für Einzelkämpfer. Und so habe ich vielen Bewerbern obwohl sie gute Noten hatten schon abgesagt.

3 In dem Text fehlen acht Kommas. Schreiben Sie die Sätze ab und ergänzen Sie mit Hilfe des Basiswissens die fehlenden Kommas.

Konjunktiv I

Die Formen des Konjunktivs I werden vom Wortstamm des Infinitivs abgeleitet, an den ein **e** gehängt wird: *tragen* (Infinitiv) → *trag* (Wortstamm) + **e**.

kommen:	ich	komm**e** (→ Ersatzform)	wir	komm**en** (→ Ersatzform)
	du	komm**est**	ihr	komm**et**
	er/sie	komm**e**	sie	komm**en** (→ Ersatzform)

werden:	ich	werd**e** (→ Ersatzform)	wir	werd**en** (→ Ersatzform)
	du	werd**est**	ihr	werd**et**
	er/sie	werd**e**	sie	werd**en** (→ Ersatzform)

sagen:	ich	sag**e** (→ Ersatzform)	wir	sag**en** (→ Ersatzform)
	du	sag**est**	ihr	sag**et**
	er/sie	sag**e**	sie	sag**en** (→ Ersatzform)

Ersatzform für den Konjunktiv I

Wenn der Konjunktiv I nicht vom Präsens der direkten Rede zu unterscheiden ist, verwendet man für die indirekte Rede die entsprechende Form des Konjunktivs II. Dieser wird vom Präteritum abgeleitet. Bei unregelmäßigen Verben ändern sich die Vokale des Wortstamms: a, u, o werden zu ä, ü, ö.

ich	**käme** (Ersatzform)	wir	**kämen** (Ersatzform)
du	kommest	ihr	kommet
er/sie	komme	sie	**kämen** (Ersatzform)

ich	**würde** (Ersatzform)	wir	**würden** (Ersatzform)
du	werdest	ihr	werdet
er/sie	werde	sie	**würden** (Ersatzform)

ich	**sagte** (Ersatzform)	wir	**sagten** (Ersatzform)
du	sagest	ihr	saget
er/sie	sage	sie	**sagten** (Ersatzform)

Das Verb *sein*

Der Konjunktiv I des Verbs *sein* bildet eine Sonderform.

sein:	ich	**sei**	wir	**seien**
	du	**sei(e)st**	ihr	**seiet**
	er/sie	**sei**	sie	**seien**

Kommunikation

Was Ihnen das Kapitel bietet:

Im folgenden Kapitel erfahren Sie, wieso Kommunikation oft gelingt, manchmal aber auch nicht funktioniert. Sie lernen, welche theoretischen Modelle es über Kommunikation gibt und wie Sie sich selbst in der Praxis in unterschiedlichen Kommunikationssituationen verhalten. Darüber hinaus leitet Sie das Kapitel dazu an, Kommunikationsstörungen zu vermeiden, indem Sie kommunikative Mittel erkennen, einsetzen und andere mit guten Argumenten überzeugen.

Wo gibt es mehr zu diesem Themenbereich?

Im Kapitel „Bewerbung" werden Ihre kommunikativen Fähigkeiten im Hinblick auf Telefonate und Vorstellungsgespräche erweitert. Im Kapitel „Medien / Werbung" geht es um Kommunikation in der Welt der Medien und Medienkonsumenten, z. B. um Werbung in der Politik. Das Formulieren von überzeugenden Argumenten hilft Ihnen beim Schreiben einer Stellungnahme, diese wird in den Prüfungskapiteln geübt.

Kommunikation untersuchen

In Alltag, Schule und Beruf kommunizieren wir viel. Wir tun dies auf verschiedene Weise.

1 Beschreiben Sie die Fotos.
a) Was ist dargestellt?
b) Wer kommuniziert und in welcher Weise?
c) Versuchen Sie, den Begriff „Kommunikation" mit eigenen Worten zu erklären.

Kommunikation findet nicht immer im direkten Austausch von Angesicht zu Angesicht statt. Sascha beschreibt, was er an einem Vormittag alles erlebt.

> „Das geht schon am frühen Morgen los: Mein Radiowecker reißt mich mit den Nachrichten
> aus dem Schlaf, beim Frühstück fragt mich meine kleine Schwester noch schnell nach einem
> fehlenden Matheergebnis in den Hausaufgaben. Während der Bus auf dem Schulweg durch
> die Stadt fährt, fällt mir die neue riesige Werbung am Kino ins Auge und beim Aussteigen
> 5   nickt mir der Busfahrer freundlich zu. Die letzten Meter bis zur Schule: Überall Stimmen, Lärm,
> ich lese eine SMS, die Schulglocke läutet zur ersten Stunde. Ich gehe schneller. Unser Mathe-
> lehrer Herr Maier betritt das Klassenzimmer, grüßt mit einem freundlichen ‚Guten Morgen'
> und erklärt dann die Zinsrechnung. Lea aus der letzten Reihe wirft mir einen Brief zu.
> Ich drehe mich um und nicke ihr zu. Herr Maier sieht mich streng an und holt mich
> 10   zum Vorrechnen an die Tafel."

2 Untersuchen Sie Saschas Ausführungen und tragen Sie Ihre Ergebnisse in die Tabelle ein.
a) Mit wem/womit kommuniziert Sascha?
b) Welche Botschaft wird in der Kommunikation vermittelt? Schreiben Sie die Botschaft auf.
c) Wird die Botschaft mit Worten (verbal) oder ohne Worte (nonverbal) übermittelt?

„Partner" der Kommunikation	Botschaft der Kommunikation	Verbale oder nonverbale Botschaft
Radiowecker	– „Es ist Zeit aufzustehen." – Nachrichten …	hauptsächlich verbal
Schwester	…	…

Beim Kommunizieren gibt ein Sender eine Botschaft an einen Empfänger weiter.

Hey, lies mal ...
Marc hat mir eine SMS geschrieben,
ist das nicht süß?

...

3 Erschließen Sie die Botschaft,
die Johanna an Nadine übermittelt.
a) Geben Sie die Aussage Johannas
mit Ihren eigenen Worten wieder.
b) Wie fühlt sich Johanna? Was möchte sie Nadine sagen?

„Ich freu mich riesig! Ich möchte, dass Nadine ...“

4 Stellen Sie Überlegungen zu Nadines möglicher Reaktion an.
a) Überlegen Sie zunächst, welche Gedanken Nadine durch den Kopf gehen könnten.
b) Formulieren Sie eine mögliche Antwort Nadines.

„Johanna ist wohl ...“

Der Dialog der Mädchen lässt sich auch mit Hilfe eines Schemas darstellen.

| Sender | verschlüsselt | Botschaft | entschlüsselt | Empfänger |

5 Versuchen Sie, das Schema in eigenen Worten zu beschreiben.

6 Wenden Sie das Schema auf die Kommunikation zwischen Johanna und Nadine an.
a) Untersuchen Sie Johannas Aussage. Benennen Sie Sender und Empfänger.
b) Welche Botschaft wird verschlüsselt?
c) Untersuchen Sie Nadines Satz, den Sie formuliert haben (Aufg. 4b).
Hat sie Johannas Botschaft entschlüsselt?

Basiswissen

Kommunikation bedeutet Austausch von Botschaften und Verständigung zwischen den Beteiligten. Sie findet verbal und/oder nonverbal statt, z. B. durch Worte, Bilder, Töne und Körpersprache. Auch über Medien kann Kommunikation stattfinden. Man kann *nicht* nicht kommunizieren, denn auch wortloses Verhalten sagt etwas aus. Meistens machen wir uns gar nicht bewusst, dass wir auch durch Blicke, Handzeichen oder Achselzucken etwas mitteilen.

In der Kommunikation gibt es einen **Sender**, der eine **Botschaft** an einen **Empfänger** übermittelt. Diese Botschaft wird vom Sender verschlüsselt (z. B. in Worte, Gesten, Verhalten gefasst) und muss vom Empfänger wieder entschlüsselt (also richtig verstanden) werden.

Die verschiedenen Botschaften einer Mitteilung verstehen

Kommunikation gelingt nicht immer. Die Reaktion der Gesprächspartnerin/des Gesprächspartners zeigt Ihnen, wie eine Botschaft verstanden wurde.

Zwei Jugendliche fahren gemeinsam mit dem Motorroller zum Kino. Dennis steuert seinen nagelneuen Roller und seine Freundin Lisa fährt mit. Folgender Dialog spielt sich ab:

	Dennis:	*„Ich freue mich schon auf den Film, du auch?"*
5	Lisa:	*„Ja, das wird cool, fahr mal etwas schneller."*
	Dennis:	*„Warum denn? Hier in der Dreißigzone darf man das nicht, das weißt du doch."*
	Lisa:	*„Ja, ja, schon klar. He, da vorne ist es grün, gib Gas!"*
	Dennis:	*„Sag mal, was ist eigentlich los? Fährst du oder fahre ich?"*
	Lisa:	*„Du bist so lahm heute, wenn das meine Freundinnen sehen – voll peinlich."*
10	Dennis:	*„Das nächste Mal kannst du ja laufen, wenn es dir nicht passt."*

1 Lesen Sie den Dialog in verteilten Rollen vor und untersuchen Sie ihn.
   a) Geben Sie den Inhalt des Dialogs in eigenen Worten wieder.
   b) Was ist Dennis wichtig?
   c) Was ist Lisa wichtig?
   d) Wie schätzen Sie das Ende des Dialogs ein? Begründen Sie Ihre Meinung.

Jede/r war schon an Gesprächen beteiligt, in denen Missverständnisse auftauchen.

2 Berichten Sie von einem Gespräch, das Sie selbst erlebt haben und in dessen Verlauf Sie das Gefühl hatten, die/der andere „versteht" sie nicht richtig.
   a) Beschreiben Sie die Situation schriftlich.
   b) Was war Ihnen wichtig?
   c) Was war der/dem Gesprächspartner/in wichtig?
   d) Untersuchen Sie, warum sich das Gespräch so entwickelt hat. Wurden z. B. Wörter verwendet, die missverständlich aufgefasst werden konnten?
   e) Haben Sie die Reaktion Ihres Gesprächspartners/Ihrer Gesprächspartnerin damals nachvollziehen können? Begründen Sie Ihre Meinung.

Wie kann der Empfänger die Botschaft(en) des Senders richtig entschlüsseln?
Dazu haben sich Kommunikationswissenschaftler schon viele Gedanken gemacht.

Man kann verstehen lernen, wie Störungen in der Kommunikation entstehen. Mit jeder inhaltlichen Mitteilung werden meistens auch gleichzeitig mehrere andere Botschaften
5 gesendet. Diese Botschaften müsssen Sie interpretieren, um sie zu verstehen. Dabei kann es zu Fehlern kommen. Der offensichtlichste Teil einer Botschaft ist der *Inhalt*. Meistens wollen wir bei unseren Gesprächspartnern aber auch etwas erreichen, sie sollen
10

etwas tun oder eben nicht tun. Das nennt man *Appell*. Zusätzlich versenden wir mit einer Botschaft auch unbewusste Informationen. Häufig sagen wir etwas über

15 uns selbst aus, über unsere Gefühle oder Stimmungen, und das nennt man *Selbstoffenbarung*. Auch die *Beziehung* zwischen den Menschen, die gerade kommunizieren, spielt eine große Rolle.

20 Sprechen wir mit einem guten Freund, so ist dies eine vollkommen andere Beziehungsebene, als wenn wir mit unserem Betreuer im Betriebspraktikum oder mit einer Verkäuferin im Kaufhaus kommunizieren.

3 Untersuchen Sie den Text.
  a) Im Text werden vier Fachbegriffe genannt, welche die vier Bestandteile einer Botschaft bezeichnen. Nennen Sie diese.
  b) Übertragen Sie die folgenden Beispielsätze in Ihr Heft.
  Ordnen Sie die vier Fachbegriffe den passenden Beispielsätzen zu.

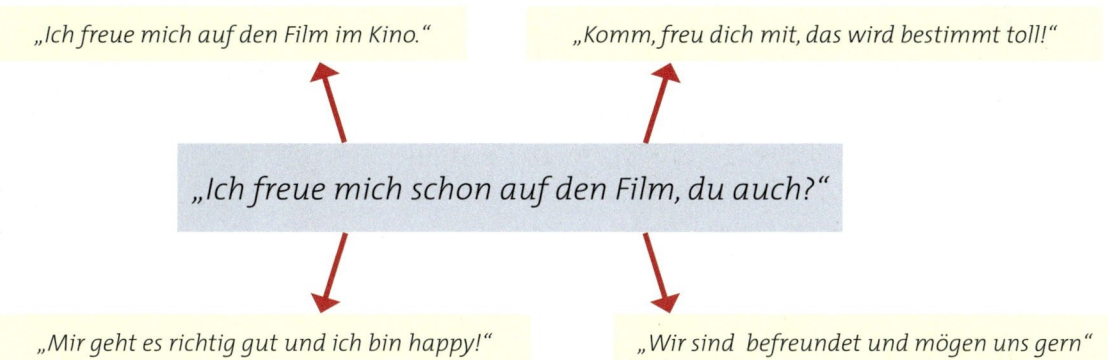

„Ich freue mich auf den Film im Kino.“

„Komm, freu dich mit, das wird bestimmt toll!“

„Ich freue mich schon auf den Film, du auch?“

„Mir geht es richtig gut und ich bin happy!“

„Wir sind befreundet und mögen uns gern“

  c) Erklären Sie die Fachbegriffe mit eigenen Worten.

4 Wenden Sie das Modell mit den vier Teilbotschaften (Aufg. 3) auf einen Beispielsatz an.
  a) Bilden Sie Kleingruppen und wählen Sie einen Satz aus dem Dialog auf Seite 80 aus. Untersuchen Sie, welche Teilbotschaften in dem Satz stecken.
  b) Erstellen Sie ein neues Schaubild und formulieren Sie Beispielsätze zu den Teilbotschaften.

Basiswissen

Als Empfänger müssen wir die **Botschaft** des Senders immer erst entschlüsseln. Dabei übersehen wir manchmal, dass ein Satz mehrere Teilbotschaften enthalten kann. Der Kommunikationswissenschaftler Friedemann Schulz von Thun hat herausgefunden, dass jede Botschaft **vier Seiten** haben kann: Den Sachinhalt des Gesagten *(Was sagt er aus?)*, die Selbstoffenbarung des Senders *(Was ist ihm wichtig?)*, den Appell an den Empfänger *(Was soll der Empfänger tun?)* und die Beziehung zwischen Sender und Empfänger *(In welchem Verhältnis stehen sie zueinander?)*. Wir sollten also „mit vier Ohren gleichzeitig hören", um als Empfänger alles zu verstehen.

Konflikte vermeiden – sich auf andere einstellen

Ob Kommunikation gelingt, hängt auch davon ab, wie sehr wir uns mit unserem Kommunikationspartner auseinandersetzen.

> Ihre Freundin Sarah will Sie besuchen kommen. Sie interessiert sich für Ihren Computer, den Sie ihr auch gern verkaufen würden. Sie sind PC-Freak und bauen in Ihrer Freizeit selbst Computer zusammen, die Sie im Freundeskreis vermarkten. Sarah kann nicht viel Geld ausgeben, ihre Eltern haben wenig Geld.

1 Bereiten Sie sich auf das Gespräch vor. Versuchen Sie, sich in Sarah hineinzuversetzen.

a) Welche Punkte spielen für Sarah eine Rolle?
Die folgenden Fragen helfen Ihnen:

1. *Welche Gefühle bewegen Sarah?*
2. *Welche Einstellung hat sie?*
3. *Was für Ziele und Interessen hat sie?*
4. *Mit welchen Erwartungen kommt sie?*
5. *Welches Vorwissen hat Sarah?*
6. *...*

b) Formulieren Sie Sätze für ein Gespräch mit Sarah.

„Ich weiß, dass du wegen des PC zu mir kommst, und es ist mir auch klar, dass du möglichst wenig bezahlen möchtest. Ich denke, dass wir uns schon einigen werden."

c) Spielen Sie das Gespräch vor der Klasse.

2 Erinnern Sie sich an ein Gespräch in Ihrem Leben, in dem Sie viel Einfühlungsvermögen gebraucht haben.

a) Beschreiben Sie diese Situation schriftlich.

b) Untersuchen Sie die Situation mit Hilfe der Fragen aus Aufgabe 1.
Notieren Sie Ihre Ergebnisse.

c) Tragen Sie Ihr Arbeitsergebnis in der Klasse vor. Sprechen Sie anschließend über Verbesserungsmöglichkeiten.

Basiswissen

Sowohl im Beruf als auch im Privatleben ist es von Vorteil, **sich in die Situation und Stimmung des Kommunikationspartners hineinzuversetzen** um **Konflikte** zu **vermeiden**. Wenn man sich Gedanken zur Person macht, mit der man spricht, kann man ihre Äußerungen besser einordnen und verstehen. Dies kann z. B. bei einem Kundengespräch oder bei einem Konflikt-/Streitgespräch mit Freunden oder innerhalb der Familie helfen. Es ist sinnvoll, sich vor wichtigen Gesprächen Zeit für die Vorbereitung zu nehmen.

Kommunikationsstörungen vermeiden

Im Alltag und im Beruf geraten Sie in viele Kommunikationssituationen, in denen Sie schnell die richtigen Worte finden müssen.

 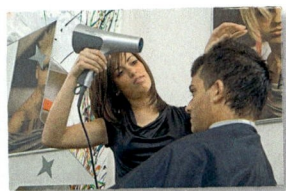 

1 Beschreiben Sie die Fotos.
 a) Welche Situationen sind dargestellt?
 b) Wie würden Sie sich als Auszubildende/r in der jeweiligen Situation sprachlich ausdrücken? Begründen Sie Ihre Meinung.
 c) Warum ist die Kommunikationsweise in diesen Fällen nicht beliebig austauschbar?

2 Trainieren Sie Ihre sprachlichen Fähigkeiten, indem Sie Gesprächssituationen nachspielen und auswerten.
 a) Bilden Sie kleine Arbeitsgruppen. Denken Sie sich eine Gesprächssituation aus oder wählen Sie eine der auf den Fotos oben dargestellten.

 – ein/e Schüler/in stellt sich bei einer Firma wegen eines Praktikumsplatzes vor …

 b) Schreiben Sie in Ihrer Gruppe einen Dialog, der zur Situation/zum Bild passt.

 Schülerin: Guten Tag! Ich heiße Franziska Stegmaier. Ich möchte mich bei Ihnen wegen eines Praktikumsplatzes vorstellen. Haben Sie kurz Zeit für mich?

 c) Spielen Sie Ihre Szene vor der Klasse.
 d) Beobachten Sie Ihre Mitschüler/innen beim Vorspielen der Szene.
 Machen Sie sich Notizen mit Beispielen zu folgenden Fragen:
  – Werden Wörter verwendet, die die/der Andere nicht versteht?
  – Werden Wörter verwendet, die zu umgangssprachlich für die betreffende Situation sind?
  – Ist der Satzbau der Situation angemessen (z. B. vollständige Sätze, korrekte Grammatik)?
  – Ist die Haltung gegenüber dem Gesprächspartner der Situation angemessen (z. B. höflich)?
 e) Sprechen Sie in der Klasse über Ihre Beobachtungen und tauschen sie Ihre Meinungen aus.

Basiswissen

Um **Kommunikationsstörungen** zu **vermeiden** ist es wichtig, dass wir beim Kommunizieren darauf achten, mit wem wir in welcher Situation sprechen, und dass wir unsere Sprache und die Art der Kommunikation entsprechend anpassen. In der Schule und im Berufsleben wird eine höfliche Ausdrucksweise in ganzen, korrekten und allgemein verständlichen Sätzen erwartet. In der Clique und in der Freizeit sind umgangssprachliche Wörter und Formulierungen sowie Dialekt kein Problem.

Mit Kritik umgehen

Oft kritisieren wir andere. Es ist allerdings gar nicht einfach, Kritik so zu äußern, dass sie zu positiven Veränderungen und nicht zum Streit führt.

> Lehrerin Frau Lehmann:
> *„Sie sind schuld an der ganzen Situation! Da gibt man sich jahrelang Mühe mit Ihnen und dann so etwas! Immer müssen Sie mir und anderen Ärger machen. Nie halten Sie sich an die Regeln!"*

1 Untersuchen Sie die Äußerung der Lehrerin.
   a) Geben Sie den Inhalt der Äußerung in eigenen Worten wieder.
   b) Wie schätzen Sie die Stimmung von Frau Lehmann ein?
   c) Stellen Sie sich vor, Frau Lehmann würde dies zu Ihnen sagen. Wie würden Sie reagieren?
   d) Sprechen Sie über Ihre Antworten in der Klasse.

Frau Lehmann hätte auch anders formulieren können, zum Beispiel so:

> Lehrerin Frau Lehmann:
> *„Ich muss Ihnen schon sagen, dass mich Ihr Verhalten enttäuscht. Obwohl ich mich immer um Sie gekümmert habe, bereiten Sie mir häufig Ärger. Ich wäre Ihnen dankbar, wenn Sie Ihr Verhalten überdenken und sich an die vereinbarten Spielregeln halten würden."*

2 Untersuchen Sie diese Äußerung von Frau Lehmann.
   a) Wie unterscheidet sich diese Äußerung von der oben dargestellten?
   b) Was würde diese Äußerung bei Ihnen auslösen, wenn sie an Sie gerichtet wäre? Begründen Sie Ihre Antwort.
   c) Formulieren Sie eine Antwort auf die Äußerung von Frau Lehmann.
   d) Vergleichen Sie Ihre beiden Antworten aus Aufgabe 1 und 2. Falls Sie sich unterscheiden: Worin liegt der Unterschied?

Basiswissen

Kritik muss so formuliert werden, dass sie vom Gegenüber auch angenommen werden kann. **Unsachliche** und **destruktive Kritik** in Form von **DU-Botschaften** ist zu vermeiden. Denn es handelt sich dabei um vorwurfsvolle Aussagen, in denen die Sprecherin/der Sprecher vorgefertigte Meinungen über sein Gegenüber in pauschaler Form formuliert („Du machst immer Ärger"). Es wird dabei oftmals der Eindruck vermittelt, alle anderen sähen das auch so. Du-Botschaften wirken aggressiv und fordern eine Abwehrreaktion heraus.

ICH-Botschaften machen **konstruktive Kritik** möglich. Die Person, die Kritik üben will, betont, dass sie ihr persönliches subjektives Empfinden und ihre Betroffenheit zum Ausdruck bringen will. Sie sagt anhand von Beispielen, was sie persönlich am anderen stört.

Mit Kritik, die in einer ICH-Botschaft enthalten ist, können wir besser umgehen. Um so zu kritisieren, dass Ihr Gegenüber mit der Kritik gut umgehen kann, sollten Sie trainieren, Du-Botschaften in Ich-Botschaften umzuformulieren.

1. Lena sagt zu Martin:

„Du denkst nur an dich, bist egoistisch und kümmerst dich nicht um mich. Du hängst nur noch mit deinen Kumpels herum. Alle meine Freundinnen sagen das auch. Du machst unsere Beziehung kaputt!"

2. Lehrling Markus sagt zur Praktikantin Steffi:

„Du arbeitest hier überhaupt nicht richtig mit. Immer stehst du nur herum und zeigst kein Interesse. Alle Kollegen beschweren sich über dich! Du bist echt faul und unkollegial, wir brauchen dich hier gar nicht!"

3 Wählen Sie eine der beiden Du-Botschaften aus und formulieren Sie diese in eine Ich-Botschaft um.

a) Stellen Sie sich die Situation vor, in der die Äußerung fällt.
Folgende Fragen können Ihnen dabei helfen:
  – Welche Vorwürfe äußert die Sprecherin/der Sprecher?
  – Welche Gefühle hat die Sprecherin/der Sprecher möglicherweise?
  – Was will die Sprecherin/der Sprecher wohl erreichen?
  – Was kommt in der Äußerung über die Beziehung zum Ausdruck?

b) Formulieren Sie die Du-Botschaft in eine Ich-Botschaft um.
Beziehen Sie dabei Ihre Ergebnisse von Teilaufgabe a) mit ein.

DU-Botschaft	ICH-Botschaft
Lena: *„Du denkst nur an dich, bist egoistisch und kümmerst dich nicht um mich."*	*Lena:* *„Ich fühle mich oft alleingelassen, ..."*

c) Stellen Sie Ihre Lösung in der Klasse vor und sprechen Sie darüber.

Tipp: Überlegen Sie sich eine Antwort von Martin oder Steffi. Spielen Sie den Dialog.

Folgende Übungen können Ihnen dabei helfen, andere in Konflikten besser zu verstehen und einen Konflikt zu lösen.

1 Was fühlen die Personen auf den Fotos Ihrer Meinung nach? Begründen Sie.

2 Arbeiten Sie mit einer Partnerin oder einem Partner zusammen. Drücken Sie abwechselnd mit Ihrer Mimik und Gestik die Gefühle aus, die folgende Adjektive beschreiben. Der oder die andere versucht, das jeweilige Adjektiv zu erraten.

> verliebt • hasserfüllt • verschämt • verzweifelt • angeekelt • enttäuscht •
> misstrauisch • siegessicher • fröhlich • überheblich

3 Arbeiten Sie in Partnerarbeit. Versuchen Sie, am Tonfall Gefühle wahrzunehmen.
   a) Sprechen Sie folgenden Satz abwechselnd *wütend, unsicher, bewundernd, überrascht, vorwurfsvoll*: „So habe ich dich noch nie erlebt."
   b) Finden Sie weitere Sätze, die je nach Tonfall unterschiedliche Gefühle ausdrücken.

4 Üben Sie genaues Zuhören.
   a) Erzählen Sie einer Partnerin oder einem Partner von einem besonderen Erlebnis.
   b) Sie oder er wiederholt möglichst genau, was Sie gesagt haben.
   c) Kontrollieren Sie dabei, ob sie oder er alles vollständig und richtig wiedergibt.

5 Gestalten Sie ein Konfliktlösungs-(Streitschlichtungs-)gespräch.
   a) Wie sollte ein solches Gespräch ablaufen? Wählen Sie passende Begriffe aus.

> man schreit sich an • man hört der/dem anderen genau zu • alles wird vertraulich
> behandelt • ein/e unparteiische/r Konfliktschlichter/in leitet das Gespräch • am Ende
> vertagt man den Streit auf das nächste Gespräch • die Streithähne unterhalten sich
> unter vier Augen • jede/r kommt zu Wort • man lässt die/den anderen aussprechen
> • niemand wird beschimpft • am Ende steht die Lösungsfindung

   b) Überlegen Sie sich einen möglichen Konflikt, bestimmen Sie Art und Beteiligte des Konflikts. Machen Sie sich darüber Notizen.
   c) Führen Sie ein Konfliktlösungs-(Streitschlichtungs-)gespräch mit verteilten Rollen durch. Bestimmen Sie eine/n Konflikt-/Streitschlichter/in.
   d) Bewerten Sie das Gespräch. Wo war es gelungen/wo weniger? Begründen Sie.

Auch das Senden von Ich-Botschaften an Stelle von Du-Botschaften können Sie üben. Lesen Sie zunächst folgende zwei Dialoge.

Sina: *Du hast mich beleidigt! Wie kannst du nur so blöd lachen, wenn ich aus Versehen beim Hockeyspielen den Schläger zerbreche?*

Jasmin: *Du bist immer direkt eingeschnappt! Da reicht eine Kleinigkeit. Weißt du, was du bist? Ein Sensibelchen. Du bist nur sauer. Weißt du, wie lustig das aussah?*

Sina: *Du bist gemein.*

Sina: *Ich fühle mich von dir beleidigt, wenn du laut loslachst, wenn ich beim Hockeyspielen aus Versehen den Schläger zerbreche.*

Jasmin: *Ich finde, dass du sehr schnell eingeschnappt bist. Da reicht eine Kleinigkeit. Ich denke, du bist übertrieben sensibel, wenn du darüber so sauer bist. Ich fand einfach, dass das total lustig aussah.*

Sina: *Ich empfinde das als gemein.*

1   Spielen Sie die Gespräche nach.
- **a)** Setzen Sie sich in Gruppen zusammen.
- **b)** Spielen Sie beide Gespräche jeweils zu zweit vor Ihrer Gruppe.
- **c)** Wie fühlen Sie sich als Spieler/in oder Zuhörer/in bei Ich-Botschaften? Wie fühlen Sie sich bei Du-Botschaften? Sprechen Sie in der Gruppe darüber.

2   Vergleichen Sie die beiden Gespräche zwischen Sina und Jasmin. Welches der beiden Gespräche kann eher das Verständnis zwischen Sina und Jasmin fördern? Begründen Sie Ihre Meinung.
Tipp: Informationen zu Ich- und Du-Botschaften können Sie auf S. 84 und 85 nachlesen.

3   Schreiben Sie das folgende Gespräch auf.
Ersetzen Sie dabei die Du-Botschaften durch Ich-Botschaften.

Sascha: *Du leihst mir ja noch nicht einmal einen Kuli.*

Hilal: *Das ist kein Wunder. Du zerstörst ja auch alles, was du in die Finger bekommst. Oder du gibst es nicht zurück.*

Sascha: *Weißt du, was du bist? Unverschämt. Das ist ja wohl das Allerletzte.*

Hilal: *Fass dir mal an die eigene Nase.*

Im Verkauf kommunizieren

Kommunizieren spielt im Verkauf eine große Rolle. Von dem Gespräch mit der Kundin/ dem Kunden hängt oft die Kaufentscheidung ab.

Bianca sucht im Kaufhaus nach neuen Skaterschuhen. Sie sollen zwar „Style" haben, aber zu teuer dürfen sie auch nicht sein. Seit fünfzehn Minuten versucht der junge Verkäufer, ihr ein teures Modell schmackhaft zu machen. Klar, die Schuhe sind toll, manche Freunde haben solche Schuhe schon gekauft, aber so viel Geld wollte sie eigentlich nicht ausgeben. Am Ende ist sie überzeugt: Es müssen nun doch diese Schuhe sein, denn sie sind eben etwas ganz Besonderes und sie passen zu ihrem Outfit.

1 Tauschen Sie sich über vergleichbare Situationen aus, die Sie erlebt haben.

Bianca ist mit verschiedenen Wünschen und Gedanken in das Kundengespräch gegangen.

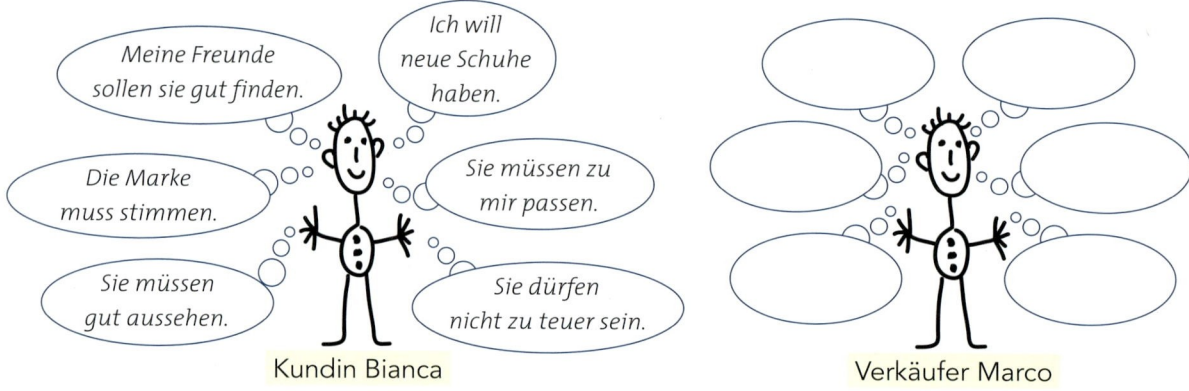

Meine Freunde sollen sie gut finden.

Ich will neue Schuhe haben.

Die Marke muss stimmen.

Sie müssen zu mir passen.

Sie müssen gut aussehen.

Sie dürfen nicht zu teuer sein.

Kundin Bianca

Verkäufer Marco

2 Beschäftigen Sie sich mit Marcos Situation.
  a) Welche Gedanken und Wünsche könnte der Verkäufer Marco haben?
     Notieren Sie diese stichwortartig in Ihr Heft.
  b) Worauf sollte Marco Ihrer Meinung nach im Beratungsgespräch achten?
     Begründen Sie Ihre Meinung.
     Bewerten Sie Marcos Beratung im Bezug auf Biancas Kaufentscheidung.

Basiswissen

Im Verkauf geht es darum, Kunden im **Beratungsgespräch** möglichst von der Qualität einer Ware zu überzeugen. Gute Verkäuferinnen und Verkäufer verhalten sich **fair** und haben die **Bedürfnisse der Kundschaft** im Auge. Im Kundengespräch sollte es der Verkäuferin/ dem Verkäufer gelingen, die Ziele, Bedürfnisse und Gefühle der Kunden herauszufinden, um dann ein möglichst passendes Produkt verkaufen zu können. Gelingt das nicht, fühlen sich die Kunden schlecht beraten oder sogar unfair behandelt.

Durch Argumente überzeugen

Sie haben gelernt, worauf in einem Verkaufsgespräch zu achten ist. Dieses Wissen lässt sich in ähnlicher Weise auf andere Situationen anwenden.

> Stellen Sie sich vor: Sie sind Klassensprecher/in und möchten Ihre/n Lehrer/in davon überzeugen, die Klassenarbeit um eine Woche zu verschieben.

1 Untersuchen Sie die Situation.
Vermerken Sie Ihre Ergebnisse in einer Tabelle.
a) Versuchen Sie, sich in Ihre/n Lehrer/in hineinzuversetzen. Worauf ist Rücksicht zu nehmen? Übertragen Sie die Tabelle in Ihr Heft und beantworten Sie die erste Frage in Stichworten.
b) Welche inhaltlich sinnvollen Begründungen können Sie dagegensetzen? Sammeln Sie Argumente in der Klasse. Notieren Sie in kurzen Sätzen.
Tipp: Zum Aufbau von Begründungen finden Sie mehr auf Seite 143 und im folgenden Basiswissen.

1. Worauf muss ich Rücksicht nehmen?	2. Mit welchen Begründungen (Argumenten) kann ich überzeugen?
– Es gibt andere Klassenarbeitstermine. – …	– Mehrere Schüler fühlen sich unsicher. – Es gab wenig Gelegenheit zum Üben. …

Basiswissen

Behauptung (These)
Die Klassenarbeit sollte besser verschoben werden.

Begründung (Argument)
Es war zu wenig Zeit zum Lernen.

Fazit (Zusammenfassung)
Besser wäre es daher, die Klassenarbeit zu verschieben.

Beweis/Beispiel
Letzte Woche fielen zwei Stunden aus.

Wer andere **durch Begründungen überzeugen** kann, dem verhelfen seine sprachlichen Fähigkeiten zum Erfolg. Behauptungen allein überzeugen niemanden. Kann man seine Behauptungen aber stichhaltig begründen, **mit Beweisen und/oder Beispielen** belegen und am Ende aus seinen Gedanken eine sinnvolle Schlussfolgerung (Fazit) ziehen, so kann man zu Themen begründet Stellung beziehen und andere von seiner Position überzeugen.

2 Überprüfen Sie nun Ihre gesammelten Begründungen (Aufg. 1 b, 2. Tabellenspalte).
a) Enthalten Ihre Behauptungen Beweise/Beispiele? Ergänzen Sie Fehlendes.
b) Welche Begründungen sind besonders überzeugend? Ordnen Sie diese entsprechend.

Zusammenfassung: Kommunikation

Kommunikation bedeutet Austausch, Verständigung zwischen zwei oder mehreren Personen.

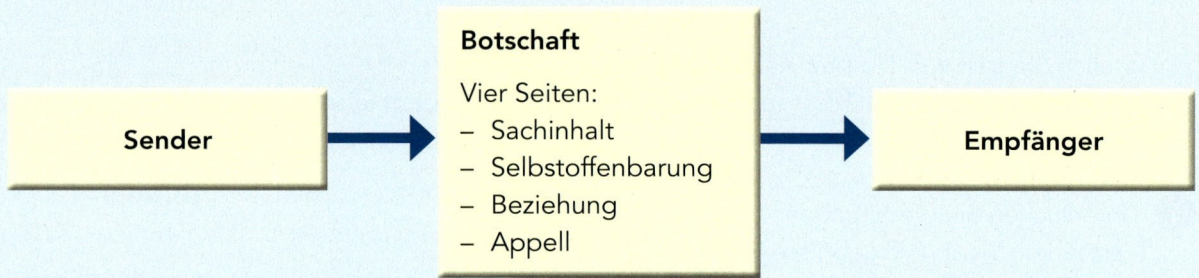

Erfolgreiche Kommunikation erfordert, sich auf die Gesprächspartnerin/den Gesprächspartner, die Kommunikationssituation, den Zweck oder Anlass des Gesprächs einzustellen
und seine sprachliche Ausdrucksweise sowie sein Verhalten entsprechend anzupassen.

Beispiele:

Gesprächs-partner	Situation	Sprache	Verhalten
Lehrer/Schüler	Unterrichtsgespräch	Hochsprache	sachlich, höflich
Jugendliche	Pausengespräch	Umgangsprache/Jugendsprache	ungezwungen
Verkäufer/in mit Kunden/in	Verkaufsgespräch	Hochsprache (verständlich, auf Fragen eingehen, Fragen stellen, überzeugend argumentieren)	korrekt, höflich
Jugendliche	Streitgespräch/ Konfliktsituation	Ich-Botschaften statt Du-Botschaften	sachlich, fair

Medien und Werbung

Was Ihnen dieses Kapitel bietet:

Medien sind wichtige Mittel unserer Kommunikation in Alltag und Beruf. Sie erfahren, welche Medien Ihnen bei der Suche nach Informationen helfen können. Das Kapitel zeigt Ihnen außerdem, wie sich der Medienkonsum verändert und wie Sie mit Medien verantwortungsvoll umgehen. Sie lernen, wie eine gute Produktwerbung gestaltet ist, und erstellen selbst eine Werbeanzeige in Gruppenarbeit.

Wo gibt es mehr zu diesem Themenbereich?

Im Kapitel „Kommunikation" erfahren Sie, auf welcher Basis jede Art von Kommunikation – auch die von Medien und Werbung – stattfindet.
Im Kapitel „Methodensammlung: Lernen lernen" bekommen Sie Anleitungen zum Recherchieren von Informationen und zum Präsentieren mit Hilfe von Medien.
In den Prüfungskapiteln finden Sie die Grundlagen für das Schreiben einer Stellungnahme, die Sie im vorliegenden Kapitel am Beispiel von Aussagen politischer Werbeplakate üben.

Unterschiedliche Arten von Medien

Medien begegnen uns im Alltag auf Schritt und Tritt. Wir nutzen sie zur Kommunikation, und zwar auf ganz unterschiedliche Art.

1 Tragen Sie zusammen, welche Arten von Medien es gibt.
  a) Schauen Sie sich dazu die Bilder genau an. Welche der abgebildeten Medien nutzen Sie täglich?

  b) Erstellen Sie eine Mindmap. Tragen Sie alle abgebildeten Medien ein und ergänzen Sie die Mindmap um weitere Medien. Informationen zu dieser Methode finden Sie auf S. 12.

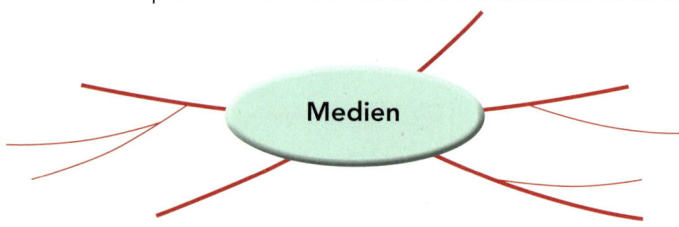

  c) Stellen Sie die Ergebnisse Ihrer Mindmap in der Klasse vor und ergänzen Sie diese durch Vorschläge Ihrer Klasse.

Medien bieten uns viele Möglichkeiten.

2 Unterscheiden Sie Medien nach ihrer Nutzung.
  a) Unterstreichen Sie in Ihrer Mindmap mit einer Farbe die Medien, die Ihnen Informationen liefern, und mit einer anderen Farbe die Medien, die Sie selbst zur Versendung von Informationen nutzen.
  b) Besprechen Sie Ihre Ergebnisse in der Klasse.

Basiswissen

Es gibt viele verschiedene **Arten von Medien**. Alle Medien übertragen Inhalte, sie sind eine „Brücke" zwischen Sender und Empfänger. Manche Medien eignen sich eher zum passiven Konsumieren, z. B. das Fernsehen, andere wiederum zum aktiven Kommunizieren, z. B. das Internet. Der sichere Umgang mit unterschiedlichen Medien wird heute im Beruf vorausgesetzt.

Wenn Sie Informationen suchen, sind nicht alle Medien gleich gut geeignet.

Wir leben in einem medialen Zeitalter.
Der Liveticker im Internet bietet sekündlich
die neuesten Kurzinformationen zu allen
Themen, von Politik bis Showbusiness.
5 Nachrichten in Radio und Fernsehen liefern
ebenfalls aktuelle Meldungen, versorgen uns
aber auch mit längeren Kommentaren
und Interviews. Digitale Bilder gelangen
über das Fernsehen oder das Internet
10 in Sekunden um die Welt und vermitteln
einen direkten Blick auf Ereignisse in aller
Welt, so auch auf Katastrophen oder Kriege.
Die Tageszeitung ist nicht ganz so aktuell wie
Internet, Radio und Fernsehen. Dort kann
15 man zu Themen, die einen besonders interessieren, Hintergrundwissen und Analysen
lesen. Wochenzeitungen, Magazine und Fachzeitschriften helfen mit ihrer ausführlichen
Berichterstattung, politische oder historische
20 Entwicklungen zu verstehen, oder berichten

über Neuigkeiten und Forschungsergebnisse
in Medizin und Technik. Auch das Buch ist
ein wichtiges Medium, um wissenschaftliche
Untersuchungen, z. B. in der Biochemie, zu
25 dokumentieren und zu diskutieren. Die Darstellung komplizierter Sachverhalte benötigt
Raum, um Ideen und Entwicklungen vorzu-
stellen. Neuerdings ist auch das Internet
ein beliebtes Forum für die Wissenschaftler,
30 denn so ist ein schneller internationaler Austausch möglich.
Um Informationen richtig einordnen zu können, muss man immer darauf achten, mit
welchem Ziel die anderen kommunizieren:
35 Im Internet laden Online-Communities und
Blogs zum Austausch ein, zahlreiche Firmen
bieten auf ihren Homepages Informationen
und Werbung an. Die Politik nutzt das Medium Internet zur Information, aber auch zu
40 Wahlkampfzwecken.

3 Untersuchen Sie den Inhalt des Textes.
a) Klären Sie in der Klasse unbekannte Begriffe.
b) Geben Sie kurz den Inhalt des Textes mündlich in eigenen Worten wieder.
c) Schildern Sie Ihre eigenen Erfahrungen mit den im Text genannten Medien.
d) Welches Medium bietet Ihnen welche Art von Informationen? Erstellen Sie eine Tabelle
   und ordnen Sie die Informationen des Textes stichwortartig zu.

Medium	Welche Art von Informationen bekomme ich?
Internet-Nachrichten	aktuelle, kurze Informationen
Tageszeitung ...	kurze Meldungen, aber auch Hintergrundwissen zu aktuellen Themen ...

Basiswissen

Die Informationssuche erfordert Wissen darüber, welches Medium welche **Arten von Informationen** bereitstellen kann. Internet, Radio und Fernsehen bieten eher aktuelle Informationen, meist in kürzerer Form. In Büchern und Zeitschriften kann man meist Ausführlicheres
finden, das möglicherweise nicht ganz neu ist. Bei vielen Themen spielt dies jedoch
keine große Rolle, z. B. beim Thema „Pflege von Pflanzen".

Der Umgang mit Medien im Wandel der Zeit

Für viele Jugendliche haben Medien eine große Bedeutung und sie nutzen diese täglich. Jährlich werden in der JIM-Studie Zahlen zum Umgang von Jugendlichen mit Medien erhoben.

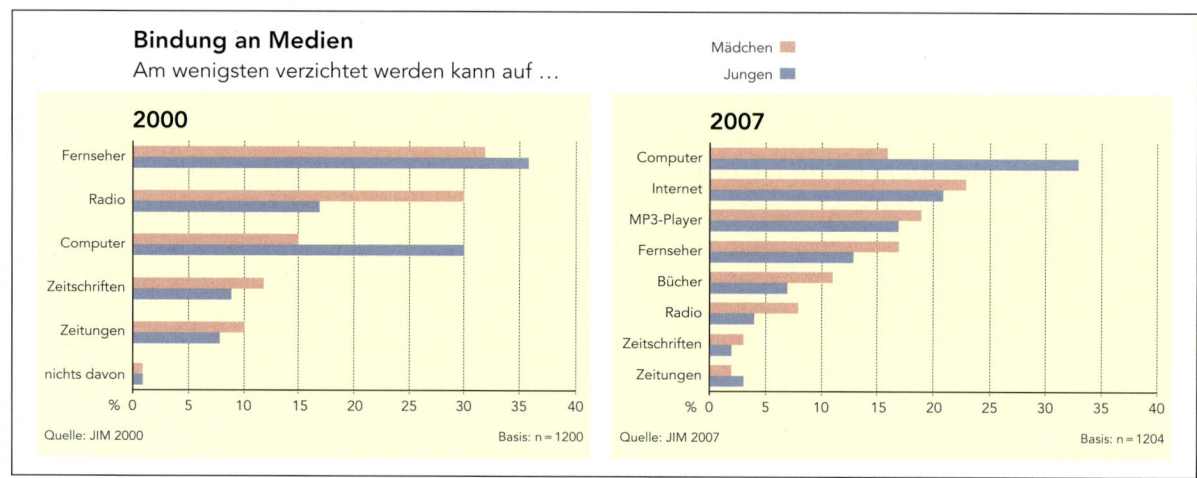

1 Werten Sie die beiden Grafiken aus. Machen Sie sich Notizen.
  a) Vergleichen Sie die Zahlen der Studie aus dem Jahr 2000 mit den Ergebnissen von 2007.
  b) Welche Veränderungen können Sie feststellen?
  c) Sprechen Sie über die Unterschiede in der Medienbindung zwischen Mädchen und Jungen und finden Sie Gründe für das unterschiedliche Verhalten.

2 Fassen Sie die wichtigsten Inhalte der Grafik aus dem Jahr 2007 schriftlich zusammen. Nutzen Sie Ihre Notizen aus Aufgabe 1.

Die Grafik beschäftigt sich mit der Medienbindung bei Jugendlichen im Jahr 2007. Es wurden insgesamt 1204 Mädchen und Jungen befragt. Der größte Unterschied zeigt sich beim Medium Computer: Während 18 % der Mädchen sagen, sie könnten auf den Computer am wenigsten von allen Medien verzichten, sagen 33 % der ...

3 Vergleichen Sie Ihr eigenes Verhalten mit den Ergebnissen der Studie von 2007.
  a) Auf welches Medium können Sie am wenigsten verzichten?
  b) Wagen Sie eine Zukunftsprognose: Wie wird sich Ihr „Verhältnis" zu den Medien weiter entwickeln?

Basiswissen

Ein Blick auf die Entwicklung der **Medienbindung** zeigt, dass bei Jugendlichen vor allem elektronische Medien an Bedeutung gewinnen. Gedruckte Medien wie Zeitungen und Bücher sind den Jugendlichen vergleichsweise weniger wichtig. Das Medium Fernsehen wird bei der Beliebtheit immer stärker durch den Computer und das Internet ersetzt. Auffällig sind die Unterschiede zwischen den Geschlechtern: Die Mädchen hängen an Büchern, während die Jungen am wenigsten auf ihren Computer verzichten können.

Verantwortungsvoller Umgang mit Medien

Ob die Medien für Jugendliche eine Gefahr darstellen, wird immer wieder heiß diskutiert.

Medienkonsum von Jugendlichen

Während manche Studien stärker den negativen Einfluss des Internets und jugendgefährdender Inhalte betonen, weisen andere
5 darauf hin, dass Computer & Co. den Jugendlichen häufig als Orientierungshilfe dienen und nur *ein* Einflussfaktor unter vielen anderen sind. Die Clique, das Elternhaus, die Schule und der Sportverein sind ebenfalls
10 sehr prägend für die Entwicklung der Jugendlichen.
Der Cyberspace macht Spaß und ist interessant, aber er birgt auch Gefahren in sich. Kritisch wird der Medienkonsum, wenn er
15 überhandnimmt und z.B. das unkontrollierte surfen im Internet zur Sucht wird. Problematisch wird es auch dann, wenn die Gewalt in Medien fasziniert, wenn man beim Computerspiel die Grenze zwischen der Realität
20 und dem virtuellen Raum nicht mehr erkennt. Über die Medien propagierte Ideale, wie z.B. die Traummaße eines Models, können krank machen und zu Magersucht führen. Wer sich dem durch manche Medien hoch-
25 gejubelten Lifestyle anpasst, der unterstützt Gleichmacherei und büßt an Eigenständigkeit ein. Wer sich und seinen Medienkonsum kritisch hinterfragt, der kontrolliert sich selbst und schützt sich vor den Risiken
30 des Medienkonsums.

1 Untersuchen Sie den Text.
   a) Klären Sie in der Klasse unbekannte Begriffe im Text.
   b) Geben Sie den Inhalt des Textes mündlich in eigenen Worten wieder.
Tipp: Die 5-Schritt-Lesetechnik auf Seite 15 hilft Ihnen beim Lesen von Sachtexten.

2 Äußern Sie Ihre Ansichten zum Thema des Textes mit Hilfe der Methode „Kugellager".
   a) Die Klasse teilt sich in zwei gleich große Gruppen. Bilden Sie zwei Kreise, einen Innen- und einen Außenkreis, sodass Sie einer Partnerin/einem Partner gegenüberstehen oder -sitzen.
   b) Sie haben nun zwei Minuten Zeit, sich mit Ihrer Partnerin/Ihrem Partner auszutauschen. Geben Sie dem Autor des Textes recht? Nennen Sie Gründe.
   c) Nach Ablauf der Zeit (das Wechselzeichen gibt Ihnen Ihre Lehrerin/Ihr Lehrer) beginnt sich „das Kugellager zu drehen". Sprechen Sie nun mit der neuen Partnerin/dem neuen Partner und tauschen Sie sich über Ihre Ansichten aus.
   d) Teilen Sie der Klasse nach der Durchführung des „Kugellagers" mit, was Sie Neues gelernt haben und welche Meinung einer Mitschülerin/eines Mitschülers Sie bedenken möchten.

Basiswissen

So wichtig und **beeindruckend die Möglichkeiten** der Medien, vor allem des Internets sind, so **schwierig ist der Umgang** damit. Gefährlich kann auch der Realitäts- und Zeitverlust (in der „echten" Welt) bei Jugendlichen sein, die sich fast nur noch in der virtuellen Welt bewegen. Wichtig beim Umgang mit Medien sind:
- der Austausch mit Freundinnen/Freunden, Eltern, Lehrerinnen/Lehrern,
- das kritische Überprüfen von Informationen,
- das Hinterfragen des eigenen Medienkonsums (Was/Wie lange schaue/spiele ich?).

Medien können bei der Vorbereitung und Durchführung von Präsentationen helfen.

Eduard Mörike

Friedrich Schiller

Robert Bosch

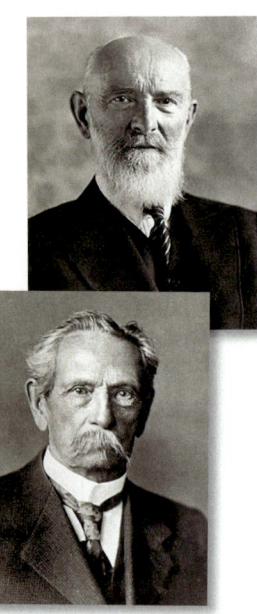

Margarete Steiff

Carl Benz

1 Beschaffen Sie sich Informationen zu einer der abgebildeten Personen.

a) Informieren Sie sich in einem Nachschlagewerk über das Leben und Wirken der jeweiligen Persönlichkeit. Notieren Sie Ihre Ergebnisse stichwortartig.

b) Suchen Sie im Internet Informationen zu der von Ihnen ausgewählten Person. Ergänzen Sie die Informationen aus dem Nachschlagewerk.

Tipp: Hinweise zum Beschaffen von Informationen finden Sie auf den Seiten 13 und 14.

Die auf den Fotos dargestellten Persönlichkeiten stammen alle aus dem heutigen Bundesland Baden-Württemberg. Sie haben das Bild Baden-Württembergs innerhalb und außerhalb Deutschlands mitgeprägt.

2 Sammeln Sie Informationen zum Bundesland Baden-Württemberg.

a) Führen Sie ein Brainstorming durch.
Informationen zu dieser Methode finden Sie auf Seite 12.

– *Weinland*
– *Wirtschaftsunternehmen: Daimler-Benz, Bosch usw.*
– *die Laugenbrezel*

b) Recherchieren Sie im Internet zum Thema „Baden-Württemberg". Notieren Sie die gesammelten Informationen stichwortartig.

job fit

Deutsch
Lösungen

Seite 8

1 a) Beispiel:
Während einer Stillarbeitsphase klingelte ständig irgendwo ein Handy und ich konnte mich überhaupt nicht auf die Aufgabe konzentrieren.
b) Mögliche Vorschläge:
Handy vor dem Betreten des Klassenraums ausschalten; Lehrer hält Lautstärkepegel der Klasse an einer Skala fest

2 a) Die meisten Menschen verfügen morgens (gegen 10:00 Uhr) über die höchste Leistungsfähigkeit und über ein zweites Leistungshoch am Abend (gegen 20:00 Uhr).

Seite 9

3 a) Arbeitsplatz auf dem Foto:
unaufgeräumt; zu viel auf dem Tisch; keine freie Arbeitsfläche; ungenügende Beleuchtung; Schreibtisch steht direkt an der Wand
Änderungen:
Schreibtisch aufräumen und umstellen; Beleuchtung anbringen; Abstellmöglichkeiten für nicht benötigte Arbeitsmaterialien schaffen
c) alle nötigen Arbeitsmaterialien sind griffbereit (z. B. Papier, Stifte); rückenfreundliche Sitzgelegenheit; viel Platz (für die Arbeitsmaterialien und zum Arbeiten)

Seite 13

2

Begriff (mit Artikel)	Wortart	Plural (Mehrzahl)	Bedeutung
Atlas, der	Nomen	Atlanten	Buch mit Landkarten (*auch:* Figur der griechischen Mythologie; Buch mit Abbildungen über ein Wissensgebiet; Gebirge in Afrika; Name des obersten Halswirbels; Seidengewebe)
Bank, die	Nomen	Bänke	Sitzgelegenheit
Bank, die	Nomen	Banken	Geldinstitut
Bit, das	Nomen	Bit(s)	Abkürzung für *binary digit*, kleinste Informationseinheit in der EDV
blanchieren	Verb	(*kein Plural*)	mit heißem Wasser kurz überbrühen
fragen	Verb	(*kein Plural*)	eine Frage stellen, sich nach etwas erkundigen
gar	Adjektiv	(*kein Plural*)	fertig gekocht (*auch:* verstärkendes Adverb in Verneinungen)
Gel, das	Nomen	Gele	gallertartige Substanz, Gelatine
gell	Adjektiv	(*kein Plural*)	schrill, laut, gellend (*auch:* als umgangssprachliche Interjektion: nicht wahr?)

gern	Adverb	*(kein Plural)*	mit Vergnügen, mit Vorliebe
Grat, der	Nomen	Grate	Bergrücken, scharfer Rand
Praktikum, das	Nomen	Praktika	praktische Arbeit während einer Ausbildung
reduzieren	Verb	*(kein Plural)*	verringern, herabsetzen
rot	Adjektiv	*(kein Plural)*	eine Farbe
Virus, das (*umgangssprachl. auch:* der)	Nomen	Viren	Krankheitserreger
Zwinge, die	Nomen	Zwingen	Werkzeug

Seite 14

4 **a)** Kabelverlegung: mehr als 200 000 Treffer
b) Kabelverlegung + Sicherheit:
weniger als 100 000 Treffer
c) Kabelverlegung + Erdkabel + Sicherheit:
weniger als 1000 Treffer

5 Themenvorschläge:
Ausbildungsbetriebe für einen bestimmten
Beruf in einem Bundesland; Clubs und
Vereine zum Ausüben eines bestimmten
Hobbys in der Umgebung; Hinweise zum
Kauf eines Fahrzeugs (Auto, Motorrad,
Fahrrad …); neue EU-Länder

Seite 20

1 Verena und Mario reden über die Kompetenzanalyse, die sie im BEJ gemacht haben.
Sie berichten, wie sie ihnen dabei geholfen
hat, für sie geeignete Berufsfelder zu finden.

2 **a)** Besuch eines Berufsinformationszentrums
(Agentur für Arbeit); Personen fragen, die
den Beruf ausüben; ein Praktikum machen

Seite 24

1 **Agentur für Arbeit:** Wo werden Azubis
gesucht? In welchen Branchen kann man
arbeiten?
Personen, die den Beruf ausüben: Womit
ist man hauptsächlich beschäftigt? Wo arbeitet man? Welche Arbeitszeiten hat man?
Mit wem hat man Kontakt? Was verdient
man?
Ausbilder: Welche Voraussetzungen muss
man mitbringen?
Auszubildende in dem Beruf: Was verdient
man in der Ausbildung? Wie lange dauert
die Ausbildung?

Seite 24

2

Abschnitt	Frage	Antwort
1: Z. 1 – 4	Womit ist man hauptsächlich beschäftigt?	Sortiment kontrollieren, Waren bestellen
2: Z. 4 – 19	Mit wem hat man Kontakt?	Hersteller, Lieferanten, Kolleginnen und Kollegen, Kunden
3: Z. 19 – 22	Wo ist der Arbeitsplatz?	Verkaufsraum, Büro, Lager
4: Z. 22 – 25	In welchen Branchen wird man eingesetzt?	Kaufhäuser, Supermärkte, Einzel- und Fachhandel
5: Z. 25 – 30	Welche Arbeitszeiten hat man?	unregelmäßige Arbeitszeiten, oft am Wochenende und an Feiertagen

Seite 25

1 **Selbstständigkeit:** eigenverantwortlich arbeiten

Selbstbewusstsein: sich selbst etwas zutrauen

Zuverlässigkeit: Aufgaben verantwortlich erfüllen und Zusagen einhalten

Flexibilität: sich gut an wechselnde Situationen anpassen

Körperliche Belastbarkeit: gesund sein und schwere Arbeit verrichten können

Fingerfertigkeit: geschickt mit den Händen arbeiten können

Handwerkliche Fähigkeit: geschickt mit Werkzeugen, Geräten und Werkstoffen umgehen können

Körperliche Ausdauer: über einen längeren Zeitraum körperlich belastbar sein

Technisches Verständnis: technische Abläufe verstehen und gut mit technischen Geräten oder Computern umgehen können

Räumliches Vorstellungsvermögen: sich Gegenstände plastisch und dreidimensional vorstellen

Sprachbeherrschung: in einer Sprache sicher sprechen und schreiben

Zahlenverständnis: mit Zahlen umgehen und rechnen

Kreativität: eigene Ideen haben und diese praktisch umsetzen

Genauigkeit: auf Details achten und Arbeitsanweisungen ohne Fehler ausführen

Konzentrationsfähigkeit: Aufträge mit hoher Aufmerksamkeit korrekt ausführen

Gute Rechtschreibung: Texte ohne Fehler schreiben

2 **a) kaufen/verkaufen/beraten:** Kontaktfähigkeit, Selbstbewusstsein, Sprachbeherrschung

anbauen/ernten: körperliche Belastbarkeit und körperliche Ausdauer, technisches Verständnis

bauen: technisches Verständnis, räumliches Vorstellungsvermögen, körperliche Belastbarkeit

installieren/reparieren: handwerkliche Fähigkeit, technisches Verständnis

pflegen/behandeln: Kontaktfähigkeit, Teamfähigkeit, körperliche Ausdauer

gestalten/entwerfen: Kreativität, Konzentrationsfähigkeit, Selbstständigkeit

transportieren/lagern/verpacken: körperliche Belastbarkeit, Zuverlässigkeit, Genauigkeit

b) kaufen/verkaufen/beraten: Einzelhandelsverkäufer/in, Frisör/in, Kosmetiker/in

anbauen/ernten: Gärtner/in, Winzer/in

bauen: Maurer/in, Fliesenleger/in, Maschinen- und Anlagenführer/in

installieren/reparieren: KFZ-Mechatroniker/in, Elektro-Installateur/in, Elektroniker/in

pflegen/behandeln: Krankenpfleger/in, Altenpfleger/in, Arzthelfer/in, Tierpfleger/in

gestalten/entwerfen: Schauwerbegestalter/in, Schreiner/in, Bauzeichner/in

transportieren/lagern/verpacken: Transporteur/in, Lagerarbeiter/in

Seite 26

1 Ausbildungsberuf, Ausbildungsbeginn, Bewerbungsfrist, Name und Adresse der Firma, Ansprechpartner/in und Telefonnummer, Anforderungen, geforderte Bewerbungsunterlagen

Seite 27

3 b) + c)

Ausbildungs-beruf	Anforde-rungen	Ausbildungs-beginn	Aus-bildungs-dauer	geforderte Bewerbungs-unterlagen	Adresse der Firma, Ansprech-partner/in
Tischler/in		01.09.2…		schriftliche Bewerbung	Herr Koch, Tischlerei Zapf, Holzstraße 10, 72070 Tübingen
Bäckereifach-verkäufer/in			3 Jahre		Tel. 1234/7789235

Fachkraft im Gastgewerbe	Hauptschulabschluss, freundliche und höfliche Umgangsformen			schriftliche Bewerbung mit Kopien der letzten zwei Zeugnisse bis zum 09.04.2...	Hotel zum Sonnenblick, Frau Sommer, Salatstr. 10, 12345 Schöndorf
Kaufmann/ Kauffrau im Einzelhandel, Verkäufer/in	guter Schulabschluss, höflich und freundlich, kontaktfreudig, gepflegtes Erscheinungsbild			Online-Bewerbung	www.tik-markt.de
Maler/in, Lackierer/in, Maurer/in, Fliesenleger/in		01.09.2...		schriftliche Bewerbung	Bauunternehmen Hacke, Herr Meyer, Walweg 10, 12344 Baustadt
Frisör/in	Kreativität, Interesse an aktuellen Modetrends, Einfühlungsvermögen			schriftliche Bewerbung	Frisörsalon Gabriel, Frau Schulze, Taubengasse 9, 12355 Lachendorf

Seite 28

1 a) Möglicherweise wird Herr Rothe unfreundlich reagieren, da Steffen sich im Ton vergriffen hat. Es ist eher unwahrscheinlich, dass Herr Rothe Interesse hat, dem Anrufer eine Ausbildungsstelle anzubieten.

b) Guten Tag. Mein Name ist Steffen Meister. Ich möchte mich erkundigen, ob Sie ab September freie Ausbildungsplätze zum Kaufmann im Einzelhandel zu vergeben haben.

2 a) Z. 5 – 6: Steffen zeigt, dass er sich im Vorfeld informiert hat und das Berufsbild des Ausbildungsberufes kennt.

Z. 10 – 11: Steffen zeigt, dass er interessiert und höflich ist.

Z. 16 – 17: Der Anrufer verhält sich höflich, indem er sich für die Auskunft bedankt und dem Gesprächspartner noch einen schönen Nachmittag wünscht.

b) Anforderungen, Ausbildungsbeginn, Ausbildungsdauer, Ausbildungsorte/-abteilungen, geforderte Bewerbungsunterlagen

Seite 31

1 a) Absender mit Telefonnummer und E-Mail-Adresse; Anschrift der Firma und Ansprechpartner/in; Ort und Datum; Betreff; Bezug auf Anzeige; derzeitige Beschäftigung des Bewerbers; Erfahrungen, Fähigkeiten und Kompetenzen der Bewerberin/ des Bewerbers; Anlagen zum Bewerbungsschreiben

b) Formvorschriften nach DIN 5008: Korrekte Anordnung von Absender, Ort und Datum; Anschrift der Firma und Ansprechpartner/in; Betreffzeile; Anrede; Briefinhalt; Grußformel und Unterschrift; Anlagen

2 a) Kann fett gedruckt sein; enthält die korrekte Bezeichnung des angebotenen Ausbildungsberufs; Grund Ihres Schreibens

b) Bewerbung um einen Ausbildungsplatz als Tischler/in;

Bewerbung um einen Ausbildungsplatz als Fachkraft im Gastgewerbe;

Bewerbung um einen Ausbildungsplatz als Bäckereifachverkäufer/in ...

Seite 34

1 Der Gesprächspartner möchte erfahren,
… über welche Kompetenzen Sie verfügen.
… ob Sie sich selbst richtig einschätzen können.
… was Ihre Stärken und Schwächen sind.
… ob Sie teamfähig sind und gut mit Menschen umgehen können.
… warum Sie sich gerade bei dieser Firma bewerben.
… ob Sie sich vorher über die Firma informiert haben.
… wo Ihre persönlichen Interessen liegen.
… was für ein Typ Mensch Sie sind, welche persönlichen Eigenschaften Sie haben.
… ob Sie über Allgemeinbildung verfügen und das politische Tagesgeschehen verfolgen.

2 **a)** Größe des Betriebs; Ansprechpartner/in; Arbeitsbereiche/Produktsortiment des Betriebs; Geschichte und Struktur des Unternehmens; (internationale) Standorte der Firma; Internetauftritt des Unternehmens; im Betrieb ausgeübte Berufe; angebotene Ausbildungsberufe

Seite 35

4 Mögliche Fragen:
Welche Fertigkeiten und Kompetenzen würde ich erwerben?
Wie lange dauert die Ausbildung?
Wer würde mich während der Ausbildung betreuen?
Was wären meine Arbeitszeiten?
Besteht die Möglichkeit, nach der Ausbildungszeit übernommen zu werden?
Was würde ich als Auszubildende/r verdienen?

5 **a)** Anklopfen und darauf warten, hereingerufen zu werden; freundlich grüßen; Hände schütteln; sich mit Vor- und Nachnamen vorstellen; erst setzen, wenn ein Stuhl angeboten wird; warten, bis der/die Gesprächspartner/in das Gespräch beginnt; Namen der Gesprächspartner merken; Blickkontakt herstellen; ruhig bleiben; langsam und deutlich sprechen; vor dem Antworten nachdenken
b) Pünktlich kommen; in vollständigen Sätzen sprechen; freundlich lächeln; aufmerksam zuhören; selbstbewusst, aber nicht überheblich auftreten; aufrecht sitzen; die Hände ruhig halten

Seite 36

2 **a)** Holzteile verschrauben und verleimen; Holzwerkstoffe bearbeiten: sägen, hobeln und schleifen; Furnierarbeiten ausführen; Holzoberflächen behandeln; Fenster, Treppen und Türen einsetzen; Einbaumöbel, Raumteiler und Wandverkleidungen montieren; beschädigte Möbel reparieren; Musterstücke gestalten
b) Bei einem Hersteller von Möbeln, Holzwaren, Konstruktionsteilen; im Tischlerhandwerk, z. B. in Bautischlereien; bei einem Hersteller von Holzwerkstoffen; in Baumärkten und Möbelhäusern; in Theatern mit eigener Tischlerei; bei Messebauunternehmen; im Schiffsbau

Seite 37

1 **a)** Mögliche Fragen:
Welche Dienstleistungen/Waren werden von Ihnen angeboten?
Wie viele Mitarbeiter/innen haben Sie?
Welche unterschiedlichen Berufe gibt es innerhalb Ihrer Firma?
Welche Abteilungen gibt es in Ihrer Firma?
Mit welchen Werkzeugen/Maschinen/ Materialien arbeiten Sie?

2 7:00 Uhr – 8:00 Uhr Lieferung ausgeladen
8:00 Uhr kurze Frühstückspause
9:00 Uhr – 12:00 Uhr Kundenbesuch zusammen mit Chef, Küche vermessen
12:00 Uhr – 14:00 Uhr Hobelarbeiten an Küchenbank beendet
14:00 Uhr Pause
15:00 Uhr Notizen vom Tag gemacht, bei Furnierarbeiten und beim Verzahnen von Zinken und Zapfen zugeschaut

3 Es ist unklar, was Kevin zwischen 8:00 Uhr und 9:00 Uhr außer einer kurzen Frühstückspause gemacht hat. Einige Tätigkeiten werden ungenau beschrieben: Welche Werkzeuge wurden beim Hobeln verwendet? Der Bericht enthält überflüssige und unpassende Formulierungen, z. B.: „denn das Holz war sehr schwer", „der in einer riesigen Villa lebt", „es war sehr schwierig", „denn was einmal weg ist, kann man nicht mehr rankleben", „Aber da war der Tag schon fast vorbei." Der Ausdruck „mein Chef" ist unangemessen. Die sprachliche Form ist insgesamt zu umgangssprachlich.

Seite 38

4 **a)** Eintragungen:
Uhrzeit; Tätigkeit; sonstige Bemerkungen,
z. B. was er Neues gelernt hat
b) Die Tabelle kann leicht ausgefüllt werden
und gibt eine Struktur vor.
Die übersichtliche Form hilft dabei, nichts
zu vergessen und alles Wichtige festzuhal-
ten. Mit Hilfe der Tabelle kann Kevin leicht
einen gegliederten und vollständigen
Tagesbericht schreiben.

5 **a) Spanplatte:** plattenförmiger Werkstoff,
überwiegend aus Holzspänen, deshalb auch
als Holzspanplatte bezeichnet
(ver)zapfen, Zapfen: Verbindung von Holzwerkstoffen, die in einer Ebene aufeinander-
treffen
verzinken, Zinken: Verbindung von Holzwerkstoffen, die senkrecht aufeinander-
treffen
Massivholz: Holzerzeugnis, das aus dem
Querschnitt eines Baumstammes heraus-
gearbeitet wurde
hobeln, Hobel: Werkzeug zum Bearbeiten
von Holz, mit dem Späne vom Material
abgetragen werden
Furnier: ein dünnes Deckblatt aus gutem
Holz, das auf weniger wertvolles Holz
aufgeleimt wird
b) Den Meister oder Kolleginnen und
Kollegen fragen, in einem Fachbuch nachschlagen, im Internet recherchieren

Seite 40

4 Zuerst wird das Rad mit dem Gabel-/Maul-
schlüssel ausgebaut. Anschließend werden
der Reifen und der beschädigte Schlauch
mit den Montierhebeln von der Felge abgenommen. Danach wird der beschädigte
Schlauch aufgepumpt. Wenn der beschädigte Schlauch aufgepumpt ist, wird das
Loch gesucht. Jetzt wird das Loch mit
Schmirgelpapier angeraut. Anschließend
wird das Loch mit Vulkanisierlösung und
Flicken repariert. Nun wird der reparierte
Schlauch leicht aufgepumpt. Dann werden
der Schlauch und der Reifen auf die Felge
aufgezogen. Zuletzt wird das Rad mit dem
Gabel-/Maulschlüssel wieder eingebaut und
ganz aufgepumpt.

Seite 41

7 **So wird eine Fahrradkette gepflegt**
Zur Pflege einer Fahrradkette werden eine
Folie, Kettenöl und ein Lappen gebraucht.
Zuerst wird das Fahrrad auf die Folie ge-
stellt. Danach wir das Kettenöl auf die
Kettenglieder aufgetragen. Anschließend
werden die Pedale gedreht. Zum Schluss
wird das überflüssige Kettenöl mit dem
Lappen abgerieben.
Das Fahrrad ist nun wieder fahrbereit.

Seite 42

9 **b)** – Erde wird in den neuen Topf eingefüllt,
– die Pflanze wird aus dem alten Topf ausgegraben, – die Pflanze wird eingesetzt,
– der Topf wird mit Erde aufgefüllt bis zum
Rand, – die Erde wird festgedrückt, – die
Pflanze wird gegossen

Seite 43

1 **a)** Kevin erwähnt, …
… wie ihm das Praktikum gefallen hat.
… ob seine Erwartungen erfüllt wurden.
… was er am liebsten und was er nicht
   so gern gemacht hat.
… was er interessant fand und was er neu
   gelernt hat.
c) Das Praktikum hat mir sehr gut/gut/nicht
gefallen.
Meine Erwartungen haben sich vollständig/
zum größten Teil/teilweise/nicht erfüllt.
Interessant fand ich …
Weniger gut fand ich …
Zuerst dachte ich …, aber dann habe ich
verstanden, dass …

Seite 46

1 **a)** Beruf, Lebenslauf, Pause, Straße, Einladung, Vergütung, Freizeit, Beratung, schreiben, Note, Ziel, Anschreiben, anrufen,
nachfragen, vielseitig, Aufgabe, Arbeitsprobe, Grüße, telefonieren
b) mehr, Erfahrung, sehr, Lehrjahr
2 **a)** Hobby, Adresse, kennen, Interesse,
Abschluss, Mappe, Vorstellungsgespräch,
bekommen, treffen, Stelle, Passbild
b) Test, lernen, Arbeitsplatz, Bewerbung,
besetzen, abschicken, Bäckerei

3

langer Vokal	kurzer Vokal
sehr, geehrte, Damen, Jahr, abschließen, Erfahrungen, Ferien, Ihnen, arbeiten, fleißig, viel, diese, Grüßen	Herren, kommenden, Ausbildung, Koch, beginnen, Vorfeld, sammeln, Arbeitsumfeld, besser, kennen, lernen, würde, gern, Aushilfe, zuverlässig, bringe, Interesse, mich, Antwort

4 -zahl- be<u>zahl</u>en, ge<u>zahl</u>t, Prim<u>zahl</u>, Volks-<u>zähl</u>ung, unbe<u>zahl</u>bar, <u>Zahl</u>enspiel, ver<u>zähl</u>t, Ab<u>zähl</u>reim, un<u>zähl</u>bar
-fahr- <u>fuhr</u>en, Ab<u>fahr</u>t, <u>fähr</u>t, <u>Fahr</u>rad, Er<u>fahr</u>ung, <u>fahr</u>planmäßig, <u>Fähr</u>e
-kenn- Be<u>kann</u>ter, <u>kenn</u>en, be<u>kann</u>t, <u>Kenn</u>tnis, <u>kann</u>ten, <u>Kenn</u>er, <u>Kenn</u>zeichen

Seite 48

5 b) Beispiele:
-fall- Fall-schirm, Un-fall, ver-fall-en
-spiel- spiel-erisch, Kinder-spiel, ver-spiel-t
-fahr- fahr-lässig, ver-fahr-en, Vor-fahr-en
-lass- ge-lass-en, ver-läss-lich, läss-ig
-pass- Eng-pass, un-päss-lich, Reise-pass
-winn- Ge-winn, ge-wonn-en, ge-winn-end

Seite 48 – Test

1 a) Schreibung der unterstrichenen Wörter: verpasst, losgefahren, Straße, sehr, umge-fallen, viel, gefährlich, Spiel, Grüße
b) Nach kurzen Vokalen:
– zwei gleiche Konsonanten oder
– mindestens zwei verschiedene Konso-nanten.
Nach langen Vokalen:
– nur ein Konsonant,
– Dehnungs-h nach dem Vokal,
– für langes i steht meist ie,
– ß oder s (nicht ss).

Seite 49

2 a) + b) wissen – er weiß – er wusste – er hat gewusst
lassen – er lässt – er ließ – er hat gelassen
sich entschließen – er entschließt sich – er entschloss sich – er hat sich entschlossen

messen – er misst – er maß – er hat gemessen
(sich) verlassen – er verlässt (sich) – er ver-ließ (sich) – er hat (sich) verlassen

Seite 50 – Test

1 a) Korrekte Schreibung der fünf Fehlerwörter: hei<u>ß</u>e, drau<u>ß</u>en, gro<u>ß</u>e, flie<u>ß</u>t, Abschluss-zeugnis

Seite 51

2 Sie sollten darauf achten, **dass** Sie während des ganzen Gesprächs aufmerksam und freundlich sind.
Vergessen Sie nicht, **dass** zu starkes Zurück-lehnen und Verschränken der Arme unhöf-lich wirkt.
Wenn Sie unruhig auf dem Sitz herumrut-schen oder mit den Fingern im Gesicht herumfummeln, wird **das** als Unsicherheits-geste aufgefasst.
Lassen Sie erkennen, **dass** Sie gut zuhören und genau verstehen, was im Gesprächsver-lauf gesagt wird.
Häufiges Wegschauen, **das** Desinteresse signalisiert oder ausweichend wirkt, sollten Sie vermeiden.
Ihr Gegenüber sollte nie den Eindruck haben, **dass** er/sie an Ihnen vorbeiredet.

Seite 52

3 Beispiellösung:
Ich hoffe, dass ich die Tipps beim nächsten Bewerbungsgespräch umsetzen kann.
Ich finde, dass es mehr Bewerbungstrainings geben sollte.
Ich glaube, dass man in einem Bewerbungs-gespräch sehr viele Dinge beachten muss.
Ich weiß, dass ich mich mit vollem Namen vorstellen soll.
Ich denke, dass ich mir den Namen meines Gesprächspartners merken kann.

Seite 52 – Test

1 b) Ich soll die Hand nicht zu lasch und zu schlapp geben, da **das** leicht als Willens-schwäche und Labilität ausgelegt wird.
Es ist wichtig, **dass** ich mich mit vollem Namen vorstelle.

Ich sollte darauf achten, **dass** ich während des gesamten Gesprächs freundlich und aufmerksam bin.
Ich sollte vermeiden, **dass** mein Gegenüber glaubt, an mir vorbeizureden.
Zu vermeiden ist auch häufiges Wegschauen, **das** ausweichend wirken kann.

Seite 53

1 Beispiellösung:
Der **Beruf** des Briefzustellers ist **vielseitig**. Als Briefzusteller **trägt** man **Briefe, Päckchen** und **Paketsendungen aus**. Man ist **bei Wind und Wetter unterwegs**. In diesem Beruf arbeitet man **kundenorientiert** und sollte deshalb **Freude am Kontakt mit Menschen** haben. Eine **wichtige Eigenschaft** für einen Briefzusteller ist die **Zuverlässigkeit**.

2 <u>Das genaue Anschauen</u> von Tageszeitungen lohnt sich. Viele Firmen werben in der Regionalpresse für sich. <u>Schnelles Anrufen</u> bringt Klarheit darüber, ob die Firma auch wirklich Ausbildungsplätze frei hat. Eine andere Möglichkeit sind die „Gelben Seiten". Durch <u>gründliches Suchen</u> findet man Betriebe in der Nähe seines Wohnortes. Auch <u>das Stöbern</u> im Internet bringt Erfolg. Die meisten Unternehmen haben heutzutage ihre eigene Website, auf der sie alles Wissenswerte über sich präsentieren.

Seite 54

3 Beispiellösung:
Das Zubereiten von Gerichten macht mir Spaß. Das Organisieren von Arbeitsabläufen fällt mir leicht. Das Aufstellen von Speiseplänen finde ich interessant. Das Einkaufen von Zutaten macht mir Freude. Ich möchte gern mehr über das fachgerechte Einlagern von Lebensmitteln lernen.

4 Zum Entfernen von Flecken dürfen nur bestimmte Reinigungsmittel verwendet werden. Beim Arbeiten mit ätzenden Substanzen muss man eine Schutzbrille tragen.
Beim Dekorieren einer Festtafel kommt Blumenschmuck zum Einsatz.
Vor dem Einschalten von elektrischen Geräten muss die Stromversorgung sichergestellt sein.

5 Korrekte Schreibung der Wörter:
Tragen, zupacken, Heben, beugen, Sitzen, Sporttreiben, Schwimmen, Laufen

Seite 55

6 Beispiellösung:
Die Schülerinnen und Schüler haben montags in der ersten Stunde Deutsch, in der zweiten das Fach „Computer". Englisch, Sport und Deutsch stehen dienstags auf dem Programm. Mathematik wird mittwochs und freitags gelernt, Gemeinschaftskunde jedoch nur mittwochs. Donnerstags haben die Schülerinnen und Schüler Englisch und Holztechnik in den ersten beiden Stunden. Nach Mathematik in der ersten Stunde stehen freitags noch Englisch und Deutsch im Stundenplan.

7 Sehr geehrter Herr Bürgermeister,
man sagte uns, dass die Skater-Anlage geschlossen werde. Viele Jugendliche nutzen **sie** regelmäßig, weil es dort richtige Rampen und eine Halfpipe gibt. Leider würde **ihnen** dann nichts anderes übrig bleiben, als zum Skaten in den Nachbarort zu fahren. Wir wären **Ihnen** sehr dankbar, wenn **Sie** uns zu diesem Sachverhalt Auskunft geben könnten. Wir hoffen sehr, dass die Anlage erhalten bleibt, da **sie** für uns ein wichtiger Treffpunkt ist.
Für **Ihre** Antwort möchte ich mich schon jetzt bei **Ihnen** bedanken. …

Seite 56 – Test

1 Bevor ich anfange zu arbeiten, ziehe ich mir meine Arbeitskleidung an. Da in meinem Beruf Hygiene sehr wichtig ist, trage ich beim Arbeiten immer Einweghandschuhe. Bevor ich die Handschuhe anziehe, muss ich meine Hände waschen und desinfizieren. Das Erste, was ich morgens mache, ist, die Theke zu bestücken. Die Kollegen von der Spätschicht haben am Abend zuvor die Theke ausgeräumt und gereinigt. Ich gehe in den Kühlraum und hole nacheinander mehrere Wagen mit Wurst- und Fleischwaren und bringe sie zur Verkaufstheke. Dann räume ich die Wurstwaren vom Wagen in die Theke.

Eine Kundin hat Käse- und Wurstplatten für 30 Personen bestellt. Ich bereite die Partyplatten vor. Das Kreative an dieser Arbeit macht mir sehr viel Freude. Die Platten dekoriere ich mit Obst und Gemüse. Für die Käseplatten verwende ich zum Beispiel Weintrauben oder Erdbeeren und für die Wurstplatten Gurken, Tomaten und Petersilie. Nach dem Dekorieren der Platten überziehe ich sie mit Frischhaltefolie und bringe sie ins Kühlhaus. Die Kundin wird sie dann abends abholen.

Seite 57

1. Mark möchte gern wieder Ski fahren. Er würde gern in einem Orchester Geige spielen. Mark will nächstes Jahr einen Marathon laufen. Annika muss jeden Tag zwei Stunden Auto fahren. Ihr Hobby ist Inlineskate fahren. Annika und Mark spielen gern Karten. Annika würde gern tanzen lernen, aber Mark will nicht. Er möchte abends mit Annika spazieren gehen.

2. Man sollte eine Aufgabe erst **fertig machen**, bevor man eine andere beginnt.
Die Demonstranten haben Transparente **hoch gehalten**.
Der Fußballspieler ist kurz vor der Halbzeitpause **schwer gefallen**.
Die Fenster dürfen während des Sturms nicht **offen bleiben**.

Seite 58

3. Beim Lüften ist es wichtig, dass die Fenster und Türen ausreichend lange **offen bleiben**.
Auf der Informationsveranstaltung des Ausbildungsbetriebes sind keine Fragen **offengeblieben**.
Die Schüler hoffen, dass ihnen die Prüfung **leichtfallen** wird.
Die Preise für Unterhaltungselektronik sind im vergangen Jahr **leicht gefallen**.
Die Prüfung ist mir **schwergefallen**.
Unsere alte Nachbarin ist in ihrer Wohnung **schwer gefallen**.

3. Die Ausfahrt muss man <u>frei halten</u>.
Das Freihalten der Ausfahrt ist notwendig.
Die Schüler müssen <u>schreiben üben</u>.
Das Schreibenüben ist notwendig.
Die Köche müssen das Gericht <u>gar kochen</u>.
Das Garkochen des Gerichts ist notwendig.

Seite 59

5. Sara hat ihre Eltern überredet, einen Tag länger im Urlaubsort **zu bleiben**.
Der Lehrer sagt, dass die Bücher noch **zubleiben sollen**.
Auf einer Party kann es lustig **zugehen**.
Einige Partygäste hatten keine Lust **zu gehen**.

Seite 59 – Test

1. Korrekte Schreibung der sechs Fehlerwörter: zumachen, auswendig lernen, zu verstehen, Auswendiglernen, zu wiederholen, bringen lassen

Seite 62

1. a) das Gesteck, der Kranz, die Pflanze, der Blumendraht (oder: die Blumen, der Draht), der Topf, die Vase, die Dekoration, der Kunde
b) die Gestecke, die Kränze, die Pflanzen, die Blumendrähte (oder: die Blumen, die Drähte), die Töpfe, die Vasen, die Dekorationen, die Kunden

2. Floristen oder Floristinnen **binden** Blumensträuße und Gestecke. Sie **pflegen** die Pflanzen und **beraten** die Kunden. Sie **bedienen** die Kasse, **erledigen** den Einkauf und **brauchen** ein Gespür für Farben und Formen, um für einen Anlass den passenden Blumenschmuck zu **finden**.

Seite 63

3. Personalpronomen: sie, er, sie
Possessivpronomen: sein, ihr, ihre

4. mit einem Praktikum, gegenüber unserer Wohnung, um eine Stelle, auf den Gehsteig, in dem Laden (oder: im Laden), bei ihrer Arbeit, mit den Kunden

Seite 64

5. a) pünktlich – pünktlicher – am pünktlichsten
schnell – schneller – am schnellsten
groß – größer – am größten
schwierig – schwieriger – am schwierigsten
ehrlich – ehrlicher – am ehrlichsten
wichtig – wichtiger – am wichtigsten
b) pünktlich – unpünktlich
schnell – langsam
groß – klein
schwierig – einfach

ehrlich – unehrlich
wichtig – unwichtig

Seite 64 –Test

1 **Artikel:** der, die, einem
Nomen: Schritt, Beruf
Verb: helfen, finden
Adjektiv: eigenen, verschiedenen
Präposition: in, nach
Pronomen: sie

Seite 65

1 Der Ausbilder **achtet** darauf, dass die Arbeitsabläufe eingehalten werden.
Im Beruf des Gärtners **steht** die Arbeit mit Pflanzen im Mittelpunkt.
Isabelle **absolviert** ein Praktikum in einer Bäckerei.
Die Schule **führt** eine neue Pausenordnung **ein**.
Der Ausflug **fällt** wegen schlechten Wetters **aus**.

2 **a)** Zuerst schneide ich Weißbrot in dicke Scheiben. Dann verquirle ich Milch mit einem Ei, einer Prise Salz und zwei Teelöffeln Zucker. Danach verteile ich die Eiermilch auf beiden Seiten der Scheiben. Ich wende die Weißbrotscheiben in Paniermehl. Anschließend erhitze ich Öl in einer Pfanne und brate die „Armen Ritter" bei mittlerer Temperatur von beiden Seiten goldbraun an. Am Ende mische ich zwei Esslöffel Zucker mit Zimt und bestreue die „Armen Ritter" damit.
b) Zuerst schneidet man Weißbrot in dicke Scheiben. Dann verquirlt man Milch mit einem Ei, einer Prise Salz und zwei Teelöffeln Zucker. Danach verteilt man die Eiermilch auf beiden Seiten der Scheiben. Man wendet die Weißbrotscheiben in Paniermehl. Anschließend erhitzt man Öl in einer Pfanne und brät die „Armen Ritter" bei mittlerer Temperatur von beiden Seiten goldbraun an. Am Ende mischt man zwei Esslöffel Zucker mit Zimt und bestreut die „Armen Ritter" damit.

Seite 66

3 Ein Unfall **ereignete** sich gestern Morgen auf der A7. Ein LKW **raste** mit überhöhter Geschwindigkeit in einen PKW. Für die drei Insassen **kam** jede Hilfe zu spät. Der Fahrer des LKW **überlebte**.
Gestern **habe** ich einen schrecklichen Unfall **gesehen**. Meine Mutter und ich **sind** auf der A7 **gefahren**. Auf der gegenüberliegenden Fahrbahn **haben** Feuerwehrleute einen verbeulten PKW **aufgeschweißt**. Sanitäter **haben** einen Verletzten **behandelt**.

4 Zu der Infoveranstaltung kamen 45 Schüler. Es ging um das Thema Metallberufe, vor allem Jungen saßen im Publikum. Frau Friese vom BIZ eröffnete die Veranstaltung. Sie erläuterte zuerst die Lehrstellensituation in unserer Region. Dann übernahm Herr Vollmers von dem Ausbildungsbetrieb. Er sprach über die Berufe Werkzeugmechaniker und Feinmechaniker. Danach antwortete Herr Vollmers noch auf Schülerfragen.

Seite 67

5 Kai wird Produkte auf ihre Beschaffenheit prüfen. Er wird die Lagerbestände kontrollieren. Er wird Geräte und Maschinen reinigen und pflegen. Kai wird Gäste empfangen und betreuen.

Seite 67 –Test

1 **a)** Zuerst kontrollierte ich die Getränkebestände in den Schränken. Fehlende Getränke bestellte ich nach. Wir brauchten neues Bier und Mineralwasser. Dann gab ich die Bestellung für frische Früchte auf. Die Bestellung trug ich in Listen ein. Nach den Bestellungen hatte ich Dienst im Restaurant. Ich servierte das Essen für Tisch 13.
b) Zuerst habe ich die Getränkebestände in den Schränken kontrolliert. Fehlende Getränke habe ich nachbestellt. Wir haben neues Bier und Mineralwasser gebraucht. Dann habe ich die Bestellung für frische Früchte aufgegeben. Die Bestellung habe ich in Listen eingetragen. Nach den Bestellungen habe ich Dienst im Restaurant gehabt. Ich habe das Essen für Tisch 13 serviert.

2 Leyla wird die Getränkebestände in den Schränken kontrollieren. Sie wird Getränke nachbestellen. Sie wird Bestellungen aufgeben. Leyla wird das Essen servieren und sie wird Gäste freundlich behandeln.

Seite 68

1 a) Am Morgen richtet Peter seinen Arbeitsplatz ein. Danach mischt er Mehl, Milch, Eier, Hefe und Zucker. Aus diesem Teig formt er Brote, die er dann im Ofen bäckt (*oder:* backt). Schließlich hilft er beim Verkauf.

b) Am Morgen wird der Arbeitsplatz eingerichtet. Danach werden Mehl, Milch, Eier, Hefe und Zucker gemischt. Aus diesem Teig werden Brote geformt, die dann im Ofen gebacken werden. Schließlich werden die Brote verkauft.

Seite 69

2 Das Obst für den Kuchen ist geschält. Die Schürzen und Handtücher sind gewaschen. Der Praktikumsbericht ist geschrieben. Die Nüsse sind geröstet. Die Backstube und die Teigrührmaschine sind gereinigt.

Seite 69 – Test

1 a) Der Personalchef begrüßt die Bewerber. Er interviewt sie. Die Teilnehmer diskutieren ein Problem. Jede Gruppe präsentiert das Diskussionsergebnis. Die Bewerber führen Rollenspiele durch. Ein Psychologe testet die Persönlichkeit. Die Vertreter des Unternehmens werten die Ergebnisse aus.

b) Die Bewerber/innen werden interviewt. Ein Problem wird diskutiert. Das Diskussionsergebnis wird präsentiert. Ein Rollenspiel wird durchgeführt. Die Persönlichkeit wird getestet. Die Ergebnisse werden ausgewertet.

Seite 70

1 a)

Direkte Rede	Indirekte Rede
ist	sei
wird	werde
finde	finde
sehe	sehe
kann (2x)	könne (2x)
lerne	lerne
denkt	denke

b)

Direkte Rede	Indirekte Rede
mir	ihr
ich (4x)	sie (4x)
meine, meiner	ihre, ihrer

Seite 71

2 Zuerst fragte Paul, ob es nicht problematisch sei, wenn er in seinem Lebenslauf seine Arbeitslosigkeit **erwähne**. Der Jobberater antwortete, dass so genannte „Patchwork-Lebensläufe" heute nicht außergewöhnlich **seien**. Aus diesem Grunde **müsse** sich niemand verstecken. Dann wollte Paul wissen, ob er im Anschreiben **seine** Situation erklären könne. Die Antwort des Beraters war, dass **er** die Arbeitslosigkeit nicht verschweigen solle. Aber es sei auch wichtig zu sagen, was **sein** Ziel sei und worauf **er** hinarbeite. So zeige **er seine** Motivation und **seine** Bereitschaft, sich neu zu orientieren.

Seite 72

3 **Paul:** Wie kann ich meine Arbeitslosigkeit in einem Bewerbungsgespräch darstellen?
Herr Kraus: Sie müssen Ihre Situation kurz und sachlich beschreiben. Es funktioniert nicht, auf die Tränendrüsen zu drücken. Wer jammert, der ist fehl am Platz. Sagen Sie, was Sie zu bieten haben und warum Sie diese Stelle annehmen wollen. Wenn Sie hier die richtige Begründung geben, wird die arbeitslose Zeit in Ihrem Lebenslauf kein großes Thema mehr sein.

Seite 72 – Test

1 Besonders gut gefalle ihr an diesem Beruf, dass sie jeden Tag mit dem Gefühl nach Hause gehen könne, etwas Gutes getan zu haben. Für sie sei es unvorstellbar, in einem Büro zu arbeiten, wo sie ihre erbrachten Leistungen nicht deutlich wiedererkennen könne. Mittlerweile mache sie ihre Ausbildung als Hauswirtschafterin in der Diakonie seit zweieinhalb Jahren und habe noch etwa ein halbes Jahr bis zur Prüfung.

2 „Ich kann diese Ausbildung empfehlen. Der Beruf bietet gute Zukunftsperspektiven. Er ist abwechslungsreich und interessant. Man hat täglich Umgang mit Menschen. Deshalb eignet er sich besonders für aufgeschlossene junge Leute."

Seite 73

1 a) Frau Kamp erwartet Teamgeist, Motivation und Ehrlichkeit.
Herr Wessels erwartet Einsatzbereitschaft, Freundlichkeit und Kreativität.
Frau Malke erwartet Flexibilität, Offenheit und Selbstständigkeit.
b) Beispiellösung:
Frau Kamp erwartet Teamgeist, Motivation, Souveränität und Ehrlichkeit.
Herr Wessels erwartet Einsatzbereitschaft, Freundlichkeit, Kreativität und Zuverlässigkeit.
Frau Malke erwartet Flexibilität, Offenheit, Selbstständigkeit und Belastbarkeit.

2 Sandra bekommt die Stelle bei der Mayer GmbH, da sie gute Praktikumszeugnisse vorweisen kann.
Karla darf am Arbeitsplatz nicht schwer heben, weil sie schwanger ist.
Robert freut sich, wenn die Kollegen ihn loben.

Seite 74

3 1. Nachdem die Maurer ihre Geräte bereitgestellt hatten, begannen sie mit der Arbeit.
2. Claudia rannte zur Haltestelle, weil ihr Bus schon kam.
3. Tobias fand seine CD nicht mehr, obwohl er überall gesucht hatte.
4. Bevor der Film losging, lief noch eine Vorschau.
5. Es ist bewiesen, dass Rauchen schädlich für die Gesundheit ist.

4 a) Maria ging schon früh nach Hause, weil sie Kopfschmerzen hatte.
Sie legte sich ins Bett, als sie Fieber bekam.
Sie ging am nächsten Tag zum Arzt, da sie sich nicht besser fühlte.
Der Arzt schrieb sie krank, weil sie sich auskurieren sollte.
Er gab ihr ein Rezept, damit sie sich Medikamente kaufen konnte.
b) Maria ging, weil sie Kopfschmerzen hatte, schon früh nach Hause.
Sie legte sich, als sie Fieber bekam, ins Bett.
Sie ging am nächsten Tag, da sie sich nicht besser fühlte, zum Arzt.
Der Arzt schrieb sie, weil sie sich auskurieren sollte, krank.

Er gab ihr, damit sie sich Medikamente kaufen konnte, ein Rezept.

Seite 74 – Test: Zeichensetzung

1 Ina kauft einen Schokoriegel, eine Postkarte und einen Comic.
Kai kauft einen Filzstift, eine CD und eine Briefmarke.
Alex kauft eine Zeitung, einen Kaffee und ein Salamibrötchen.
Merit kauft Kaugummi, einen Notizblock und einen Bleistift.

2 Kai wollte sich nicht bei der Kohn AG bewerben, weil er schlechte Noten hatte.
Herr Kohn hat Kai eingeladen, da er ihn kennen lernen möchte.
Kai bereitet sich gut auf das Gespräch vor, damit er einen guten Eindruck hinterlässt.

3 Obwohl Kais Abschlusszeugnis nicht so gut war, habe ich ihn eingestellt. Er hat mich einfach überzeugt, weil er offen, motiviert und freundlich ist. Es ist meine Erfahrung, dass nicht nur Schulnoten wichtig sind. Für mich sind Ehrlichkeit, Einsatzbereitschaft und Freundlichkeit ausschlaggebend bei der Einstellung meiner Mitarbeiter. Schließlich sind wir ein Serviceunternehmen. Weiterhin lege ich Wert auf Teamgeist, da wir uns aufeinander verlassen müssen. Hier ist kein Platz für Einzelkämpfer. Und so habe ich vielen Bewerbern, obwohl sie gute Noten hatten, schon abgesagt.

Seite 78

1 a) + b) Foto 1: Die Jugendlichen kommunizieren sowohl mit Worten als auch mit ihrer Mimik und Körpersprache miteinander.
Foto 2: Jugendliche sehen fern. Sie kommunizieren nicht miteinander, sondern konzentrieren sich auf die Fernsehsendung. Der Fernseher liefert Informationen, die die Jugendlichen aufnehmen.
Foto 3: Der Polizist kommuniziert mit dem Autofahrer mittels Körpersprache.
Foto 4: Der junge Mann möchte gern mit der Frau reden und zeigt dies durch seine Haltung, sie möchte nicht mit ihm reden und wendet sich von ihm ab.

② "Partner" der Kommunikation	Botschaft der Kommunikation	Verbale oder nonverbale Botschaft
Radiowecker	– „Es ist Zeit aufzustehen." – Nachrichten …	hauptsächlich verbal
Schwester	– „Sag mir schnell die Lösung, ich habe keine Zeit mehr, es selbst zu machen."	verbal
Werbung am Kino	– „Schauen Sie sich den neuen Film in diesem Kino an!"	verbal (Filmtitel) und nonverbal (Bilder)
Busfahrer	– „Einen schönen Tag wünsche ich Ihnen."	nonverbal
Menschenmenge, Verkehr	– „Du befindest dich in einer Menschenmenge während der Hauptverkehrszeit."	hauptsächlich nonverbal
Verfasser/in der SMS	– „Ich möchte dir etwas mitteilen …"	verbal
Schulglocke	– „Die erste Stunde beginnt."	nonverbal
Mathelehrer Herr Maier	– Begrüßung: „Jetzt geht die Unterrichtsstunde los." – „So funktioniert Zinsrechnung."	verbal
Lea	– Zuwerfen des Briefes: „Ich will dir mit diesem Brief etwas mitteilen." – Inhalt des Briefes …	nonverbal verbal
Mathelehrer Herr Maier	– strenger Blick: „Ich habe bemerkt, dass Sie unaufmerksam waren." – „Kommen Sie zum Vorrechnen an die Tafel."	nonverbal verbal

Seite 79

③ a) Johanna teilt mit, dass sie von Marc eine SMS bekommen hat, über die sie sich sehr freut. Nun möchte sie, dass ihre Freundin Nadine die SMS auch liest.
b) „Ich freu mich riesig! Ich möchte, dass Nadine weiß, dass ich in Marc verliebt bin."

④ a) „Johanna ist wohl in Marc verliebt!"
b) „Ich glaube, du bist in Marc verliebt."

⑤ Der Sender verschlüsselt sein Anliegen in einer Botschaft (z. B. in Sprache). Er sendet die Botschaft an den Empfänger (z. B. durch Sprechen). Der Empfänger erhält die Botschaft (z. B. durch Zuhören). Der Empfänger entschlüsselt die Botschaft, um zu verstehen, was der Sender ihm mitteilen möchte.

⑥ a) Sender: Johanna; Empfänger: Nadine
b) verschlüsselte Botschaft: Johanna ist in Marc verliebt.

Seite 80

① a) Beispiel:
Dennis fährt mit Lisa auf seinem neuen Motorroller zum Kino. Sie möchte, dass er schneller fährt, um ihre Freundinnen zu beeindrucken. Er möchte aber die erlaubte Geschwindigkeit nicht überschreiten und ärgert sich über Lisas Verhalten.
b) Dennis ist es wichtig, ordentlich zu fahren und unversehrt am Kino anzukommen.
c) Lisa ist es wichtig, ihre Freundinnen zu beeindrucken und deswegen schnell zu fahren.
d) Beispiel:
Lisa sagt, Dennis sei lahm. Das meint sie wörtlich, weil er langsam fährt. Sie meint das aber auch im übertragenen Sinn, weil er kein Risiko eingeht und vernünftig ist. Ihr ist sein Verhalten vor ihren Freundinnen peinlich. Dennis ist wütend auf Lisa. Er droht, dass sie nächstes Mal nicht mit ihm mitfahren darf, wenn sie nicht einsieht, dass er sich an die Verkehrsregeln halten will.

Ich finde, dass Dennis vernünftig handelt, weil er sich an die Regeln hält. Außerdem ist sein Roller neu und er muss erst lernen, richtig damit umzugehen. Lisa geht es nicht um Verkehrsregeln, sondern um ihre Freundinnen, die sie beeindrucken möchte. Sie versteht nicht, warum Dennis nicht schneller fahren möchte. Das ist meiner Meinung nach sehr unvernünftig.

Seite 81

3 **a)** Inhalt (Z. 8), Appell (Z. 12), Selbstoffenbarung (Z. 16), Beziehung (Z. 17)
b) „Ich freue mich auf den Film im Kino."
– Inhalt
„Komm, freu dich mit, das wird bestimmt toll!" – Appell
„Mir geht es richtig gut und ich bin happy!"
– Selbstoffenbarung
„Mit dir gehe ich da richtig gerne hin!"
– Beziehung
c) Der **Inhalt** ist der wesentliche, sachliche Teil einer Botschaft.
Der **Appell** ist der Teil der Botschaft, mit der man den anderen zu etwas auffordern möchte.
Die **Selbstoffenbarung** ist der Teil einer Botschaft, durch den man etwas über sich selbst preisgibt.
Der **Beziehungsteil** einer Botschaft ist der Teil, der etwas über das Verhältnis der Personen zueinander aussagt.
4 **a) + b)** Beispielsatz:
„Fährst du oder fahre ich?" (Z. 8)
Inhalt: Ich bin der Fahrer und ich bestimme, wie ich fahre.
Appell: Halte dich aus meiner Fahrweise heraus!
Selbstoffenbarung: Ich fühle mich durch dich beleidigt, denn schließlich fahre ich.
Beziehung: Du musst mir die Freiheit lassen, selbst zu entscheiden, wie ich fahre.

Seite 82

1 **a)** 1. Sarah wünscht sich einen Computer und hofft, dass Sie ihr einen verkaufen.
2. Sie wendet sich an Sie und nicht an einen Fremden, weil Sie eine Freundin/ein Freund sind, die/der sich sehr gut mit Computern auskennt.

3. Sie sind Sarahs Freundin/Freund, daher hofft sie auf einen niedrigen Preis für den Computer.
4. Sarah hat das Ziel, den Computer für einen geringen Preis von Ihnen zu kaufen.
5. Sarah weiß, dass Sie sich gut mit Computern auskennen. Der Computer ist zwar nicht neu, aber er funktioniert sehr gut. …

Seite 83

1 **a)** Foto 1: Ein Ausbilder erklärt einem Auszubildenden etwas.
Foto 2: Eine Auszubildende fönt einem jungen Kunden die Haare.
Foto 3: Drei Jugendliche unterhalten sich miteinander.
b) Foto 1: höflich und respektvoll, Fachsprache verwenden
Der Ausbilder ist ein Vorgesetzter, dem gegenüber ich mich höflich verhalte. Durch die Verwendung von Fachsprache möchte ich ihm zeigen, dass ich mir schon Fachwissen angeeignet habe.
Foto 2: höflich und zuvorkommend, Hochsprache verwenden
Ich bin zu Kunden höflich. Ich verhalte mich professionell, indem ich Standardsprache verwende.
Foto 3: freundlich und locker, Umgangssprache verwenden
Unter Freunden verwende ich eine freundliche und lockere Sprache, da wir miteinander vertraut sind.
c) Die Kommunikationsweise ist nicht beliebig austauschbar, weil sie von der Situation abhängt, in der man sich befindet. Wir müssen die Art der Kommunikation an unsere Gesprächspartner anpassen.

Seite 84

1 **a)** Frau Lehmann gibt dem Schüler Schuld an einer ärgerlichen Situation, da er sich nicht an Regeln zu halten scheint. Sie selbst ist der Meinung, sie habe sich immer Mühe mit ihm gegeben.
b) gereizt, wütend und enttäuscht
c) „Das stimmt überhaupt nicht! Es ist nicht nur meine Schuld, und das war das einzige Mal, dass ich so etwas gemacht habe."

2 **a)** Die zweite Äußerung ist weniger aggressiv und vorwurfsvoll. Frau Lehmann äußert ihre Gefühle und Erwartungen in der Ich-Form. Sie macht klar, dass es sich dabei um ihre persönliche Meinung handelt.
b) Diese Äußerung ist leichter anzunehmen. Sie lässt einen darüber nachdenken, was Frau Lehmann sagt. Man fühlt sich nicht angegriffen.
c) Beispiel:
„Es tut mir leid, dass ich Sie enttäuscht habe. Es stimmt, dass Sie sich immer um mich gekümmert haben. Ich werde über mein Verhalten nachdenken."
d) Während die erste Äußerung als aggressiver Vorwurf verstanden und zurückgewiesen wird, kann die zweite Äußerung als persönliche Kritik akzeptiert werden.

Seite 85

3 **a)** 1. Lena ist ärgerlich auf ihren Freund Martin, weil er mehr Zeit mit seinen Freunden verbringt als mit ihr. Sie ist besorgt über die Beziehung und möchte erreichen, dass Martin mehr Zeit mit ihr verbringt.
2. Markus wirft Steffi vor, dass sie nicht an der Arbeit interessiert ist und nicht mitarbeitet. Er ist wütend und möchte, dass Steffi sich kollegial verhält. Er ist enttäuscht und der Meinung, dass Steffi den Betrieb verlassen sollte, wenn sie ihr Benehmen nicht ändert.
b) Beispiel für ICH-Botschaften:
Lena: „Ich fühle mich oft alleingelassen und ich habe das Gefühl, keine wichtige Rolle mehr in deinem Leben zu spielen. Ich sehe dich kaum noch. Ich habe Angst, dass dein Verhalten unsere Beziehung kaputtmacht. Ich wünsche mir, dass du mehr Zeit mit mir verbringst."
Markus: „Ich finde, dass du hier nicht richtig mitarbeitest. Es sieht aus, als wenn dich die Arbeit gar nicht interessiert und du hier nur gelangweilt herumstehst. Es ist mir wichtig, dass du uns hilfst und wir uns auf dich verlassen können. Es wäre schön, wenn du ein bisschen mehr Einsatz zeigen könntest."

Seite 86

5 **a)** Man hört der /dem anderen genau zu, alles wird vertraulich behandelt, ein/e unparteiische/r Konfliktschlichter/in leitet das Gespräch, jede/r kommt zu Wort, man lässt die/den anderen aussprechen, niemand wird beschimpft, am Ende steht die Lösungsfindung

Seite 87

2 das zweite Gespräch; Aussenden von Ich-Botschaften; keine verletzenden Vorwürfe; man erfährt, wie die andere sich fühlt; Raum für Selbstkritik

Seite 88

2 **a)** Ich möchte der Kundin helfen, die richtigen Schuhe zu finden.
Wenn ich ein teures Modell verkaufe, kann ich meinen Chef beeindrucken.
Ich muss herausfinden, was für Schuhe die Kundin sucht.
Ich könnte die Vorteile des teuren Modells besonders hervorheben.
Die Schuhe, die sie anhat, gefallen mir nicht.
Ich möchte, dass die Kundin zufrieden ist und wiederkommt.
b) Marco sollte darauf achten, dass
… er auf die Wünsche der Kundin eingeht.
… er sowohl die Vorteile, aber auch die Nachteile des Modells darlegt.
… sich seine Kundin bei dem Gespräch nicht von ihm bedrängt fühlt.
… seine Kundin nach dem Kauf mit der Kaufentscheidung zufrieden ist.
Beispiel für eine Bewertung:
Ich finde, Marco hat die Wünsche seiner Kundin zwar beachtet, sich dabei aber nicht ganz fair verhalten. Er hat ihr zwar tolle Schuhe verkauft, jedoch hat Bianca am Ende viel mehr Geld ausgegeben, als sie wollte.

Seite 89

1 **a)** – Es gibt andere Klassenarbeitstermine.
– Je länger wir für diese Klassenarbeit üben, umso weniger Zeit haben wir zur Vorbereitung der nächsten.

– Die Schüler bekommen den Eindruck, Klassenarbeiten ließen sich beliebig verschieben. …

b) – Mehrere Schüler fühlen sich unsicher, z. B. …
– Es gab wenig Gelegenheit zum Üben.
– Gute Ergebnisse sind im Sinne aller und motivieren die Schüler. …

2 **a)** Beispiel:

Behauptung: Wir müssen die Klassenarbeit verschieben.

Begründung: Es gab wenig Gelegenheit zum Üben.

Beweis/Beispiel: Mehrere Schüler fühlen sich unsicher, z. B. Thomas und Antje.

Fazit: Wenn wir die Klassenarbeit um zwei Tage verschieben, haben wir mehr Zeit zum Üben und erzielen bessere Ergebnisse.

b) Die Behauptung allein wird keine Lehrerin/keinen Lehrer überzeugen. Die Begründung mit Beweis und Beispiel ist wichtig, um eine Lehrkraft ernsthaft über eine Verschiebung des Termins nachdenken zu lassen. Die sinnvolle Schlussfolgerung im Fazit (Verschiebung um zwei Tage) könnte dann zu einer Entscheidung führen.

Seite 92

1 **b)** Beispiele für Medien:
Fernsehen, CD, Computer/Internet, Handy, Telefon, Radio, Buch, Tageszeitung, Zeitschrift, Kino …

2 **a)** Medien, die Informationen liefern:
Fernsehen, CD, Radio, Buch, Zeitschrift, Tageszeitung, Kino …
Medien zum Versenden von Informationen:
CD, Internet, Handy, Telefon …

Seite 93

3 **d)** **Internet-Nachrichten:** aktuelle, kurze Informationen

Tageszeitung: kurze Meldungen, aber auch Hintergrundwissen zu aktuellen Themen

Nachrichten in Radio und Fernsehen: aktuelle Meldungen, aber auch längere Kommentare und Interviews, direkter Blick auf Ereignisse weltweit

Wochenzeitungen, Magazine und Fachzeitschriften: ausführliche Berichte

Buch: Darstellung komplizierter Sachverhalte

Internet: schneller internationaler Austausch von Sachverhalten

Seite 94

1 **a) + b)** In beiden Jahren wurden etwa gleich viele Jugendliche befragt (im Jahr 2000: 1000, im Jahr 2007: 1204).
Die Medien Internet, MP3-Player und Bücher sind im Jahr 2007 neu hinzugekommen, den Punkt „nichts davon" gibt es nicht mehr. Computer, Internet und MP3-Player haben 2007 die größte Bedeutung, alle anderen Medien haben im Vergleich deutlich an Bedeutung verloren.

c) Im Jahr 2000 stand nach dem Fernseher für Mädchen das Radio an zweiter Stelle, für Jungen jedoch der Computer. Auch 2007 ist der Computer für Jungen viel wichtiger als für Mädchen. Mädchen scheinen Musik und Kommunikation zu bevorzugen, sie finden das Internet, MP3-Player und den Fernseher wichtiger als Computer.

2 … sagen 33 % der Jungen, der Computer sei für sie unverzichtbar. Bei dem Medium Internet gehen die Meinungen nicht so stark auseinander: 23 % der Mädchen und 21 % der Jungen können nicht auf das Internet verzichten. Der MP3-Player spielt bei den Mädchen eine größere Rolle: 19 % von ihnen können keinesfalls auf den MP3-Player verzichten, dem gegenüber stehen 16 % der Jungen. Fernseher (16 %), Bücher (11 %), Radio (8 %) und Zeitschriften (3 %) sind für Mädchen ebenfalls wichtiger als für Jungen (Fernseher: 13 %; Bücher: 7 %; Radio: 4 %; Zeitschriften: 2 %). Nur auf Zeitungen können Mädchen mit 2 % eher verzichten als Jungen (3 %).

Seite 98

1 **a)** Im Hintergrund ist eine blonde, lächelnde Frau in einer entspannten Haltung zu sehen. Rechts im Vordergrund ist eine Wasserflasche abgebildet.

b) ruhig, entspannend, freundlich

c) Sehsinn und Geschmackssinn

d) Die Signalwörter „Wasser" und „Wohlbefinden" stellen eine Verbindung zwischen dem Trinken von Wasser und dem eigenen Wohlbefinden her.

e) Bild und Text erwecken zusammen den Eindruck, dass das abgebildete Mineralwasser wichtig für die Gesundheit ist. Wenn man sich etwas Gutes tun möchte, sollte man dieses Wasser trinken.

2 **b)** Gelungene Werbung …

… erregt unsere Aufmerksamkeit und
   spricht uns an.

… beeinflusst uns positiv.

… regt unsere Fantasie an.

… regt uns an, ein Produkt zu kaufen.

… hilft einer Firma, ihre Position am Markt
   zu behaupten und auszubauen.

1 c)

	SPD	Die Grünen	FDP	Die Linke	CDU
2. Text	„Ausbildung fördern"; „Für ein innovatives Europa"; „Das Wichtige tun"	„Du entscheidest!"; „Safer Shoppen ohne Gen-Food!"	„Mehr FDP, weniger Steuern"	„Lohnarbeit ja, Billigjobs nein"	„Dafür steht Rot-Grün: 5 Mio. Menschen ohne Arbeit."; „Deutschland braucht den Wechsel."
3. Wirkung des Textes	appellativ und bestimmt	appellativ und witzig	berechnend und sachlich (wie eine Gleichung)	bestimmt und fordernd	anklagend und kämpferisch
4. Abbildungen	lustiges Jungenfoto	knallrote Tomaten	gelber Streifen der deutschen Flagge	übergroßes 1 €- Preisschild	keine Abbildung
5. Aufbau des Plakats	Mitte und unten: Text, unten: Parteilogo, Hintergrund: Foto	Mitte: Text und Parteilogo in einem Rahmen, Hintergrund: Foto	oben: Text, unten: Parteilogo, Hintergrund: Foto	oben: Text, Mitte und Hintergrund: Preisschild, unten: Parteilogo	oben: Text, unten links: Slogan, unten rechts: Parteilogo, Hintergrund: rot
6. Wirkung des Aufbaus auf Betrachter/in	übersichtlich	übersichtlich, zentriert	klar und einfach	übersichtlich, aber etwas überladen	übersichtlich, aber textlastig
7. Farben	natürliche Hauttöne, Weiß, Blau	Rot und Grün	Gelb und Blau	Weiß, Grün und Rot	Rot und Orange
8. Wirkung der Farben	harmonisch, etwas farblos	frisch, natürlich	grell, kontrastiv	blass, leichter Kontrast	grell, ins Auge fallend
9. Gesamtwirkung	ruhig, fröhlich	appellativ, klare Botschaft	sachlich, klare Botschaft	überladen, Botschaft muss entschlüsselt werden	kämpferisch, klare Botschaft

Seite 105

1 solide: fest, sicher
absolvieren: abschließen
Schwiele: Hornhaut
beirren: verwirren, vom Weg abbringen
optimistisch: hoffnungsvoll

2 Im Text „Elkes Berufswunsch" von Klaus J. Schmidt möchte die 16-jährige Elke gegen den Wunsch ihrer Eltern Tischlerin werden. Ihre Eltern möchten, dass Elke in einem Büro arbeitet. Elke spricht mit ihrer Mutter und erreicht, dass ihre Eltern ernsthaft über ihren Berufswunsch nachdenken.

3 **a)** Der Vater ist gegen Elkes Berufswunsch, weil Tischler für ihn ein „Männer-Beruf" ist. Vielleicht hat er Angst, die Arbeit sei zu anstrengend für Elke, oder er denkt, niemand würde eine Frau als Tischlerin einstellen.
b) Die Mutter ist der Meinung, im Büro könne Elke einen netten Mann kennen lernen (Z. 9). Sie meint außerdem, dass Frauen, die

einen „Männer-Beruf" haben, keinen Mann zum Heiraten finden (Z. 22–23).

4 Elkes Eltern denken, dass Frauen die Aufgabe haben, gute Mütter zu sein und für die Familie da zu sein, die Kinder zu erziehen und den Haushalt zu erledigen. Sie halten Frauen für schwach und denken, dass Frauen keinen körperlich anstrengenden Beruf ausüben sollten. Männer werden als die starken Geldverdiener gesehen: Sie üben Berufe aus, die Körperkraft erfordern, nehmen häufig die Position von Vorgesetzten ein, verbringen weniger Zeit zu Hause und verdienen mehr Geld als Frauen.

5 **a)** „Frauen-Berufe": Frisörin, Kosmetikerin, Kindergärtnerin, Erzieherin, Lehrerin, Floristin, Sekretärin, Krankenschwester, Flugbegleiterin, Verkäuferin …
„Männer-Berufe": KFZ-Mechatroniker, Elektroniker, Tischler, Hausmeister, IT-Fachmann, LKW-Fahrer, Busfahrer, Arzt, Pilot, Maurer …

Seite 107

2

Text-abschnitte	Inhalt der Textabschnitte	Beschreibung des eigenen Schultags
1. (Z. 1–4)	– frohes Erwachen – Vorfreude auf die Schule – schnell aufstehen und frühstücken – schnell zum Bus laufen und ungeduldig warten	– der Wecker nervt – keine Lust aufzustehen – noch einmal auf die Seite drehen – zum Bus bummeln und gemütlich auf den Bus warten
2. (Z. 5–10)	– alle wollen in die Schule – Bus wird gestürmt – gut gepolsterte Schlafsessel – gespannt auf das Programm – modern ausgebauter Busbahnhof – Kasse wird gestürmt – Eintritt ist kostenlos – man muss auf Stars warten	– niemand hat so richtig Lust – man wird im Bus von allen Seiten angerempelt – keine Lust auf Mathe und Deutsch – triste Bushaltestelle – einige Schüler betreten die Schule, viele bleiben noch kurz davor stehen, um sich zu unterhalten
3. (Z. 11–16)	– die Stars kommen durch den Hintereingang – bleiben zunächst in ihren Garderoben – die Stars werden bewacht	– die Lehrer betreten wie alle die Schule durch den Haupteingang – die Lehrer treffen sich im Lehrerzimmer
4. (Z. 17–19)	– Stars schicken jemanden vor, um die Stimmung zu beobachten	– die Aufsicht überwacht den Schuleingang
5. (Z. 20–23)	– Räume werden aufgeschlossen – alle stürmen hinein – nach 5 Minuten kommt der Star, alle freuen sich – dann wird es ruhig	– der Lehrer kommt in die Klasse, niemand freut sich darüber – alle setzen sich auf ihre Plätze – es dauert eine Weile, bis alle ruhig sind

6. (Z. 24–35)	– Geschenke in Form schriftlicher Arbeiten – ein Auftritt dauert 45 Minuten – manchmal gibt der Star eine Zugabe von 5 bis 10 Minuten – Pausen zwischen den Auftritten – es gibt 6 bis 7 Auftritte – ein Star hat einen Auftritt einmal frühzeitig abgebrochen	– der Lehrer sammelt die Hausaufgaben ein – die Unterrichtsstunde dauert 45 Minuten, pro Tag sind es 6 bis 7 Unterrichtsstunden – alle stürmen beim Klingeln aus dem Raum – ganz selten macht ein Lehrer mal früher Schluss

3 a) Gemeinsamkeiten:
früh aufstehen und Fahrt zur Schule mit dem Bus; „Star" bzw. Lehrer leitet einen „Auftritt" bzw. eine Unterrichtsstunde; Auftritt/Unterrichtsstunde dauert 45 Minuten, 6 bis 7 Stunden pro Tag, Pausen; schriftliche (Haus-)Arbeiten
Unterschiede:
Freude auf Schule – Unlust; „Star" gibt einen „Auftritt" – Lehrer leitet Unterrichtsstunde; schriftliche Arbeiten als „Geschenke" – schriftliche Hausaufgaben als Pflicht
b) Der Autor übt auf witzige Weise Kritik am Schulalltag. Er möchte damit zum Nachdenken anregen.
c) „… dann rennt man so schnell wie möglich zur Bushaltestelle, wo man ungeduldig wartet." (Z. 3–4); „Ich will in die Schule!" (Z. 5); „ist die Spannung an einem Höhepunkt angelangt." (Z. 8); „glücklicherweise ist der Eintritt frei." (Z. 9) …

Seite 109

2 c) Der Textauszug aus dem Roman „Sauf ruhig weiter, wenn du meinst!" von Annette Weber beginnt damit, dass Meike versucht, vor Tom wegzulaufen. Doch dann kommen vier Jugendliche – Kalle, Sam, Stulle und Bastian – und drängen Meike zurück in die Garage, aus der sie fliehen wollte. Während die vier Jungen Meike einkreisen und ihr Angst machen, steht Tom daneben und verfolgt das Geschehen. Es stellt sich heraus, dass Tom Meike zuvor ins Gesicht geschlagen hat. Nun drohen die vier Jungen Meike weitere Prügel an, wenn sie zur Polizei geht und Tom anzeigt. Meike verspricht, den Vorfall für sich zu behalten.

3 a) Z. 1: „Ihr Herz schlug laut …", „… eine Gänsehaut kroch ihr langsam den Rücken hinunter."
Z. 10: „… bekam vor Angst kaum noch Luft."
Z. 16: „… es kam kein Laut aus ihrer Kehle."
Z. 23: „… stand starr und bewegte sich nicht."
Z. 27: „Sie begann, leise zu weinen."
Z. 33: „Sie hatte Mühe zu sprechen."
Z. 33–35: „Ihr ganzer Körper zitterte …", „… dicke Schweißperlen waren ihr auf die Stirn getreten."
b) Z. 4: „Tom stand ihr immer noch im Weg."
Z. 13: „Dann stand er vor ihr. Groß. Und mit ganz schönen Muckis."
Z. 19: „Sie standen jetzt im Halbkreis um sie."
Z. 19–20: „Tom … verfolgte die Szene mit kaltem Blick."
Z. 20–21: „Kalle hatte die Arme in die Hüften gestemmt. Breitbeinig stand er vor ihr."
Z. 24: „Kalle machte einen Schritt auf sie zu."

4 a) Beispiel:
Tom hat Meike geschlagen und er lässt zu, dass die anderen vier sie bedrohen. Er beobachtet die Szene nur, anstatt Meike zu helfen. Ich finde, dass Tom sich sehr feige verhält, weil er ein Mädchen geschlagen hat und ihr nicht hilft.
b) Beispiel:
Meike hat Angst vor den Jungen, weil diese stärker und in der Überzahl sind. Sie gibt nach und verspricht, nicht zur Polizei zu gehen, obwohl sie geschlagen wurde.
Ich kann Meikes Reaktionen verstehen, weil sie sich in einer gefährlichen Lage befindet. Sie kann nicht weglaufen und bekommt keine Hilfe.

2 **a)** schielen – hier: etwas aus dem Augen-
winkel beobachten
Horror – Graus, schrecklicher Gedanke
Konsequenz – Folge
außergewöhnlich – besonders
Genugtuung – Zufriedenheit
b) In der Kurzgeschichte „Der Fall" von
Stefan Heusler ist ein Mann im Begriff, aus
einer großen Höhe herunterzuspringen. Er
hat Angst, will aber auch nicht als Versager
gelten und springt letztendlich. Es stellt sich
heraus, dass es sich um einen Fallschirm-
sprung handelt.

3 **a)** **2. Z. 8 – 16:** Der Mann denkt darüber
nach, was seine Frau und andere über ihn
denken werden, wenn er nicht springt.
Er befürchtet, dann als Versager zu gelten.
3. Z. 16 – 26: Der Mann springt und denkt
während des Fallens, dass er froh über
seine Entscheidung ist. Er fühlt sich frei.
4. Z. 27–28: Der Mann landet und wird
freudig von seinen Freunden empfangen.
Sie rollen zusammen den Fallschirm ein.
b) „Unbewusst oder bewusst hatten ihn
seine Mitmenschen bis hierher gebracht."
(Z. 5–6); „… ob er die Konsequenz ziehen
sollte." (Z. 6); „So weit war es mit ihnen gekommen, …" (Z. 8–9); „… schloss dann
aber seine Augen …" (Z. 12–13); „… konnte nicht mehr zurück, …" (Z. 17); „Und davor
hatte er unglaubliche Angst." (Z. 18); „Aber
nur das war noch möglich. Nur das!"
(Z. 18–19); „Frei, nur noch frei." (Z. 26)
c) – ein moralischer Fall, ein Abkommen
vom rechten Weg
– ein kriminalistischer Fall, ein Verbrechen
– ein psychologischer Fall, ein Zusammen-
bruch
– ein Unfall oder Absturz
d) „Landen" kann wörtlich als Rückkehr auf
den Boden verstanden werden, aber auch
als das Ankommen an einem Ziel.

2 **b)** Das Gedicht handelt von der Wut und
Enttäuschung über einen Menschen, der
sich falsch verhalten hat.

3 **a)** Hinter dem angesprochenem „Du" verbirgt sich vielleicht ein ehemaliger Freund
bzw. eine ehemalige Freundin.

b) Durch die Wiederholung der Wendungen
wirken sie eindringlicher und ihre Aussage
wird verstärkt.
c) Probleme und Ängste
d) Geplatzte Hoffnungen

1 **a)** ängstliche, verzweifelte Stimmung
b) Das Gedicht handelt von einem Schüler,
der von seinen Mitschülern gemobbt wird.
Der Gemobbte hat Angst, in die Schule zu
gehen, und seine Schulleistungen werden
schlechter, sodass sich auch seine Eltern
gegen ihn stellen.

2 **a)** „dass sie mich wieder herumschubsen
oder zusammenschlagen, mich erpressen."
(Z. 4 – 5); „Selbst meine Eltern mobben
mich." (Z. 15); „die anderen würden es
wieder erfahren und mich dann noch mehr
fertigmachen." (Z. 20–21)

2 **b)** „Und das alles nur, weil ich anders bin"
(Z. 6); „weil ich nicht so groß bin wie sie."
(Z. 7); „Auch kann ich mir nicht so teure
Klamotten wie sie kaufen, weil ich nicht so
viel Geld habe." (Z. 10–11)
c) Der Gemobbte ist mit den Nerven am
Ende und möchte an seiner Situation etwas
ändern, z. B. die Schule wechseln. Man
könnte aber auch annehmen, dass er sich
selbst etwas antun will.

3 Beispiel:
Der Gemobbte wird von seinen Mitschülern
so schlecht behandelt, weil er kleiner ist als
sie (Z. 7) und weil er sich keine teuren
Klamotten leisten kann (Z. 10–11). Ich finde,
dass das ein sehr oberflächliches und un-
faires Verhalten ist, denn man sollte niemanden, nur weil er anders ist, ausgrenzen
oder sogar mobben.

4 **a)** Gruppenzwang; Spaß daran, andere zu
ärgern; um andere zu beeindrucken; um
nicht selbst Opfer zu werden …
b) Befriedigung, Wut, Schadenfreude, aber
auch Mitleid, Reue oder Angst

1 **a)** traurig, sehnsüchtig, ängstlich
b) In dem Gedicht beschreibt der Sprecher,
dass er, wenn er allein ist, Angst hat, einen
geliebten Menschen nicht wiederzusehen.

2 **b)** Wiederholte Formulierungen:
„Immer wenn ich alleine bin" (Z. 1, 4, 7, 10)
„habe ich Angst davor" (Z. 2, 5, 8, 11)
Mit den Wiederholungen dieser Formulierungen wird verdeutlicht, dass die Ängste immer wieder auftauchen und den Sprecher des Gedichtes quälen. Durch die Wiederholungen wirken die Formulierungen eindringlicher.
b) Einmalige Formulierungen:
„dass ich dich nie wieder sehen werde." (Z. 3); „dass du mich nie wieder sehen willst." (Z. 6); „dass ich dich schon lange verloren habe." (Z. 9); „dass es zu spät ist." (Z. 12)
d) Die Gründe in den Zeilen 3 und 6 und die Gründe in den Zeilen 9 und 12 bilden jeweils inhaltliche Paare. Von Grund zu Grund findet eine Steigerung zu einem negativeren Gefühl statt. Bei den ersten beiden Gründen ist noch von einem Wiedersehen die Rede, das nicht stattfinden wird. Die beiden letzten Gründe sagen aus, dass etwas unwiderruflich vorbei ist.

Seite 115

3 **a)** traurig, sehnsüchtig
b) In dem Gedicht geht es um Einsamkeit. Das „Ich" in dem Gedicht vermisst einen geliebten Menschen und ist einsam, während draußen alles blüht und lärmt.

4 **a)** **Du:** Du bist nicht da (Z. 1, 5, 9, 13, 16)
Ich: Ich sitze und schreibe (Z. 1); ich flüchte mich ins Dunkel (Z. 9); ich kann dem Licht und dem Lärm der Stadt nicht folgen und nicht entgehen (Z. 10–12); ich blättere in Briefen und erinnere mich (Z. 13–14); ich kann nicht lachen (Z. 15)
Die übrige Welt: Fliederzweig schlägt an die Fensterscheibe (Z. 3); die Maiennacht ruft (Z. 4); Bäume blühen (Z. 5); Rosen duften (Z. 6); Nachtigallen zwitschern (Z. 7); aus fremden Augen starrt die Stadt (Z. 10); grelles Licht und lärmendes Gefunkel (Z. 11)
b) Z. 1, 5, 9, 13, 16: Wiederholung – Verstärkung, Nachdruck
Z. 10: Stadt als Person – Veranschaulichung der Wahrnehmung der Stadt
Z. 11: gleiche Anfangsbuchstaben – Verstärkung
Z. 14–16: Träume/Lachen/Herz als Personen – Veranschaulichung des Schmerzes

5 Form: vier Strophen
Struktur: Wiederholung von Formulierungen
Thema: Einsamkeit, Vermissen einer geliebten Person, Angst

Seite 116

1 In der Fabel „Das Lamm und der Wolf" von Aesop trinken ein Lamm und ein Wolf an einem Bach. Der Wolf beschuldigt das Lamm sein Wasser zu trüben und tötet das Lamm. Der Wolf sucht einen Vorwand, das Lamm zu fressen. Er behauptet, er müsse sich dafür rächen, dass alle Schafe ihn hassen.

2 Hätte Aesop seine Fabel mit wirklichen Personen erzählt, hätte er sich damit Feinde gemacht und sich in Gefahr begeben. Durch die symbolischen Tierfiguren kann die Fabel allgemein gültige Aussagen über menschliche Verhaltensweisen machen.

3 **a) + b)** Beispiel:
Ein Gewissen hat jeder, selbst die schlimmsten Verbrecher. Wer ein schlechtes Gewissen hat, versucht deshalb, einen Vorwand für seine schlechten Taten zu finden. Er redet damit sich selbst und anderen ein, dass seine Handlungen gut und moralisch sind.

Seite 117

1 In der Fabel „Der Wolf und das Schaf" von Gotthold Ephraim Lessing trinken ein Schaf und ein Wolf auf den gegenüberliegenden Seiten eines Flusses. Das Schaf provoziert den Wolf, weil es sich in Sicherheit befindet. Der Wolf meint daraufhin, Wölfe hätten Geduld mit Schafen, und geht davon.

Seite 118

2 **c)** **Ausgangssituation:** Wolf und Schaf trinken auf den gegenüberliegenden Seiten eines Flusses. Das Schaf fühlt sich sicher.
Handlung: Das Schaf provoziert den Wolf, indem es fragt, ob es sein Wasser trübe.
Gegenhandlung: Der Wolf ärgert sich über den Spott, weiß aber, dass er sich nicht dagegen wehren kann. Er meint, Wölfe hätten Geduld mit Schafen und geht stolz davon.
Ergebnis: Es wird keine Moral formuliert.

3 **a)** Auch wenn ein Stärkerer machtlos ist, wird er seine Schwäche niemals zugeben.

④

	Fabel von Aesop	**Fabel von Lessing**
Standort	– schmaler Bach – beide Tiere am gleichen Ufer	– breiter Fluss – Tiere an verschiedenen Ufern
Verhalten des Wolfes	– er äußert ungerechtfertigte Vorwürfe – er tötet das Lamm	– er hört zähneknirschend den Spott des Schafes an – er geht davon und bezeichnet sich deshalb als geduldig
Verhalten des Lammes/Schafes	– es ist ängstlich – es fleht um sein Leben	– es verspottet den Wolf, weil es in Sicherheit ist
Lehre der Fabel	Wer ein schlechtes Gewissen hat, sucht nach einem Vorwand für seine Taten.	Auch wenn ein Stärkerer machtlos ist, wird er seine Schwäche niemals zugeben.

⑤ **a)** Das Lamm flüchtet vor dem Wolf und bringt sich in Sicherheit. Der Wolf versucht das Lamm zum Bleiben zu überreden, hat aber keinen Erfolg.

b) Gemeinsamkeiten:
Ort: Bach; handelnde Tiere: Lamm und Wolf
Unterschiede:
das Lamm läuft davon; der Wolf kann gar nicht mehr handeln; es gibt keinen Konflikt; die Fabel ist kürzer als die anderen beiden
c) Mit diesem Satz ist gemeint, dass das Lamm die Fabeln Aesops kennt und daher weiß, dass der Wolf gefährlich ist.

Seite 125

② **b) Abschnitt 2:** Azubiwahl, Bewerbungstests, standardisiert
Abschnitt 3: Testarten, Intelligenz, logisches Denken, Allgemeinwissen
Abschnitt 4: Deutsch und Englisch, branchenspezifisches Wissen
Abschnitt 5: Vorstellungsgespräch, praktische Tests, Persönlichkeit des Bewerbers

③ **a)** 3. Meistens wird die Intelligenz getestet
4. Firmen fragen nach branchenspezifischem Wissen
5. Im Vorstellungsgespräch zählt die Persönlichkeit

Seite 126

① **a) Titel:** Köpfchen zählt – und Persönlichkeit
Verfasser/in: unbekannt
Textsorte: Zeitungsartikel

Thema des Textes: Einstellungstests für Azubis
Quelle: Stuttgarter Zeitung online
Erscheinungsdatum: 14.09.2007
b) Der Zeitungsartikel „Köpfchen zählt – und Persönlichkeit" ist am 14.09.2007 auf der Webseite der Stuttgarter Zeitung erschienen. Der Text informiert über Einstellungstests, die Firmen vornehmen, um geeignete Auszubildende zu finden.

② **Einstellungstests sind meistens standardisiert**
– Verwendung von Bewerbungstests bei Azubiwahl immer beliebter
– Grund: Tests sind standardisiert
Meistens wird die Intelligenz getestet
– häufigste Testarten: Intelligenz-, Persönlichkeits- und Leistungstests
– meistens geht es um Intelligenz (logisches Denken und Allgemeinwissen)
Firmen fragen nach branchenspezifischem Wissen
– getestet werden Deutsch- und Englischkenntnisse sowie branchenspezifisches Wissen
– neben Ankreuzaufgaben auch Aufsätze, Übersetzungen
Im Vorstellungsgespräch zählt die Persönlichkeit
– nach erfolgreichem Test: Vorstellungsgespräch oder praktische Tests (Präsentation, Rollenspiel, Gruppendiskussion)
– Persönlichkeit des Bewerbers wird geprüft

Seite 127

3 a) Verwendete Zeitform: Präsens
b) Unterstrichene Verben:
führen … durch, einladen, werden …
geprüft, herausfinden können

4 a) Zeilen 4, 7 und 8
b) Z. 7: Schulte sagt: „Dann müssen alle die
gleiche Hürde überspringen."
Indirekte Rede: Schulte sagt, dann müssten
alle die gleiche Hürde überspringen.
Z. 8: Zur Auswahl der Testarten meint er:
„Meistens geht es um Intelligenz."
Indirekte Rede: Zur Auswahl der Testarten
meint er, es gehe meistens um Intelligenz.

5 … Bewerbungstests sind so beliebt, weil
die Firmen sich nicht auf die Aussagekraft
von Zeugnissen verlassen wollen. Die Tests
dagegen sind standardisiert und bieten den
gleichen Schwierigkeitsgrad für alle Bewerber. Die häufigsten Testarten sind Intelli-
genz-, Persönlichkeits- und Leistungstests,
die Intelligenz steht jedoch im Vordergrund.
Wichtig sind logisches Denken und Allgemeinwissen. Neben Deutsch- und Englisch-
kenntnissen prüfen die Betriebe auch branchenspezifisches Wissen. Die Berufsberaterin Ilse Rattka-Nüdling von der Agentur für
Arbeit in Würzburg hebt hervor, dass die
Betriebe die Inhalte der Tests davon abhängig machten, was sie von den Bewerbern
erfahren möchten und zusätzlich zu An-
kreuzfragen auch Aufsätze oder Übersetzungen verlangten. Nach einem erfolgreichen
schriftlichen Test folgen Vorstellungsgespräche oder praktische Tests wie Präsentationen, Rollenspiele oder Gruppendiskussi-
onen. Dabei geht es darum, die Persönlichkeit der Bewerberin bzw. des Bewerbers
näher kennen zu lernen.

Seite 129

4 Im Text wird betont, dass die Arbeit in der
Bäckerei anstrengend ist. Der Jugendliche,
der seine Ausbildung zum Bäcker macht,
findet das aber nicht schlimm. Er meint,
die Kollegen seien nett und ihm gefalle die
Arbeit mit den modernen technischen
Geräten.
Im Text wird eine weitere Auszubildende
vorgestellt. Diese möchte Konditorin werden. Sie findet ihre Arbeit sehr gut, weil sie
abwechslungsreich ist. Auch diese Jugendliche berichtet, dass ihre Kollegen hilfsbereit
und freundlich sind. Sie erklärt, ihr gefalle
die Arbeit mit den hochwertigen Rohstoffen.
Sie müsse sich aber erst noch daran gewöh-
nen, früh aufzustehen, erwähnt sie. Zusammenfassend stellt die Autorin fest, dass beide die Ausbildung toll finden und keine
Probleme haben.

5 Reihenfolge der einzusetzenden Wörter:
Aussagen, sachlich, eigenen Worten, Einleitung, Hauptteil, Meinung, Präsens, indirekte

Seite 130 + 131

3 **Datum:** 20.05.2008
4 **Absenderadresse:**
Petra Klosterschmidt
Klosterstraße 876
12345 Musterstadt
Empfängeradresse:
Druckerei „Schnelldruck"
Frau Meier
Druckereistraße 100
12345 Musterstadt
Betreffzeile:
Anfrage bezüglich meiner Bewerbung
Anrede:
Sehr geehrte Frau Meier,
Briefinhalt:
ich habe mich bei Ihrer Druckerei um eine
Ausbildungsstelle als Maschinenführerin be-
worben. Am 6. Mai 2008 war ich bei Ihnen
zu einem Einstellungstest. Sie sagten mir
nach dem Test, dass ich bis zum 13. Mai
eine schriftliche Benachrichtigung erhalten
würde. Leider habe ich bisher nichts von
Ihnen gehört.
Ich möchte nachfragen, ob Ihnen die Test-
ergebnisse inzwischen vorliegen. Ich würde
mich sehr freuen, wenn Sie mir eine Rück-
meldung geben und mich über den weiteren Verlauf meiner Bewerbung informieren
könnten.
Grußformel:
Mit freundlichen Grüßen
Unterschrift:
Petra Kloster
Anlage:
Beleg über die Teilnahme am Einstellungstest

Seite 132 – Test: Inhaltsangabe

① Es fehlen: Titel, Erscheinungsdatum, Quelle

② **Beispiellösung**

③ Ergänzte Informationen: <u>doppelt unterstrichen</u>

④ Korrigierte Tempusformen: **fett**
Indirekte Rede: <u>unterstrichen</u>
Der <u>Zeitungsartikel</u> „Köpfchen zählt – und
Persönlichkeit" ist am <u>14.09.2007</u> <u>auf der
Webseite der Stuttgarter Zeitung</u> erschienen.
Der Text informiert über Einstellungstests.
Häufig führen Firmen mit Ihren Bewerbern
Einstellungstests durch, bevor sie zum
Vorstellungsgespräch einladen. Mit Hilfe
solcher Tests **werden** die Bewerberinnen
und Bewerber in Mathematik, Fremdsprachen, Allgemeinwissen und Logik geprüft,
damit die Unternehmen die Stärken und
Schwächen der jungen Leute herausfinden
können. Der Grund für die Durchführung
von Einstellungstests ist, dass immer
weniger Firmen sich bei der Personalauswahl auf die Zeugnisse der Jugendlichen
verlassen. Personalberater und Buchautor
Marcus Schulte gibt an, <u>dass die Aussagekraft in den letzten Jahren nachgelassen
habe</u>. Betriebe setzen daher standardisierte
Einstellungstests ein. <u>Alle müssten dann die
gleiche Hürde überspringen</u>, erklärt Schulte.
Die häufigsten Arten der Einstellungstests
sind Intelligenz-, Persönlichkeits- und
Leistungstests. Die Berufsberaterin Ilse
Rattka-Nüdling von der Agentur für Arbeit
in Würzburg berichtet, <u>manche Tests gingen
über ein paar Stunden</u>. Sie betont, <u>dass
Inhalte davon abhängig seien, was der Betrieb eigentlich erfahren möchte</u>. Außerdem
rät sie, <u>jeder solle auf seine Handschrift
achten</u>. …

Seite 133 – Test: Geschäftsbrief

① Siehe Lösung zu Seite 130, Aufgabe 3

② Folgende Fehler sind zu korrigieren:
bei <u>Ihrer</u> Firma (Z.29), von <u>Ihnen</u> (Z.30 und
Z.37), sagten <u>Sie</u> mir (Z.33), wenn Sie <u>mir</u>
zeitnah (Z.39)

Seite 135 – Musteraufgaben:

Inhaltsangabe und Geschäftsbrief

① Musteraufsatz Inhaltsangabe:
In dem Bericht „Ehrenamtliche Arbeit kann
sich auszahlen" von Nina Apin wirbt die
Autorin für ehrenamtliches Engagement, da
dies für das spätere Berufsleben und das
gute Gewissen Vorteile haben kann. Viele
Jugendliche setzen sich für andere Jugendliche oder für gesellschaftliche Zwecke ein
und helfen anderen beim Lösen von Problemen. Jährlich findet ein Wettbewerb der
Kinderhilfsorganisation „Children for a better
world" statt. Dabei werden die Teilnehmer
für ihre ehrenamtliche Arbeit ausgezeichnet.
Die Geschäftsführerin der Organisation berichtet, dass ehrenamtliche Arbeit Selbstbewusstsein, Verantwortlichkeit und soziale
Kompetenz vermittle. Als Ausgleich für die
Zeit, die die Freiwilligen in die ehrenamtliche Arbeit investieren, bieten einige Pro-
jekte den Jugendlichen Weiterbildungen
an. Durch die dabei erworbenen Zertifikate
wurde schon einigen die Tür zu einer Ausbildung geöffnet, denn Eigenschaften wie
Verantwortungsbewusstsein und Kommuni-
kationsfähigkeit sind sehr gefragt. Außerdem macht es sich im Lebenslauf gut, etwas
Sinnvolles geleistet zu haben.

② Musteraufsatz Geschäftsbrief:
Datum: 25.06.2008
Absenderadresse:
Peter Müller
Obststraße 67
12346 Gurkenheim
Empfängeradresse:
Naturschutz e.V.
Andrea Königin
Maiglöckchenweg 14
12345 Rosenstrauch
Betreffzeile:
Anfrage bezüglich ehrenamtlicher Mitarbeit
Anrede:
Sehr geehrte Frau Königin,
Briefinhalt:
im Internet habe ich gelesen, dass Ihr Natur-
schutzverein ehrenamtliche Mitarbeiterin-
nen und Mitarbeiter sucht. Da ich im Nach-
barort von Rosenstrauch wohne, hat mich
Ihre Anzeige sofort interessiert. Ich bin
17 Jahre alt und bereite mich gerade im
Berufseinstiegsjahr auf eine Ausbildung vor.
Meine Freizeit verbringe ich gern in der
Natur und ich bin ein begeisterter Angler.
Deshalb interessiere ich mich für die Um-
welt und würde gern persönlich im Alltag
mehr für den Umweltschutz tun. Ich würde

gern mehr über die Aktivitäten des Vereins „Naturschutz e. V." erfahren. Organisieren Sie regelmäßige Vereinstreffen? Was erwarten Sie von ehrenamtlichen Mitarbeitern? Ich möchte mich ehrenamtlich in Ihrem Verein engagieren. Darum würde ich mich sehr freuen, wenn Sie mir mehr Informationen zu Ihrem Verein und zur Tätigkeit Ihrer ehrenamtlichen Mitarbeiter zusenden könnten.

Grußformel:
Mit freundlichen Grüßen
Unterschrift:
Peter Müller

Seite 139

1 **a) + b) Abschnitt 1:** <u>Lexim macht eine Ausbildung in einer Bäckerei</u>
Seit einem halben Jahr macht Lexim eine Ausbildung in einer Bäckerei, nachdem er das BEJ besucht hat. Er ist froh über den Ausbildungsplatz.
Abschnitt 2: <u>Lexims Ausbildungsbetrieb ist klein</u>
Die Bäckerei, in der Lexim seine Ausbildung absolviert, ist klein. Das gefällt Lexim anfangs sehr, weil er hofft, hier mehr zu lernen.
Abschnitt 3: <u>Lexims Chef behandelt ihn unfair</u>
Vier Monate nach Beginn der Ausbildung fängt der Chef an, sich über ihn zu beschweren. Zuerst ruft er Lexims Mutter an und beschwert sich ungerechtfertigt über ihn. Dann wird Lexim krank und der Chef bezeichnet ihn als Faulenzer. Als Lexim eines Tages einen Schluck Wasser trinkt, beschuldigt ihn der Chef erneut faul zu sein.
Abschnitt 4: <u>Lexim hat Angst, zur Arbeit zu gehen, und bittet um Hilfe</u>
Lexim weiß nicht, was er machen soll. In der Berufsschule läuft es gut, er hat jedoch Angst vor seinem Chef. Lexims Mutter meint, er solle durchhalten. Seine Klassenlehrerin rät, er solle sich von der IHK beraten lassen. Lexim bittet die Leser um Rat.
c) Lexim bittet die Mitglieder eines Internetforums um Rat.
d) Der Text „Hilfe – Ich werde gemobbt!" aus einem Internetforum stammt von einem Jugendlichen, der sich Lexim nennt. Der Text behandelt das Problem Mobbing am Arbeitsplatz. Lexim hat vor einem halben Jahr eine Ausbildung in einer kleinen Bäckerei begonnen, die ihm anfangs sehr gut gefällt. Nach vier Monaten beginnt der Chef, ihn zu mobben. Zunächst ruft der Chef bei Lexims Mutter an und behauptet, Lexim sei faul. Dann beschimpft er Lexim, als dieser krank wird, und ein zweites Mal, als er einmal während der Arbeit etwas trinken möchte. Lexim weiß nicht weiter und hat Angst vor dem Chef. Er bittet die Leser des Forums um Ratschläge.

2 **c)** Mobbing (von englisch „mob" = Gesindel, Pöbel) bezeichnet das Schlechtmachen eines Kollegen durch Kollegen mit dem Ziel, ihn zur Kündigung zu bewegen.
d) Lexim spricht zu Recht von „Mobbing", da er am Arbeitsplatz schlechtgemacht wird.

Seite 140

1 **a) Was?** erst Spaß an der Arbeit, dann Mobbing
Wo? im Ausbildungsbetrieb (Bäckerei)
Wann? Beginn der Ausbildung vor sechs Monaten, seit zwei Monaten Mobbing
Wie? Anruf des Chefs bei der Mutter, Beschimpfung durch Chef wegen Krankschreibung, erneute Beschimpfung wegen einer kurzen Trinkpause
Warum? angebliche Faulheit, Krankschreibung, Trinkpause; wirklicher Grund unbekannt
Welche Folgen? Angst vor der Arbeit
c) Beginn der Ausbildung: Spaß an der Arbeit
Vier Monate später: Anruf bei Mutter
Zwei Wochen danach: Beschimpfung wegen Krankschreibung
Eine Woche darauf: Beschimpfung wegen Trinkpause
d) In den Bericht gehören: 2. und 4.

Seite 141

2 **a)**

geeignet	nicht geeignet
danach, zuletzt, bevor, während, nachdem, jetzt, am Nachmittag, mehrmals, plötzlich, gestern, heute	neulich, damals, schließlich, nun, mittags, endlich, auf einmal, kurz davor, bald darauf, vor längerer Zeit

b) Am Montagmorgen hatte ich hohes Fieber, sodass mich meine Hausärztin krankschrieb.

3 Beispiel:

Vor einem halben Jahr begann ich eine Ausbildung in einer kleinen Bäckerei. Mit der Arbeit kam ich anfangs sehr gut zurecht, auch in der Berufsschule erzielte ich gute Ergebnisse. Nach vier Monaten begann mein Chef mich schlechtzumachen. Zunächst rief er meine Mutter an und beschuldigte mich dumm und faul zu sein, obwohl ich oft Überstunden mache und Pausen ausfallen lasse. Zwei Wochen später bekam ich eine schwere Erkältung und ließ mich für drei Tage krankschreiben. Als mein Chef das erfuhr, rief er mich an und beschuldigte mich erneut faul zu sein. Er drohte mir außerdem an mich zu entlassen. Eine Woche danach beschimpfte mein Chef mich, als ich während der Arbeit einen Schluck Wasser trank. Nach wie vor erziele ich in der Berufsschule gute Ergebnisse, jedoch habe ich auf Grund der beschriebenen Vorfälle Angst, zur Arbeit zu gehen.

Seite 142

1 **a)** Mobbing darf nicht geduldet werden.
b) Beim Mobbing werden die Rechte der Opfer verletzt. Vorgesetzte haben die Pflicht, ihre Mitarbeiter zu schützen.
c) Mitarbeiter haben ein Recht auf Pausen und auf angemessene Umgangsformen.
d) Lexim soll professionelle Beratung suchen.

Seite 143

2 **a)** – Lexim soll bei der IHK Hilfe suchen.
– Lexim soll zuerst mit Kollegen sprechen.
– Lexim soll sich gegen das Mobbing zur Wehr setzen.
b) – Man kann in einer schlechten Arbeitsatmosphäre keine gute Ausbildung absolvieren.
– Man kann bei einem Gespräch mit Kollegen herausfinden, wie der Chef sich anderen gegenüber verhält.
– Man darf sich nicht beleidigen lassen.
c) – Unfreundlichkeit Kunden gegenüber, schlechte Arbeitsergebnisse
– keine Beispiele/Belege
– Bezeichnung Lexims als Faulpelz

3 **a) + b)** Beispiel:

Meiner Meinung nach muss Lexim sich gegen Mobbing wehren, <u>weil</u> er sonst bald mit den Nerven am Ende ist. Das könnte beispielweise so weit führen, dass Lexim seinen Ausbildungsplatz verliert. Er sollte sich Hilfe suchen, <u>da</u> der Chef ihn sonst weiterhin anschreit. Das wäre nicht nur für Lexim schlecht, sondern für alle Kollegen und für die Kunden.

Seite 144

1 Arbeitszeiten: nicht mehr als acht Stunden am Tag bzw. 40 Stunden in der Woche (in Ausnahmefällen bis zu neun Stunden täglich bzw. 85 Stunden je Doppelwoche) Pausenzeiten: je nach Arbeitszeit 30 bzw. 60 Minuten am Tag (mindestens 15 Minuten je Pause)

Seite 145

3 **b)** Beispiel:

Die derzeit bestehenden Bestimmungen im Jugendarbeitsschutzgesetz legen fest, bis wann Jugendliche abends arbeiten dürfen, und verbieten die Beschäftigung von Jugendlichen an Sonn- und Feiertagen. Ich bin der Meinung, dass diese Regelungen zum Schutz der Jugendlichen beibehalten werden müssen.
c) Begründung: …, da es für Jugendliche problematisch sein kann, wenn sie bis spät abends arbeiten müssen.
Beispiel: Sie wissen beispielsweise nicht, wie sie dann sicher nach Hause kommen.
d) Die Arbeitszeit der Jugendlichen muss eingeschränkt werden, weil sie noch Zeit zum Lernen benötigen, beispielsweise für die Prüfungen in Deutsch und Englisch. Müssten sie bis spät in die Nacht arbeiten, würden sie es nicht mehr schaffen, sich auf Prüfungen vorzubereiten. Außerdem muss die Arbeitszeit der Jugendlichen eingeschränkt werden, da es für Jugendliche problematisch sein kann, wenn sie bis spät abends arbeiten müssen. Einige könnten beispielsweise vor dem Problem stehen, dass sie nicht wissen, wie sie nach Hause kommen sollen. In vielen Städten ist die Verkehrsanbindung nachts sehr ungünstig.

e) Abschließend möchte ich noch einmal betonen, dass die Arbeitszeit Jugendlicher weiterhin durch Gesetze eingeschränkt werden sollte. Jugendliche sollten nicht als billige Arbeitskräfte ausgenutzt werden können.

Seite 146 – Test: Bericht

1 Korrigierte Zeitform:
Der Chef **beschuldigte** mich (Z. 9–10)

2 Überarbeitete Zeitangaben:
Aber **bald darauf** begann der Chef, mich zu mobben. (Z. 4); **Vier Tage später** hinderte mich eine Erkrankung, zur Arbeit zu gehen. (Z. 9); Der Chef beschuldigte mich **daraufhin** in einer SMS … (Z. 10); Ich antwortete meinem Chef **umgehend** … (Z. 11); **Eine Woche danach** ein weiterer Mobbing-Angriff … (Z. 14); … und **sofort** schrie der Chef mich wieder an … (Z. 15)

Seite 147 – Test: Stellungnahme

1 **a)** Der Deutsche Gewerkschaftsbund behauptet, dass Sicherheit und Gesundheitsschutz Jugendlicher Vorrang haben.
b) – hohe Zahl von Arbeitsunfällen
– ausreichende Flexibilität des derzeitigen Arbeitsschutzgesetzes
– keine neuen Ausbildungsplätze durch Lockerung des Arbeitsschutzgesetzes in der Vergangenheit
– Mangel an Ausbildungsplätzen rechtfertigt nicht den Abbau von Prävention und Gesundheitsschutz
c) Beispiel:
Für mich ist die überzeugendste Begründung, dass das derzeitige Arbeitsschutzgesetz schon sehr flexibel ist. Beispielsweise kann die Arbeitszeit Jugendlicher unter 18 Jahren in bestimmten Betrieben zwischen 5:00 Uhr und 23:30 Uhr liegen.
d) Ausbildungsplätze dürfen nicht … (Z. 13)
e) Schlussfolgerung

Seite 149 – Musteraufgaben:

Bericht und Stellungnahme

1 Musteraufsatz Bericht:
Am Freitagabend (15. April) ging ich zu einem Schuppen in der Seestraße. Dort traf ich Ronny, Antje, Atze und ein weiteres Mitglied der Clique, die sich regelmäßig in diesem Gebäude trifft. Wir unterhielten uns, rauchten und tranken Bier. Später am Abend teilten mir die anderen mit, dass ich eine Prüfung ablegen müsste, wenn ich zur Clique gehören wollte. Wir verließen den Schuppen und gingen zum Kanal. An die genaue Uhrzeit kann ich mich nicht erinnern, da ich zu viel Bier getrunken hatte. Am Kanal erklärte mir Ronny, dass ich von einer Seite des Kanals zur anderen springen müsse, um die Prüfung zu bestehen. Ich dachte, es wäre ungefährlich und sprang. Mein Sprung war jedoch zu kurz und ich fiel etwa drei Meter tief ins kalte Wasser. Keine der vier anwesenden Personen half mir, sie ließen mich allein im Kanal stehen, obwohl ich laut um Hilfe rief. Da es dunkel war, konnte ich keinen Aufgang finden und den Kanal nicht aus eigener Kraft verlassen.

2 Musteraufsatz Stellungnahme:
Um einer Clique anzugehören, muss immer wieder eine Mutprobe bestanden werden. Aber man darf sich auf so etwas nicht einlassen, weil man in der Clique immer wieder fallen gelassen wird und sich mehr Feinde als Freunde macht.
Ich bin der Meinung, dass man nie an einer Mutprobe teilnehmen sollte, um zu Freunden oder zu einer Clique dazuzugehören, weil so etwas auch gefährlich werden kann. Außerdem ist eine Mutprobe kein Vertrauensbeweis, aber man glaubt, sich damit starkzumachen, und zieht diese Mutprobe durch. Es ist nicht gut, eine Mutprobe durchzuführen, weil die, die es verlangen, keine Freunde sind, sondern Verräter. Irgendwann zwingen sie einen zu einer Straftat, wie z. B. Diebstahl, und dann wird aus einer lächerlichen Mutprobe eine ganz ernste Sache. In so einer Clique wird man auch immer wieder ausgenutzt, gerade als „Neuling" hat man es nicht leicht. Man wird permanent geschickt, um irgendetwas zu holen, dabei gehen echte Freunde zusammen und bewältigen alles gemeinsam.
Ich empfehle niemandem über eine Mutprobe in einen Freundeskreis oder eine Clique zu kommen. Echte Freunde nehmen alle und jeden bei sich auf, ohne eine Mutprobe oder eine Straftat zu verlangen.

Seite 153

5 **b)** S. 152: Ich-Form, Erzähler = Hauptfigur der Handlung; S. 153: Er-Form, Erzähler = unbeteiligter Beobachter

Seite 154

8 **a)** schreiten, schlurfen, eilen
b) entdecken, ausmachen, wahrnehmen
c) klauen, entwenden, Diebstahl begehen
d) mitteilen, (an)schreien, rufen, flüstern, murmeln

Seite 155

9 **a)** unbedeutend: unwichtig, nicht ins Gewicht fallend; winzig: ungewöhnlich klein; gering: gering achten = missachten, geringschätzig = herablassend
b) **interessant:** ansprechend, spannend, packend, reizvoll, eindrucksvoll; **langweilig:** ermüdend, freudlos, reizlos, alltäglich, eintönig; **laut:** schrill, dröhnend, schallend, vernehmbar; **groß:** ungeheuerlich, riesig, gigantisch; **neu:** frisch, erstmalig, funkelnagelneu

10 **a) + b)** Verknüpfungswörter: <u>unterstrichen</u> Ausdrucksstarke Verben/Adjektive: **fett**
<u>Anschließend</u> bezahlte er den Schal und **eilte** zum Ausgang, <u>doch plötzlich</u> **schrillte** der Alarm. <u>Sofort</u> kamen zwei Wachleute **angerannt** und **schrien**, er solle die Tasche auspacken. <u>Zu allem Unglück</u> standen **scharenweise** Leute herum und **starrten** ihn **neugierig an**. <u>Ausgerechnet in diesem Augenblick</u> **schlenderte** Miriam **herein**.

Seite 156

11 **a)** Indirekte Rede – wörtliche Rede
b) Begleitsätze:
…, schrie ich völlig entsetzt.
…, fragte ich zurück.

12 **c)** Beispiel:
Aufgeregt flüsterte Anna in mein Ohr …
Ungläubig entgegnete der Mann …
Schuldbewusst gab sie zu …

Seite 157

14 **b)** Im Basiswissen zu ergänzen:
Doppelpunkt, unten, oben, Anführungszeichen, Komma, Satzzeichen

15 Die Kassiererin fragte mich: „Bekommen Sie jetzt Schwierigkeiten?"
„Meine Freundin hat die Situation wohl missverstanden", antwortete ich.
„So habe ich mir das nicht vorgestellt", sagte ich zu Miriam. „Es ist sehr schade, dass unser erstes Treffen so begonnen hat."

Seite 158

1 **a)** Stellt die Frage, ob Überwachung sicher oder unsicher macht
b) Der Text geht der Frage nach, welche Auswirkungen der Ausbau von Überwachungsmaßnahmen in der Öffentlichkeit hat.
c) 1. These: Weitere Überwachungssysteme sind notwendig und unproblematisch für diejenigen, die nichts zu verbergen haben.
2. These: Überwachung verändert unser Denken und Handeln, sie sorgt für Unsicherheit.

2 **c)** Beispiel:
Meiner Meinung nach sollten Überwachungskameras in Geschäften und Banken angebracht werden, jedoch nicht in Verkehrsmitteln und auf öffentlichen Plätzen.

3 **a)** Beispiel:
In den Medien ist immer wieder vom „Überwachungsstaat" die Rede, der uns allen droht.

Seite 159

4 **b)** Beispiel:
Wenn sich Kameras in Bussen und Bahnen befinden, fühlt sich jeder unsicher und beobachtet. Es geht z. B. keinen etwas an, wann ich wohin fahre und mit wem ich meine Freizeit verbringe. Und Fahrkartenkontrolleure sollten lieber ihre Arbeit verrichten, als Fahrgäste über Kameras zu beobachten.

6 Beispiel:
Zusammenfassend lässt sich sagen, dass der Einsatz von Überwachungskameras durch Gesetze eingeschränkt werden muss, um das Privatleben der Bürger zu schützen.

Seite 160

1 Beispiel:
… Miriam fauchte empört: …, Empört entgegnete der Junge: …, … erwiderte Miriam

übel gelaunt. Verletzt und ungläubig fragte er flüsternd: …, Miriam sagte ernst: …, …, antwortete der Junge niedergeschlagen. …, erwiderte Miriam versöhnlich

Seite 161

1 Text 1
Behauptung: Überwachung in der Schule ist gut; **Begründungen:** Diebstähle werden erschwert, Lehrer müssen sich mehr anstrengen; **Beispiele:** aus Schule gestohlener Beamer, Unterricht kann nicht früher beendet werden
Text 2
Behauptung: Überwachung in der Schule ist schlecht; **Begründungen:** Stimmung wird schlechter, Gewalt unter Schülern wird nicht verhindert; **Beispiele:** plaudern mit Lehrern und früher Schluss machen, Mitschüler wird außerhalb der Schule abgefangen

2 a) Text 2, Z. 5: „Alles in allem wird das Lernen bei so viel Überwachung sehr unangenehm werden und deshalb sollten alle Verantwortlichen sich dagegen wehren."
b) Schluss

Seite 162 – Musteraufgaben:

Erzählung und Stellungnahme

1 Musteraufsatz Erzählung:
Mein jetziger Freund, den ich damals kennen lernte, änderte mein ganzes Leben. Wir haben uns auf einem Geburtstag zum ersten Mal getroffen. Es war sofort klar, dass wir uns verstehen würden. Wir hatten die gleichen Interessen und trafen uns von da an so oft es ging. Deshalb versuchte ich weniger Drogen zu nehmen, damit er nichts mitbekam. Er wusste nichts von meinem Drogenproblem. Ich traute mich auch nicht, ihm davon zu erzählen, weil ich Angst hatte, er würde mich verlassen. Schließlich nahm ich all meinen Mut zusammen und erzählte ihm davon, weil ich Ehrlichkeit für sehr wichtig halte. Wir trafen uns in unserem Stammcafé. „Du", flüsterte ich, „ich muss dir etwas erzählen." Er war gut gelaunt und strahlte mich voller Erwartung an. Da schossen mir auch schon die Tränen in die Augen. „Was ist denn passiert? Läuft es in der Schule nicht? Hattest Du Stress mit deinen Eltern?",

fragte er mich besorgt. „Nein", schluchzte ich. Ich versuchte die Fassung zu bewahren und riss mich zusammen. „Ich nehme Drogen", sagte ich mit fester Stimme. Er war schockiert und fragte mehrfach nach, ob er richtig gehört hätte. Ich erzählte ihm meine ganze Geschichte. Mit versteinertem Gesicht schaute er mich an, irgendwann stand er auf und ließ mich allein zurück. Tagelang meldete er sich nicht. Doch dann rief er an. „Entschuldige, dass ich mich so lange nicht gemeldet habe, aber ich brauchte Zeit zum Nachdenken." Ich war sprachlos, seine Stimme zu hören war das Schönste für mich. Aber als er sagte, dass er Gefühle für mich hätte und diese Drogen nicht der Grund für eine Trennung sein sollten, fiel mir ein Stein vom Herzen. „Du musst da rauskommen und ich helfe dir dabei", sagte er. Ich war sprachlos und weinte vor Glück. Eine harte Zeit begann. Wir standen aber alles gemeinsam durch und heute bin ich clean.

2 Musteraufsatz Stellungnahme:
Immer früher nehmen Jugendliche Drogen. Sie lassen sich von Freunden mit hineinziehen und hoffen, dass sich dadurch Probleme lösen oder bewältigen lassen.
Ich persönlich finde, dass durch die Einnahme von Drogen Probleme nicht gelöst werden können, sondern eher noch mehr entstehen. Man nimmt Drogen, weil man verzweifelt ist oder zu den Freunden dazugehören will, die auch Drogen nehmen. Die Einnahme von Drogen kann vielleicht kurzfristig den Eindruck erwecken, man könne damit Probleme lösen, weil man dann keine Hemmungen mehr hat, um etwas zu tun und sich vielleicht freier im Kopf fühlt. Aber langfristig kommt es zu gesundheitlichen Problemen oder sogar zum Tod, wie man kürzlich über einen Jugendlichen in der Zeitung lesen konnte, der an einer „Flatrate-Party" teilgenommen hatte. Außerdem können Drogen auch zu sozialen Schwierigkeiten führen, weil sie Geld kosten, was man erst beschaffen muss. Zusammenfassend lässt sich sagen, dass Drogen einem nur schaden und nicht wirklich helfen. Aber es wird immer Drogen geben und Menschen, die sie nehmen, weil sie glauben, dass Drogen ihnen helfen. Man kann Abhängige

beraten oder dabei unterstützen, keine Drogen mehr zu nehmen, aber sie müssen wirklich selbst aussteigen wollen, um aus der Sucht zu kommen. Drogen können für kurze Zeit von Sorgen ablenken, indem sie einen betäuben, sie stellen aber keine Lösung der eigentlichen Probleme dar.

Seite 167

1 **Präteritum:** interessierte sich, saß, auftauchte, fragten, musste reparieren, fand, ergriff

Perfekt: habe gespielt, habe rumgebastelt, habe getroffen

Präsens: erklärt, ist, meint, sich interessiert, löst, braucht, muss erkennen können, steht, weiß, machen

2 a) **messen:** sie misst – sie maß – sie hat gemessen – sie wird messen

montieren: sie montiert – sie montierte – sie hat montiert – sie wird montieren

prüfen: sie prüft – sie prüfte – sie hat geprüft – sie wird prüfen

lesen: sie liest – sie las – sie hat gelesen – sie wird lesen

b) Steffi <u>wird</u> in ihrer Ausbildung die Spannung <u>messen</u>. Sie <u>wird</u> Anlagen <u>montieren</u>. Steffi <u>wird</u> Geräte <u>prüfen</u>. Sie <u>wird</u> Schaltpläne <u>lesen</u>.

Seite 168

3 Die Kunden lobten Tom oft. Seine Chefin bot ihm einen Ausbildungsplatz an. Tom entschied sich eine Ausbildung beim Frisör zu beginnen. Heute ist Tom Auszubildender im dritten Lehrjahr. Seine Eltern unterstützen ihn bei seiner Berufswahl. Tom freut sich jeden Morgen auf die Arbeit.

4 a) … Ich habe die Beleuchtung kontrolliert. Ich habe die Kette geölt.
Ich habe die Gäste bedient. Ich habe bei der Auswahl von Speisen beraten. Ich habe die Bestellungen serviert.
Ich habe Holz gesägt. Ich habe Schranktüren montiert. Ich habe einen Tisch lackiert.
Ich habe ein Bad ausgemessen. Ich habe den Untergrund vorbereitet. Ich habe ein Mosaik verlegt.

b) … Ich kontrollierte die Beleuchtung. Ich ölte die Kette.

Ich bediente die Gäste. Ich beriet bei der Auswahl von Speisen. Ich servierte die Bestellung.
Ich sägte Holz. Ich montierte Schranktüren. Ich lackierte einen Tisch.
Ich maß ein Bad aus. Ich bereitete den Untergrund vor. Ich verlegte ein Mosaik.

Seite 169 – Test: Zeitformen

1 1.1 Ich suche stundenlang nach meinem Handy.
1.2 Der Unterricht beginnt mit Verspätung.
1.3 Die Köche benutzen nur frische Zutaten.
1.4 Zu dem Fußballspiel kommen etwa 10.000 Zuschauer.
1.5 Isabelle macht eine Ausbildung in der Altenpflege.

2 2.1 Peter ist die 100 Meter in 13 Sekunden gelaufen.
2.2 Ich habe schon im Alter von vier Jahren mit dem Schlittschuhlaufen angefangen.
2.3 Die Schüler haben die Bemerkungen des Lehrers in ihre Hefte übernommen.
2.4 Die Kandidaten der Quizshow haben naturwissenschaftliche Fragen beantwortet.
2.5 Ich bin mit meiner Freundin ins Kino gegangen.

3 3.1 Patrick meldete sich, weil er noch eine Frage hatte.
3.2 Familie Burg unternahm am Wochenende eine Fahrradtour.
3.3 Der Praktikumsbetrieb stellte am Ende des Praktikums ein Zeugnis aus.
3.4 Die Autofahrer durften in diesem Straßenabschnitt nur Schritttempo fahren.
3.5 Ich überprüfte die Rechnung noch einmal auf Fehler.

4 4.1 Beatrice und Franziska werden am Nachmittag einen Einkaufsbummel machen.
4.2 Die Auswertung der Übung wird eine halbe Stunde dauern.
4.3 Meine Handyrechnung wird in diesem Monat hoch ausfallen.
4.4 In der Innenstadt wird am Sonntag ein Straßenfest stattfinden.
4.5 Die Kellnerin wird gleich die Rechnung bringen.

Seite 171

1 werden gezählt – ich zähle, werden sortiert – ich sortiere, werden erfasst – ich erfasse, werden beschriftet – ich beschrifte

2 Ich weise den Praktikanten ein. Ich erledige die Post. Ich mache die Lohnabrechnungen.

3 Zuerst werden die Listen ausgedruckt. Dann werden die Waren gezählt und sortiert. Das Verfallsdatum wird geprüft und die Waren werden in Listen eingetragen. Danach werden die Listen kopiert. Schließlich werden die Regale wieder eingeräumt und die abgelaufene Ware wird entsorgt.

Seite 172

4 **a)** Neue Umschläge sollen besorgt werden. Die Post muss sortiert werden. Der Telefondienst muss gemacht werden. Der Reparaturdienst muss angerufen werden. Auf die Büroordner sollen neue Etiketten geklebt werden. Der Konferenzraum kann schon für den nächsten Tag vorbereitet werden.
b) Das Prüfungswissen muss wiederholt werden. Probleme müssen gelöst werden. Prüfungsschwerpunkte müssen geübt werden. Ein Zeitplan muss aufgestellt werden.

Seite 173 – Test: Aktiv und Passiv

1 **lesen:** Du liest den Bericht.
– Der Bericht wird gelesen.
feilen: Ihr feilt das Werkstück.
– Das Werkstück wird gefeilt.
backen: Wir backen den Kuchen.
– Der Kuchen wird gebacken.
binden: Ich binde den Strauß.
– Der Strauß wird gebunden.

2 **Aktiv Präsens:** Er renoviert die Wohnung. Sie begrüßt/begrüßen die Teilnehmer. Wir füllen das Formular aus. Er reicht die Krankschreibung ein. Sie prüft/prüfen das Verfallsdatum. Er stempelt die Unterlagen.
Passiv Präsens: Die Wohnung wird renoviert. Die Teilnehmer werden begrüßt. Das Formular wird ausgefüllt. Die Krankschreibung wird eingereicht. Das Verfallsdatum wird geprüft. Die Unterlagen werden gestempelt.

Seite 175

1 **a)** … eine stabile Persönlichkeit entwickelt habe; Denn die Berufsschule könne …; Der Ausbildungsbetrieb erwarte …; Schulisches Grundwissen müsse …; Das bedeute …; … problemlos verstehe, fehlerfrei lese und schreibe; … komme man heute …; In Mathematik müsse die Schülerin/der Schüler …; … sei ein großer Vorteil; in der Arbeitswelt gehe es …; … seien wichtig für …; Dazu gehöre auch …; … offen rede und andere Meinungen akzeptiere; Außerdem müsse sich der Betrieb …; Ein Misserfolg dürfe …; Ziel der Ausbildung sei es …
b) … eine stabile Persönlichkeit entwickelt hat; Denn die Berufsschule kann …; Der Ausbildungsbetrieb erwartet …; Schulisches Grundwissen muss …; Das bedeutet …; … problemlos versteht, fehlerfrei liest und schreibt; … kommt man heute …; In Mathematik muss die Schülerin/der Schüler …; … ist ein großer Vorteil; in der Arbeitswelt geht es …; … sind wichtig für …; Dazu gehört auch …; … offen redet und andere Meinungen akzeptiert; Außerdem muss sich der Betrieb …; Ein Misserfolg darf …; Ziel der Ausbildung ist es, …

Seite 176

2 Passende Pronomen:
ich, dich – ich, mich, dir – dir – ich, ich

3 Außerdem sagt sie, auch die Arbeit im Team gefalle ihr sehr gut. Ihre Freundin Kim antwortet, dann werde ihr bestimmt eine Ausbildung zur Floristin gefallen. Kim fügt hinzu, sie fände, dieser Job passe super zu ihr. Sie fragt Marie, ob sie nicht erst einmal ein Praktikum machen wolle. Marie erwidert, sie wisse nicht, wo sie ein Praktikum machen könne. Kim sagt, in den gelben Seiten finde sie Adressen von Floristen. Sie könne auch im Internet nachsehen.

Seite 177

4 2. Tom sagt: „Ich werde zum Konzert gehen."
3. Svenja sagt: „Ich will dich anrufen."
4. Jenny behauptet: „Ich kann fließend Englisch sprechen."

5. Mein Freund hat mir versprochen: „Ich melde mich, sobald ich angekommen bin."
6. Mein Vater rät mir: „Du sollst mehr üben."
7. Meine Lehrerin meint: „Du kannst die Facharbeit am Monatsende abgeben."
8. Der Reporter sagt: „Ich schreibe jetzt den Artikel zu Ende."
9. Franks Mutter behauptet: „Er ist krank."
10. Meine Chefin sagt: „Der Brief muss noch heute abgeschickt werden."

5 Der Ausbilder sagte zu Mark, er erwarte von ihm, dass er ihm aufmerksam zuhöre, wenn er ihm etwas erkläre. Dafür müsse er sich gut konzentrieren und dürfe sich nicht ablenken lassen. Wenn er etwas nicht gleich verstehe, könne er es ihm ruhig sagen. Schließlich bedeute Ausbildung ja, den Beruf zu erlernen. Natürlich arbeite man da noch nicht wie ein Profi. Für eine gute Zusammenarbeit sei ihm gegenseitiges Vertrauen besonders wichtig. Wenn er Probleme habe, könne er jederzeit zu ihm kommen. Dann könnten sie gemeinsam an einer Lösung arbeiten. Er müsse einfach ehrlich sein.

Seite 178

6 Herr Keller sagt, sie solle Wasser in die Vasen füllen. Frau Werte bittet, Karina solle die Platten dekorieren. Sie meint, sie solle ihrer Kollegin beim Eindecken helfen. Der Restaurantleiter ruft, sie solle das Radio ausschalten. Er fügt hinzu, sie solle den Sektkübel holen. Die Köchin sagt, sie solle den Tisch abwischen. Sie erklärt, sie solle die Kartoffeln schälen.

7 Der Personalchef fragte:
„Wie viel Erfahrung haben Sie im Umgang mit alten Menschen?"
„Sind Sie belastbar?"
„Können Sie auch am Wochenende arbeiten?"
„Weshalb möchten Sie eine Ausbildung in meinem Pflegeheim absolvieren?"

8 Sie erkundigt sich, wie viele Angestellte dort arbeiteten. Sie möchte wissen, ob sie sich online beworben habe. Sie fragte, ob sie sich auf das Gespräch vorbereitet habe. Sie erkundigt sich, was sie getan habe, um sicher aufzutreten. Sie möchte wissen, wann

ihre Ausbildung beginne. Sie fragt, wie lange sie jeden Tag arbeiten müsse.

Seite 179–Test: Direkte und indirekte Rede

1 1.1 Michael fragt Stefan, ob er heute Abend mit ins Kino komme.
1.2 Katja erzählt Mike, sie werde am Abend vor der Prüfung bestimmt aufgeregt sein.
1.3 Herr K. fragt den Passanten, ob er ihm bitte sagen könne, wie er zum Bahnhof komme.
1.4 Der Zeuge sagt aus, er habe am fraglichen Abend noch mit ihr telefoniert.
1.5 Der Sportreporter kommentiert, endlich sehe man hier mal wieder ein spannendes Spiel.
1.6 Mein Chef sagt, es gebe bald eine Gehaltserhöhung.
1.7 Michael behauptet, er arbeite gern im Team.
1.8 Meine Freundin beschwert sich, ich rufe sie in letzter Zeit gar nicht mehr an.
1.9 Der Personalchef fragt Paul, warum er sich entschlossen habe, Hotelkaufmann zu werden.

2 2.1 Die Nachbarin berichtet: „Ich habe Frau Meier schon wieder beim Frisör gesehen."
2.2 Miriam meint: „Ich verstehe alles, weil mir die Ausbilderin die Aufgaben gut erklärt."
2.3 Der Zeuge sagt aus: „Ich kann mich deutlich an Einzelheiten des Gesprächs erinnern."
2.4 Andreas behauptet: „Handwerkliche Berufe sind nur etwas für Männer. Für Frauen gibt es doch schöne Berufe im sozialen Bereich."
2.5 Der Angeklagte bestreitet: „Ich habe die Tat nicht begangen. Ich bin zur fraglichen Zeit im Urlaub gewesen."
2.6 Mein Lehrer meint: „Du machst gute Fortschritte in Deutsch."
2.7 Nadja ruft: „Gabi, schalte das Radio aus!"
2.8 Stefan sagt: „Mein Kollege nimmt mir viel Arbeit ab."
2.9 Der Hausmeister behauptet: „Herr Schulte ist gestern sehr spät nach Hause gekommen."

3 Gestalten Sie nun über das Bundesland Baden-Württemberg ein Wandplakat oder eine multimediale Präsentationsseite. Nutzen Sie dazu einen großen Papierbogen oder – falls vorhanden – ein Multimedia fähiges Computerprogramm.

a) Treffen Sie eine Themenauswahl.

– *Kunst und Literatur* ✓   – *Landeshauptstadt Stuttgart*   – *Früher und Heute* ✓
– *Wirtschaft*   – *Land und Leute*   – *...*

Tipp: Sie können auch auf regionale Besonderheiten Ihrer Stadt oder Ihrer Ortschaft eingehen.

b) Schreiben Sie kurze Texte zu den Themen, die Sie auf Ihrer Werbeseite oder Ihrem Plakat gestalten wollen.

c) Gestalten Sie Ihre Präsentation möglichst übersichtlich und kreativ. Nutzen Sie folgende Checkliste:

– *Farben für den Hintergrund der Seite bzw. farbiges Papier wählen*	✓
– *auf lesbare Schrift und Schriftgröße achten*	✓
– *grafische Elemente, Bilder und Texte einbauen*	✓
– *Quellen angeben*	✓

Weitere Informationen zum Präsentieren finden Sie auf den Seiten 16 und 17.

4 Stellen Sie Ihre Präsentation oder Ihr Wandplakat in der Klasse vor.

Projektidee: Eine Werbeanzeige untersuchen und gestalten

Wir sind täglich vielen Einflüssen ausgesetzt, unter anderem auch dem Einfluss der Werbung. Dabei nehmen wir manches nur kurz wahr, z. B. ein Werbebild oder einen Werbespruch. Unser Gehirn muss all diese Reize verarbeiten. Die Wirkungen sind vielfältig.

1 Schauen Sie sich die Werbeanzeige genau an. Beantworten Sie folgende Fragen. Übernehmen Sie die Tabelle in Ihr Heft und notieren Sie Ihre Ergebnisse in die passende Spalte der Tabelle.

- **a)** Beschreiben Sie das Bild. Was sehen Sie?
- **b)** Wie wirkt die Werbung auf Sie?
- **c)** Welche Sinne werden angesprochen?
- **d)** Gibt es im Text wichtige Wörter (Signalwörter)? Welche sind es und was sagen sie aus?
- **e)** Was wird mit dem Bild und dem Text über das Produkt ausgesagt?

	Bild	Text
a) Was ist dargestellt?	▬▬▬	▬▬▬
b) Wie wirkt die Werbung auf Sie?	▬▬▬	▬▬▬
…		

- **f)** Beurteilen Sie die Werbeanzeige: Finden Sie die Werbung gelungen? Würden Sie das Produkt kaufen? Tauschen Sie Ihre Ansichten in der Klasse aus.

Gut gemachte Werbung ist Kommunikation auf höchstem Niveau.

Wie funktioniert Werbung?

Sie sind mit Ihren Freunden in der Stadt unterwegs, bummeln durch die Fußgängerzone, schauen in die aufwändig dekorierten
5 Schaufenster der Geschäfte und bekommen von einer freundlichen Dame vor dem Elektronikladen einen Werbezettel mit den neuesten Handysensationen auf dem deutschen Markt in die Hand gedrückt. Knallige Farben,
10 bunte Bilder und große Überschriften weisen auf die Neuheiten hin. Sie registrieren die Sonderangebotspreise auf den Werbetafeln, mit riesiger Schrift ist der verbilligte Preis in Signalfarbe aufgedruckt. Vor dem nächsten
15 Supermarkt läuft laute Musik und ein Promotion-Team versucht, das neueste Körperpflegeprodukt an die Frau bzw. den Mann

zu bringen. Man kann es anfassen, umsonst ausprobieren und bekommt sogar noch eine Probe geschenkt.

20 Werbung funktioniert als Brücke zwischen den Produzenten und ihren möglichen Kunden. Sie orientiert sich immer an einer bestimmten Zielgruppe. Diese ist vom Produkt abhängig, für das geworben wird. Wenn 25 Jugendliche angesprochen werden sollen, wirbt man mit coolen Sprüchen, z.B. für ein neues Computerspiel oder für den neuesten und schrillsten Lippenstift. Werbefachleute und Grafik-Designer legen viel Wert 30 auf eine optisch ansprechende Werbung, die einem sofort ins Auge springt und uns positiv beeinflussen soll. Tolle Fotos, Wortspiele und bunte Farben regen unsere Fantasie an.

35 Das Ziel dabei ist fast immer, dass ein Produkt verkauft wird und eine Firma ihre Position am Markt behaupten oder ausbauen kann.

2 Untersuchen Sie den Inhalt des Textes.
a) Worum geht es im Text? Geben Sie den Inhalt knapp mit eigenen Worten wieder.
b) Woran erkennt man eine gelungene Werbung? Suchen Sie Antworten im Text und schreiben Sie diese in Ihr Heft.
c) Wie muss in Ihren Augen gute Werbung aussehen? Welche Werbung spricht Sie persönlich an? Tauschen Sie sich in der Klasse aus.

Basiswissen

Wenn gute **Werbung** ihr Ziel erreichen soll, muss sie bestimmte **Merkmale** aufweisen. Durch eine interessante Aufmachung, z.B. ansprechende oder auffallende Bilder und besondere Texte, fällt sie den Verbrauchern ins Auge und wird zum Gesprächsthema. Gute Werbung löst positive Gefühle aus, man verspricht sich vom Erwerb des Produkts einen positiven Einfluss auf das eigene Leben.

3 Gestalten Sie in Gruppen ein eigenes Werbeplakat mit Text/en und Bild/ern im DIN-A3-Format zu einem Produkt Ihrer Wahl.
a) Legen Sie zunächst fest:
   – Was für ein Produkt wollen Sie bewerben?
   – An wen richtet sich Ihr Plakat (Zielgruppe)?
   – Was wollen Sie über das Produkt aussagen?
   – Wie soll das Plakat gestaltet werden? Wo sollen Text/e und Bild/er stehen?
   – In welchen Farben wollen Sie Ihr Plakat gestalten? Warum?
   – Welche Schrift wollen Sie benutzen? Wie groß müssen die Buchstaben sein?
b) Gestalten Sie das Plakat nach Ihren Vorgaben. (Zeichnen Sie das Produkt Ihrer Wahl oder fotografieren Sie es.)
c) Stellen Sie das Werbeplakat in der Klasse vor. Erläutern Sie, warum Sie es so und nicht anders gestaltet haben.
Tipp: Informationen zum Präsentieren finden Sie auf den Seiten 16 und 17.

Werbung und Politik

Politische Parteien werben für ihre Standpunkte zum Beispiel in Form von Wahlplakaten.

1 Untersuchen Sie die Wahlplakate der fünf Parteien.

a) Bilden Sie Zweiergruppen und wählen Sie ein Wahlplakat aus.

b) Um welches Thema geht es? Ist die Botschaft klar ersichtlich oder muss man nachdenken?

c) Wie beurteilen Sie das Plakat? Beantworten Sie folgende Fragen, schreiben Sie Ihr Arbeitsergebnis in Stichpunkten auf.

Wahlplakat der Grünen:
1. ...
2. in der Mitte steht „DU ENTSCHEIDEST"; und darunter „Good Food statt Gen-Food"
3. wirkt sehr eingängig, auf den Punkt gebracht
4. Foto Tomaten, kräftige Farben
5. ...

1. Fühlen Sie sich angesprochen?
2. Welchen / Wie viel Text enthält das Plakat?
3. Wie wirkt der Text? Begründen Sie.
4. Welche / Wie viele Abbildungen enthält das Plakat?
5. Wie ist der Aufbau des Plakats?
   – Was befindet sich wo?
   – Wie groß sind welche Plakatinhalte?
6. Wie wirkt der Aufbau des Plakats auf die Betrachterin / den Betrachter?
7. Welche Farben bestimmen das Plakat?
8. Wie wirken die Farben auf die Betrachterin / den Betrachter?
9. Wie würden Sie die Gesamtwirkung des Plakats beschreiben? Ruhig oder aufgeregt? Sachlich oder reißerisch?

d) Stellen Sie Ihre Ergebnis in der Klasse vor.

> **Basiswissen**
>
> Auch Parteien machen Werbung: **politische Werbung**. Anders als bei der Produktwerbung wird kein Produkt, sondern es werden Positionen zu gesellschaftlichen und politischen Fragen beworben. Parteien nutzen Wahlplakate und Wahlspots in Radio und Fernsehen, um die Wählerinnen und Wähler dazu zu bewegen, ihnen bei der Wahl ihre Stimme zu geben. Die Strategien der Werbung sind die gleichen wie bei der Produktwerbung (siehe S. 99).

Einerseits konfrontieren uns die Parteien in ihrer Wahlwerbung mit wichtigen Themen und Informationen. Andererseits wollen sie sich in möglichst gutem Licht erscheinen lassen. Es ist wichtig, dass Sie sich selbst eine Meinung zu den „beworbenen" Themen bilden.

2 Trainieren Sie das Verfassen einer Stellungnahme für die Prüfung. Wählen Sie ein Wahlplakat aus (S. 100) und suchen Sie die entsprechende Aufgabenstellung in folgender Tabelle. Verfassen Sie eine Stellungnahme. Weitere Informationen zur Stellungnahme finden Sie auf S. 143.

Wahlplakate	Aufgabenstellung für die Stellungnahme
Wahlplakat der SPD	Die SPD will mehr Geld in Ausbildung stecken. Halten Sie diese Idee für sinnvoll? Begründen Sie Ihre Meinung.
Wahlplakat der CDU	Die CDU will die Arbeitslosenzahlen verringern und mehr Menschen zu einem Arbeitsplatz verhelfen. Nehmen Sie dazu Stellung und begründen Sie Ihre Ansichten.
Wahlplakat der FDP	Die FDP will die Steuern senken, damit die Bürger weniger bezahlen müssen. Können Sie dem zustimmen? Begründen Sie.
Wahlplakat der Linken	Die Linken setzen sich für eine gerechte Bezahlung ein. Sie wollen keine Billigjobs, bei denen Menschen für einen Euro in der Stunde arbeiten müssen. Finden Sie das richtig? Begründen Sie Ihre Meinung.
Wahlplakat der Grünen	Die Grünen sind gegen durch Gentechnik veränderte Lebensmittel, weil sie darin Gefahren für den Verbraucher sehen. Können Sie dem zustimmen? Begründen Sie Ihre Ansichten.

a) Bilden Sie sich zunächst einen Standpunkt zum Thema des Wahlplakats. Beantworten Sie dazu folgende Fragen stichwortartig:
   – Welches Thema behandeln die Schlagworte auf dem Plakat? Worum geht es genau?
   – Haben Sie sich schon einmal mit diesem Thema beschäftigt? Begründen Sie.
   – Könnten Sie eines Tages von diesem Thema betroffen sein?
   – Was wissen Sie über die betreffende Partei?
b) Formulieren Sie Ihren Standpunkt schriftlich. Stimmen Sie mit den Aussagen der Partei überein?

   Ich finde es gut, wenn sich eine Partei für mehr Geld für die Erziehung und Bildung von Kindern einsetzt.

c) Formulieren Sie Begründungen (Argumente) zu Ihrem Standpunkt. Erläutern Sie diese durch Beispiele oder Belege.

   Erstens müssen die heutigen Kinder die Probleme der Zukunft lösen, zum Beispiel das Problem der Klimaerwärmung. Zweitens ...

Zusammenfassung: Medien und Werbung

Medien lassen sich nach verschiedenen Gesichtspunkten untergliedern,
z. B. nach der Art der Informationsübermittlung zwischen Sender und Empfänger:

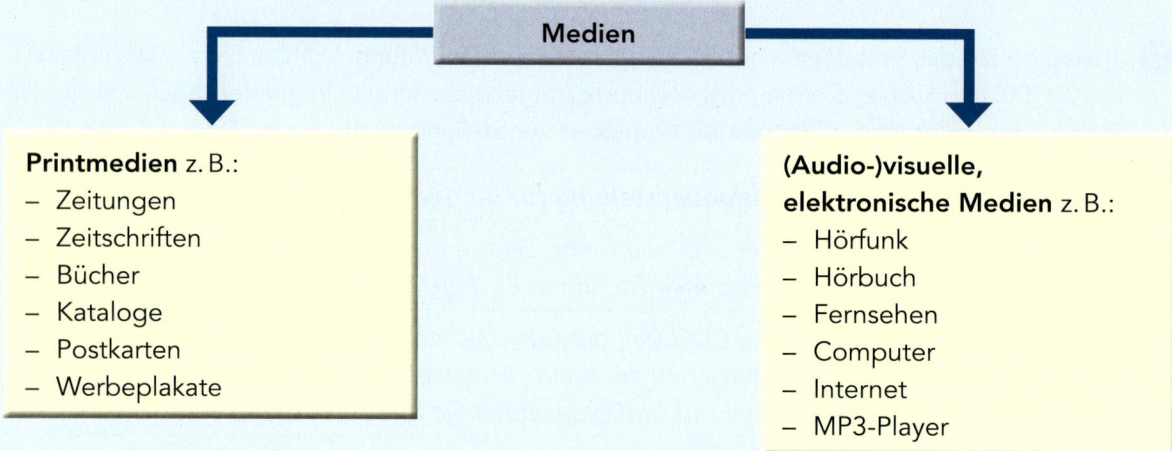

Medien

Printmedien z. B.:
- Zeitungen
- Zeitschriften
- Bücher
- Kataloge
- Postkarten
- Werbeplakate

(Audio-)visuelle, elektronische Medien z. B.:
- Hörfunk
- Hörbuch
- Fernsehen
- Computer
- Internet
- MP3-Player

Medien lassen sich auch nach der Art der Nutzung unterscheiden, z. B.:
- **zur Informationsgewinnung**, z. B.: Zeitungen, Zeitschriften, Bücher, Fernsehen, Hörfunk
- **zur Informationsgewinnung und Informationsübermittlung oder Präsentation von Informationen**, z. B.: Computer, Internet, Plakate

Werbung wird in der Regel über Medien vermittelt (sowohl über Printmedien als auch über elektronische Medien), um möglichst viele Menschen zu erreichen.

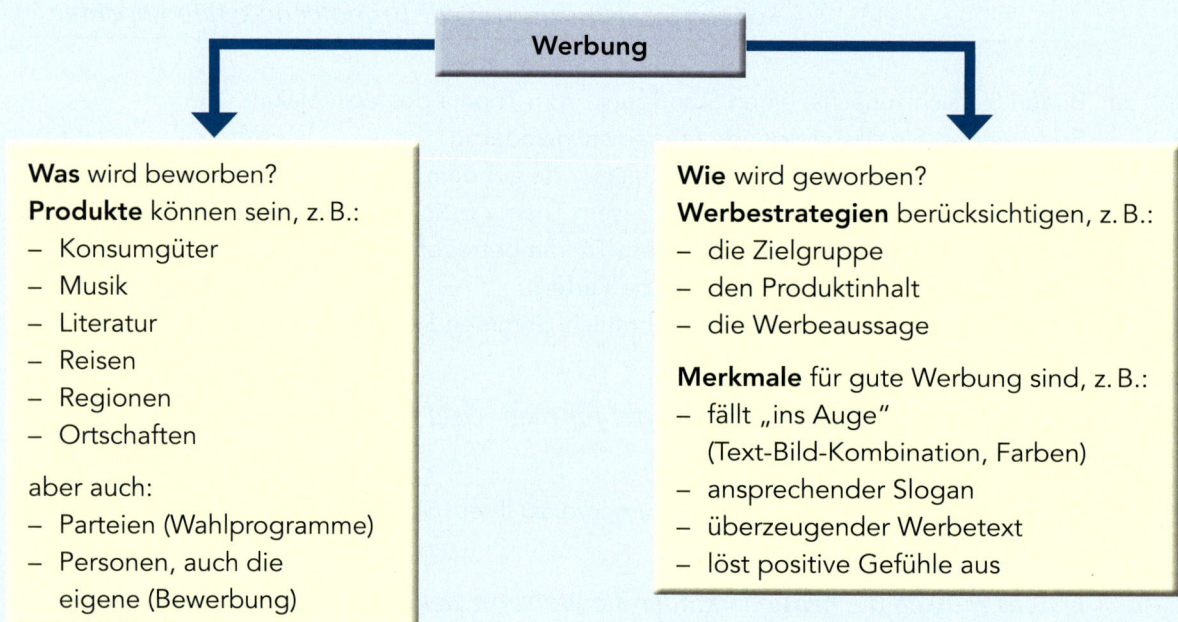

Werbung

Was wird beworben?
Produkte können sein, z. B.:
- Konsumgüter
- Musik
- Literatur
- Reisen
- Regionen
- Ortschaften

aber auch:
- Parteien (Wahlprogramme)
- Personen, auch die eigene (Bewerbung)

Wie wird geworben?
Werbestrategien berücksichtigen, z. B.:
- die Zielgruppe
- den Produktinhalt
- die Werbeaussage

Merkmale für gute Werbung sind, z. B.:
- fällt „ins Auge" (Text-Bild-Kombination, Farben)
- ansprechender Slogan
- überzeugender Werbetext
- löst positive Gefühle aus

Literatur

Was Ihnen das Kapitel bietet:

In diesem Kapitel machen Sie sich mit unterschiedlichen literarischen Textformen vertraut: Es begegnen Ihnen Prosatexte, lyrische Texte und Fabeln, welche die Möglichkeit zur Auseinandersetzung mit vielfältigen Themen bieten und offen für Deutungen sind. Die Themenauswahl reicht von der Berufswahl bis zum Liebeskummer. Darüber hinaus bietet Ihnen das Kapitel auch Übungsmöglichkeiten für Ausatzformen, die in der Prüfung gefordert werden (z. B. Erzählung und Stellungnahme). Aufgaben zum Kreativen Schreiben runden das Kapitel ab.

Wo gibt es mehr zu diesem Themenbereich?

Der Umgang mit literarischen Texten spielt auch in den Prüfungskapiteln eine zentrale Rolle. Um Zugang zu einem literarischen Text zu finden, können Sie bestimmte Methoden anwenden, z. B. das Brainstorming oder das Anlegen einer Mindmap. Anleitung dazu finden Sie im Kapitel „Methodensammlung: Lernen lernen".

Nach dem Berufseinstiegsjahr soll Ihnen der Übergang in den Beruf gelingen. Dafür ist es hilfreich, sich über die unterschiedlichen Berufe zu informieren, um eine sinnvolle Entscheidung treffen zu können. Die Berufswahl kann auch Grund für Auseinandersetzungen sein.

Elkes Berufswunsch *(Klaus J. Schmidt)*

Elke ist sechzehn und steht kurz vor dem Schulabschluss. Sie weiß genau, was sie werden will: Tischlerin. Schon als kleines Mädchen hat sie mit ihrem Großvater viel gebastelt und in dessen Werkstatt kleine Holzarbeiten angefertigt.

Ihr Traum ist es, einmal Holzmöbel zu bauen. Sie möchte sich später eine Werkstatt einrichten
5 und dort selbstständig arbeiten. Dazu muss sie die Meisterprüfung ablegen. Ein weiter Weg also. Sosehr sie von ihrer Idee überzeugt ist, sosehr graut es ihr davor, mit ihren Eltern darüber zu sprechen. Die sind nämlich ganz anderer Meinung.

So ein schöner Büroberuf, das wäre etwas Solides und außerdem dauert die Ausbildung nicht so lange. Und im Büro hat sie immer die Möglichkeit, einen netten Mann kennen zu lernen. In der
10 Familie ist darüber schon oft gestritten worden. Schließlich müssen die Eltern ja den Ausbildungsvertrag unterschreiben. Dabei hat Elke ihr Schülerbetriebspraktikum in einer Holz verarbeitenden Firma erfolgreich absolviert. Dort stand man ihren Plänen sehr aufgeschlossen gegenüber. In der Firma hat man ihr zu verstehen gegeben, wenn der Schulabschluss in Ordnung sei, bekäme sie problemlos einen Ausbildungsvertrag.
15 Tja, wenn nur die Eltern nicht wären!

Als sie noch einmal auf das Thema zu sprechen kommt, reagiert ihre Mutter vollkommen verständnislos: „Tischlerin – das ist doch kein Beruf für dich! Den ganzen Tag im Arbeitsanzug. Und Schwielen kriegst du auch an den Fingern! Das ist doch nichts für ein Mädchen!"
Darüber hat Elke schon lange nachgedacht und sie glaubt, dass dies alles kein Problem für sie
20 sei. Dann, so meint die Mutter weiter, sei sie ja auch den ganzen Tag mit lauter Männern zusammen. Und die wären doch oft recht derb. Sie gibt zu bedenken, dass Elke sich dort sicher „einiges" anhören müsse.

Davor hat ihre Tochter aber auch keine Angst. Sie weiß aus ihrem Praktikum, dass die Männer im Laufe der Zeit
25 allmählich den Mund halten, solange sie sich nicht beirren lässt. Schließlich fragt die Mutter, was Elke denn wohl glaube, welcher Mann würde ein Mädchen mit einem solchen Beruf heiraten?

Da muss Elke lachen. Mit sechzehn, meint sie, müsse sie
30 sich darüber wohl noch keine Gedanken machen.
Die Mutter ist zwar noch nicht restlos überzeugt.
Aber langsam sind ihr die Argumente ausgegangen.
Nun verspricht sie, mit dem Vater noch einmal zu reden.
Elke ist nach diesem Gespräch etwas optimistischer.
35 Sie ist entschlossener denn je, ihren Weg zu gehen.
Sie wird Tischlerin werden.

1 Klären Sie in der Klasse die Bedeutung folgender Begriffe mit Hilfe eines Wörterbuchs:

- solide, Z. 8
- absolvieren, Z. 12
- Schwiele, Z. 18
- beirren, Z. 25
- optimistisch, Z. 34

2 Geben Sie den Inhalt des Textes mündlich in eigenen Worten wieder.
Tipp: Wenden Sie dazu die 5-Schritt-Lese-Technik an.
(Kapitel „Methodensammlung: Lernen lernen", S. 15).

3 Untersuchen Sie die Haltung der Eltern zu Elkes Berufswunsch.
a) Welche Haltung nimmt der Vater ein? Nennen Sie mögliche Gründe für sein Verhalten.
b) Welche Angst hat die Mutter in Bezug auf Elkes Heiratsmöglichkeiten? Belegen Sie Ihre Aussage am Text und nennen Sie die Zeile(n).
Tipp: Sie können sich besser in die Eltern hineinversetzen, wenn Sie ein Rollenspiel zum Text gestalten (siehe S. 156).

Früher war eine Unterscheidung zwischen „Frauen-Berufen" und „Männer-Berufen" üblich. Obwohl Frauen und auch Männern heute im Grunde alle Möglichkeiten offenstehen, werden bestimmte Berufe stärker von Frauen und andere eher von Männern ausgeübt.

4 Setzen Sie sich mit der Haltung von Elkes Eltern auseinander.
Ist deren Vorstellung über die Rollenverteilung Ihrer Meinung nach heute noch zeitgemäß? Nehmen Sie dazu ausführlich Stellung. Zur Stellungnahme finden Sie Informationen auf der Seite 143.

5 Beschäftigen Sie sich mit dem Thema „Berufswahl".
a) Erstellen Sie eine Tabelle und listen Sie Berufe auf, die häufiger von Frauen ausgeübt werden, und Berufe, die häufiger von Männern ausgeübt werden. Sammeln Sie mögliche Gründe.

Typische „Frauen-Berufe"	Typische „Männer-Berufe"
Friseurin ...	KFZ-Mechatroniker ...

b) Wählen Sie aus Ihrer Tabelle je einen typischen „Frauen-Beruf" und einen typischen „Männer-Beruf" aus, über den Sie wenig wissen. Informieren Sie sich darüber mit Hilfe des Internets und der Agentur für Arbeit oder nutzen Sie andere Informationsquellen.
c) Stellen Sie die Ergebnisse Ihrer Recherche in der Klasse vor.
Tipp: Informationen zur Informationsbeschaffung und zu Präsentationstechniken finden Sie im Kapitel „Methodensammlung: Lernen lernen" (S. 13–14, S. 16–17).

Schüler nehmen Schule und Unterricht manchmal als lästige Pflicht wahr. Könnte Schule stattdessen nicht auch einmal eine tolle Show sein?

Mein schöner Schulalltag oder: Zugabe! *(Matthias Kalusch)*

Wenn morgens der Wecker klingelt, ist die Freude auf die Schule kaum noch auszuhalten. Man springt schnell aus dem Bett und macht sich für das Frühstück fertig. Es werden ein paar Bissen heruntergeschlungen und dann rennt man so schnell wie möglich zur Bushaltestelle, wo man ungeduldig wartet.

5 Man hört überall Stimmen: „Ich will in die Schule." Und endlich kommt der Bus und wird samt Fahrer gestürmt. Im Bus sitzt jeder auf seinem gut gepolsterten Schlafsessel und ist auf das heutige Programm gespannt. Wenn man aber die Schule vor Augen hat und in den modern ausgebauten Busbahnhof einfährt, ist die Spannung an einem Höhepunkt angelangt. Man stürmt an die Kasse, aber glücklicherweise ist der Eintritt frei. Dafür muss man jedoch noch

10 eine halbe Stunde im Vorraum auf die Stars warten.
Die Stars haben einen eigenen Parkplatz und kommen durch einen Hintereingang in ihre Garderoben, um sich vor ihren Fans zu retten. Es gibt zwar auch einen Zugang vom Vorraum zu den Garderoben, doch dieser wird von zwei Mitgliedern des Veranstaltungsteams bewacht. Sie haben ein Wachhäuschen, das leider fast nur aus Glas besteht, aber ab und zu lassen die beiden auch

15 mal jemanden zu den Garderoben. Wenn sie Glück haben, können sie sogar ein Autogramm erhaschen.
Die Stars schicken vor ihren Auftritten einen Kollegen in den Vorraum, der soll sich einen Eindruck über die Stimmung der Fans machen. Er geht im Vorraum auf und ab, dabei sieht er sich die wartenden Fans genau an.

20 Dann werden die Veranstaltungsräume aufgeschlossen. Alle strömen hinein und setzen sich auf ihre reservierten Plätze. Nach fünfminütigem Warten kommt der erste längst erwartete Star. Tosende Fans – ein Riesendurcheinander. Nach weiteren fünf Minuten wird es wieder ruhiger. Hier und da noch ein Zwischenruf.
Viele, aber nicht alle, haben ihrem Star ein Geschenk in Form von schriftlichen Arbeiten

25 mitgebracht. Ein Auftritt dauert 45 Minuten, aber manchmal bleibt ein Star infolge der vielen „Zugabe"-Rufe noch fünf bis zehn Minuten länger. Zwischen den Auftritten sind Pausen, in denen man sich mit Erfrischungen

30 versorgen kann. An einem Tag finden sechs bis sieben Auftritte statt. Vor einiger Zeit hat der Veranstalter die Veranstaltung wegen […] frühzeitig

35 abgebrochen[…].

„Ich kann es kaum erwarten …"

„Zugabe!"

„Ich will in die Schule!"

1 Wie wirkt der Text auf Sie?

2 Untersuchen Sie den Inhalt des Textes.
   a) Formulieren Sie die Inhalte der einzelnen Abschnitte in Stichworten.
   Erstellen Sie dazu eine Tabelle und schreiben Sie Ihre Stichworte in die mittlere Spalte.
   Notieren Sie auch die Zeilenangaben.

Textabschnitte	Inhalt der Textabschnitte	Beschreibung des eigenen Schulalltags
1. (Z.1–4)	– frohes Erwachen – Vorfreude auf die Schule – ...	– der Wecker nervt – keine Lust aufzustehen – ...
2. (Z.5–10)		
3. ...		

   b) Machen Sie Notizen zum Ablauf eines Schultags, der für Sie typisch ist, entsprechend
   den sechs Abschnitten des Textes. Notieren Sie diese in der rechten Tabellenspalte.

3 Vergleichen Sie anhand der Tabelle den Schulalltag, der im Text geschildert wird, mit
   Ihren eigenen Erlebnissen.
   a) Können Sie Gemeinsamkeiten bzw. Unterschiede feststellen? Erläutern Sie.
   b) Was bezweckt der Autor des Textes mit dieser Art sich auszudrücken?
   Lesen Sie als Hilfestellung das folgende Basiswissen.

Basiswissen

Bei dem vorliegenden Text handelt es sich um eine **Satire**. In der Satire werden menschliche Schwächen oder gesellschaftliche Missstände mit Hilfe von witziger **Übertreibung**
und **Spott** dargestellt. Durch diese Darstellung werden die Inhalte der Lächerlichkeit
preisgegeben. Die Satire will Kritik an der Wirklichkeit üben.

   c) Wie werden Schule, Lehrkräfte und die Schülerinnen und Schüler im vorliegenden Text
   dargestellt? Benennen Sie sprachliche Übertreibungen im Text.

   Z.1 ... ist die Freude ... kaum noch auszuhalten.

4 Trainieren Sie das Schreiben und verfassen Sie zur Vorbereitung auf die Prüfung
   eine Erzählung. Hilfen dazu finden Sie auf der Seite 157.
   a) Schreiben Sie eine ausführliche Erzählung über ein besonderes Erlebnis in der Schule.
   b) Formulieren Sie eine passende Überschrift.

In Ihrem Alltag erleben Sie immer wieder Konflikte. Diese entstehen z. B. durch Missverständnisse oder gegensätzliche Interessen. Häufig versuchen Menschen, Konflikte mit Gewalt zu lösen. Der folgende Romanauszug beschreibt eine Auseinandersetzung zwischen Jugendlichen, die außer Kontrolle geraten ist.

Sauf ruhig weiter, wenn du meinst! *(Annette Weber)*

[…] Meike hatte Angst. Ihr Herz schlug laut und eine Gänsehaut kroch ihr langsam den Rücken hinunter.

„Fass mich nicht an", fauchte sie. „Nie wieder fasst du mich an, hörst du!"

Tom stand ihr immer noch im Weg. Sie ging auf Tom zu. Langsam und ruhig.

5 „Mutig bleiben!", sagte sie sich immer wieder.

„Schau dem Feind ins Auge! Dann bekommt er selbst Angst."

Und tatsächlich ging Tom jetzt einen Schritt zur Seite. Meike war fast am Garagentor angekommen. Da sah sie die vier aus den Büschen kommen:

Kalle, Sam, Stulle und Bastian. Sie bewegten sich sehr langsam auf die Garage zu.

10 Meike bekam vor Angst kaum noch Luft.

„Schrei!", dachte sie dann.

Doch bevor sie auch nur einen Laut von sich gegeben hatte, hatte Stulle schon das Garagentor hinter sich geschlossen. Dann stand er vor ihr. Groß. Und mit ganz schönen Mukkis. Das Tattoo auf seinem Oberarm tanzte.

15 „Hör zu, Kleine!", zischte er. „Damit wir uns richtig verstehen. Ein Laut und du weißt nicht mehr, wie du heißt." Meike wollte irgendetwas Mutiges erwidern, aber es kam kein Laut aus ihrer Kehle. Sie hatte furchtbare Angst. „Du brauchst dir nicht gleich in die Hose zu machen", erklärte Kalle. „Wir wollen nur mal ein paar Sachen klarstellen."

Sie standen jetzt im Halbkreis um sie. Nur Tom hatte sich etwas weiter abseits platziert

20 und verfolgte die Szene mit kaltem Blick. Kalle hatte die Arme in die Hüften gestemmt. Breitbeinig stand er vor ihr.

„Also erstens hat unser Freund dich nicht angefasst, ist das klar?"

Meike stand starr und bewegte sich nicht. „Ob das klar ist?"

Kalle machte einen Schritt auf sie zu. Dann drehte er sich zu Tom um.

25 „Die hat ja nur die eine Seite blau. Ich glaube, ich sollte ihr mal so richtig die Fresse polieren!"

Jetzt konnte Meike nicht mehr. Sie begann leise zu weinen.

„Was wollt ihr denn?", schniefte sie verzweifelt.

„Ich zeige Tom nicht an. Ich verspreche es."

30 „Aha!", nickte Kalle. „Das hört sich ja schon besser an. Also, damit das klar ist. Ein Wort zur Polizei und du und dieser Milchbubi kriegt was zu hören, dass ihr euch wochenlang nicht mehr aus dem Haus traut."

„Ich sage kein Wort", schniefte Meike. Sie hatte Mühe zu sprechen. Ihr ganzer Körper zitterte und dicke Schweißperlen waren auf ihre

35 Stirn getreten. […]

1 Wie wirkt der Text auf Sie? Welche Gefühle ruft er bei Ihnen hervor?

2 Geben Sie den Inhalt des Textes wieder.
- **a)** Fassen Sie das Geschehen kurz mündlich in eigene Worte.
- **b)** Besprechen Sie in der Klasse, welche Inhalte in einer Inhaltsangabe erwähnt werden müssen. Vermerken Sie Stichworte in Ihrem Heft.
- **c)** Verfassen Sie eine kurze schriftliche Inhaltsangabe des vorliegenden Textes. Nutzen Sie dazu Ihre Stichwortsammlung.

3 Untersuchen Sie den Text inhaltlich genauer. Tauschen Sie sich in der Klasse aus.
- **a)** In Zeile 1 des Textes auf Seite 108 steht: „Meike hatte Angst." Durch welche körperlichen Reaktionen drückt sich diese Angst aus? Schreiben Sie entsprechende Textstellen heraus.

Zeile	Textstellen aus „Sauf ruhig weiter, wenn du meinst!"
1 1–2	– „Ihr Herz schlug laut …" – „… eine Gänsehaut kroch ihr langsam den Rücken hinunter."
…	– …

- **b)** Wie schaffen es die Jugendlichen, Meike einzuschüchtern? Notieren Sie die passenden Textstellen mit Zeilenangabe.

Zeile	Textstellen
4	– „Tom stand ihr immer noch im Weg."
…	

4 Bewerten Sie das Verhalten der Jugendlichen im Text.
- **a)** Wie beurteilen Sie Toms Rolle? Begründen Sie Ihre Meinung.
- **b)** Können Sie Meikes Reaktionen verstehen? Begründen Sie.
- **c)** Sprechen Sie in der Klasse über das Verhalten der Jugendlichen. Erarbeiten Sie andere Lösungsmöglichkeiten.

5 Erzählen Sie den Romanauszug von Seite 108 weiter und bringen Sie die Geschichte zu einem sinnvollen und realistischen Ende.
Informationen zum Schreiben einer Erzählung erhalten Sie auf der Seite 157.

Plötzlich hörte man einen schweren Schlag. Alle erschraken und Meike …

Nicht immer ist es einfach, Entscheidungen im Leben zu treffen. Eine Entscheidung kann einen „Sprung in die Zukunft" bedeuten oder auch „den freien Fall nach unten".
Oft ist nicht von Beginn an deutlich, wo und wie wir „landen" werden.

Der Fall *(Stefan Heusler)*

Der Herr war sichtlich erregt, was aber kein Wunder war. Er spürte ein flaues Gefühl im Magen, sodass es ihm ganz allgemein nicht sonderlich gut ging. Ganz vorsichtig schielte er nach unten, schreckte aber sofort zurück. Es war ihm ein Horror, daran zu denken, dass er dort hinunterspringen wollte. Wozu überhaupt?

5 Klar, ganz allein seine Entscheidung war es nicht, diesen Schritt zu tun. Unbewusst oder bewusst hatten ihn seine Mitmenschen bis hierher gebracht. Und jetzt stand er ganz allein vor der Entscheidung, ob er die Konsequenz ziehen sollte.

Was würde passieren, wenn er nicht spränge? Seine Frau wäre enttäuscht. Ja, enttäuscht. So weit war es mit ihnen gekommen, oder ist es schon immer so gewesen, dass seine Frau von ihm

10 erwartete, dass er irgendetwas Außergewöhnliches machte. Egal was, nur außergewöhnlich musste es sein.

Der Herr ging einen winzigen Schritt nach vorn, schloss dann aber seine Augen und dachte weiter. Kinder? Nein, Kinder hatte er nicht, also konnten sie auch nichts von ihm denken, wenn er nicht hinab-

15 spränge. Aber Freunde und Bekannte? Für alle Ewigkeit als willenloser Versager abgestempelt? Er fühlte sich unglaublich eingeklemmt, konnte nicht mehr zurück, nicht zur Seite, nur noch nach vorn. Und davor hatte er unglaubliche Angst. Aber nur das war noch möglich. Nur das! Er zuckte nach vorn, hielt sich aber schnell

20 wieder an.

Einen kurzen Augenblick dachte der Herr gar nichts. Das nutzte er aus. Und sprang. Er riss die Augen auf, breitete seine Arme aus und starrte in die Tiefe.

Es erfüllte ihn mit Genugtuung, dass er es geschafft hatte.

25 Die Angst war völlig verschwunden, denn nun schwebte er frei im Raum. Frei, nur noch frei.

Wenige Minuten später landete er auf der großen, grünen Wiese. Seine Freunde eilten herbei und gratulierten dem Herrn zu seinem ersten Sprung. Gemeinsam rollten sie den Fallschirm ein.

1 **a)** Wie wirkt der Text auf Sie? Welche Gefühle löst er bei Ihnen aus?
   b) Was haben Sie zunächst gedacht, worum es im Text geht?

2 **a)** Klären Sie in der Klasse die Bedeutung folgender Begriffe im jeweiligen Textzusammenhang:

> • schielen, Z. 2
> • Horror, Z. 3
> • Konsequenz, Z. 7
> • außergewöhnlich, Z. 10
> • Genugtuung, Z. 24

b) Geben Sie den Inhalt des Textes kurz mündlich in eigenen Worten wieder.

Die Kurzgeschichte „Der Fall" führt zunächst inhaltlich auf eine falsche Spur. Auf diese Weise gelingt dem Autor ein überraschendes Ende.

3 Untersuchen Sie den Text inhaltlich genauer.
a) Fassen Sie die vier Abschnitte des Textes schriftlich in kurzen Sätzen zusammen.

Abschnitte	Inhalt der Textabschnitte
1. Z. 1–7	– *Ein Mann will irgendwo hinunterspringen und hat Angst davor. Er zweifelt, ob er es tun soll.*
2. Z. 8–20	– ...

b) Wie verschleiert der Autor zunächst, um welche Art von Sprung es sich handelt? Nennen Sie entsprechende Textstellen mit Zeilenangaben.

„Ganz vorsichtig schielte er nach unten ..." (Zeile 2)
„... dass er dort hinunterspringen wollte." (Zeile 3 – 4)
...

c) Die Überschrift „Der Fall" kann unterschiedlich gedeutet werden. Sammeln Sie Vorschläge.
d) Lesen Sie den letzten Abschnitt des Textes noch einmal.
Überlegen Sie, welche Bedeutung das Wort „landen" im Text hat und wie man es über das konkrete Landen des „Herrn" hinaus noch deuten könnte.

In der Kurzgeschichte wagt der Mann den Sprung schließlich. Als Leser/in kann man versuchen, das Ende der Geschichte auf das eigene Leben zu übertragen.

4 Stellen Sie einen Bezug zwischen dem Text und Ihrem eigenen Leben her.
a) Listen Sie auf, in welchen Lebensbereichen sich bei Ihnen persönlich in nächster Zeit voraussichtlich Veränderungen ergeben werden.
b) Was müssen Sie für einen „gelungenen Absprung" tun? Wie können Sie sich auf neue Lebenssituationen vorbereiten? Nehmen Sie dazu schriftlich Stellung.
Tipp: Hilfen zur Stellungnahme finden Sie auf der Seite 143.

Lyrische Texte

Um Gefühle und Stimmungen in Worte zu fassen, wählen Dichter meist die lyrische Form, das Gedicht. Auch zahlreiche Jugendliche schreiben Gedichte. Hier der Text eines 16-Jährigen.

1 Lesen Sie den Text laut in der Klasse vor.

Machst du, dass es mir schlecht geht? *(Andreas Völk)*

Machst du, dass es mir schlecht geht,
weil es dir weh tut, wenn es mir gut geht?
Dann mach doch!
Machst du, dass es dir dann besser geht,
5   weil du dich erst gut fühlst, wenn andere unglücklich sind?
Dann mach doch!
Machst du, dass du dich gut fühlen kannst,
weil – erst wenn andere am Boden sind – du dich freuen kannst?
Dann mach doch!

10   Ich hab dich immer gefragt, ob du ehrlich bist,
und du hast ständig behauptet, dass du es bist.

Ich hatte gedacht, du wärst für mich da,
aber was du gesagt hast, das war nicht wahr.

Du hättest es geschafft, die dunklen Wolken wieder zu vertreiben,
15   als ich mich schon abgefunden hatte mit all dem ewigen Leiden.

Aber glaub' nicht, nur weil du von Sachen redest,
die dich nichts angehen, und du damit Träume zerstörst,
dass du dann größer bist als ich!

2   **a)** Welche Gefühle werden beim Lesen des Textes bei Ihnen hervorgerufen?
    b) Was ist Ihrer Meinung nach das Thema des Textes?
    c) Wie muss das Gedicht gelesen werden, damit die darin ausgedrückte Stimmung im Vortrag „zu hören" ist?

3   Untersuchen Sie den Inhalt des Textes genauer.
    a) Im Text wird ein „Du" angesprochen. Wer oder was verbirgt sich Ihrer Meinung nach dahinter?
    b) Im ersten Abschnitt des Textes werden die Wendungen „Machst du, dass ..." und „Dann mach doch!" jeweils dreimal wiederholt. Welche Wirkung wird dadurch erzielt?
    c) Im Text ist von ‚dunklen Wolken' die Rede (Z. 14). Was könnte damit gemeint sein?
    d) Was ist mit den ‚zerstörten Träumen' (Z. 17) gemeint?

4 Übertragen Sie die Textaussage auf Ihr eigenes Erleben.

a) Haben Sie schon ähnliche Stimmungen erlebt? Erläutern Sie.

b) Wie kann man Enttäuschungen in Bezug auf Freundschaft und Liebe überwinden und wieder eine positive Stimmung erlangen? Sammeln Sie Vorschläge in der Klasse.

Der vorliegende Text beschreibt die Gefühle und Gedanken eines 18-jährigen Jugendlichen.

Gedanken eines Gemobbten *(Daniel Sepp)*

Jetzt bin ich wieder ganz alleine
vor all den anderen und ich habe Angst.
Angst vor dem, was sie wieder zu mir sagen,
davor, dass sie mich wieder herumschubsen
5 oder zusammenschlagen, mich erpressen.
Und das alles nur, weil ich anders bin,
weil ich nicht so groß bin wie sie.
Ein anderer trägt eine Brille,
den mobben sie auch, nur deswegen.
10 Auch kann ich mir nicht so teure Klamotten
wie sie kaufen, weil ich nicht so viel Geld habe.
Ich will schon gar nicht mehr in die Schule gehen
und meine Noten werden auch schlechter.
Deswegen bekomme ich schon Stress daheim.
15 Selbst meine Eltern mobben mich.
Sie sagen, ich solle mich nicht so anstellen,
mich mehr in der Schule anstrengen.
Sehen sie denn nicht, wie schlecht es mir geht?
Ich kann niemandem sagen, wie schlecht es mir geht,
20 die anderen würden es wieder erfahren
und mich dann noch mehr fertigmachen.
Warum nur tun sie das? Ich hab ihnen nie etwas getan.
Ich will so nicht weitermachen.
Ich kann so nicht weiterleben!

1 **a)** Welche Stimmung kommt im Text zum Ausdruck?

b) Geben Sie den Inhalt des Textes mündlich knapp in eigenen Worten wieder.

2 Untersuchen Sie den Text inhaltlich genauer.

a) Was löst beim „Gemobbten" Angstgefühle aus?
Nennen Sie die entsprechenden Textstellen mit Zeilenangaben.

„Angst vor dem, was sie wieder zu mir sagen", Zeile 3 ...

b) Welche Gründe führt der „Gemobbte" für das Mobbing an? Nennen Sie die entsprechenden Textstellen.

c) Wie deuten Sie die letzten beiden Zeilen des Textes?

3 Bewerten Sie das Verhalten der „anderen" dem „Gemobbten" gegenüber. Beziehen Sie auch die Gründe mit ein, die für das Mobbing genannt werden (Aufg. 2 b). Begründen Sie Ihre Meinung.

Beim Mobbing in Beruf oder Schule gibt es ein Opfer, gleichzeitig aber natürlich auch den oder die Täter. Oft handeln die Täter, ohne sich darüber klar zu sein, dass sie „mobben". Es kann deshalb hilfreich sein, das eigene Verhalten kritisch zu hinterfragen.

4 Wechseln Sie die Perspektive. Versetzen Sie sich in die Lage eines Jugendlichen, der mit daran beteiligt ist, Mitschülerinnen/Mitschüler zu mobben.

a) Aus welchen Gründen beteiligen sich wohl Menschen daran, andere „fertigzumachen"?

b) Welche Gefühle hat die/der Mobbende wohl bei ihren/seinen Taten?

c) Wo sehen Sie Möglichkeiten, Mobbing zu verhindern? Sprechen Sie darüber in der Klasse.

Tipp: Einen weiteren Text zum Thema „Mobbing" finden Sie auf Seite 138.

Alles zu hinterfragen, Angst zu haben, Gefühle zu zeigen, das alles spielt auch in Liebesbeziehungen eine große Rolle.

Immer wenn ich alleine bin *(Andreas Völk)*

Immer wenn ich alleine bin,
habe ich Angst davor,
dass ich dich nie wieder sehen werde.

Immer, wenn ich alleine bin,
5 habe ich Angst davor,
dass du mich nie wieder sehen willst.

Immer, wenn ich alleine bin,
habe ich Angst davor,
dass ich dich schon lange verloren habe.

10 Immer, wenn ich alleine bin,
habe ich Angst davor,
dass es zu spät ist.

1 a) Wie wirkt der Text auf Sie?

b) Geben Sie den Inhalt des Textes mündlich kurz in eigenen Worten wieder.

2 Untersuchen Sie den Text genauer.

a) Schreiben Sie das Gedicht ab.

b) Markieren Sie mit einer Farbe Formulierungen, die mehrmals vorkommen.
Was könnte der Grund für die Wiederholung dieser Formulierungen sein?

c) Markieren Sie Sätze, die im Gedicht nur einmal vorkommen.

d) In den in c) angesprochenen Sätzen werden Gründe für die Angstgefühle genannt.
Vergleichen Sie diese miteinander.

Weil du nicht da bist (Mascha Kaléko)

Weil du nicht da bist, sitze ich und schreibe
all meine Einsamkeit auf das Papier.
Ein Fliederzweig schlägt an die Fensterscheibe.
Die Maiennacht ruft laut. Doch nicht nach mir.

5 Weil du nicht da bist, ist der Bäume Blühen,
der Rosen Duft vergebliches Bemühen,
der Nachtigallen Liebesmelodie
nur in Musik gesetzte Ironie[1].

Weil du nicht da bist, flücht ich mich ins Dunkel.
10 Aus fremden Augen starrt die Stadt mich an
mit grellem Licht und lärmendem Gefunkel,
dem ich nicht folgen, nicht entgehen kann. [...]

Weil du nicht da bist, blättre ich in Briefen
und weck[2] vergilbte Träume, die schon schliefen.
15 Mein Lachen, Liebster, ist dir nachgereist.
Weil du nicht da bist, ist mein Herz verwaist[3].

[1] Ironie = feiner, verdeckter Spott
[2] weck = ich wecke auf
[3] verwaist = allein

---

3 **a)** Wie wirkt der Text „Weil du nicht da bist" auf Sie?
   b) Geben Sie den Inhalt des Textes mündlich kurz in eigenen Worten wieder.

4 Untersuchen Sie die Sprache des Textes genauer.
   a) Geben Sie die „Handlungen" im Gedicht in einer Tabelle wieder.

Du	Ich	Die übrige Welt
Du bist nicht da (Zeile 1)	Ich sitze und schreibe (Zeile 1)	Fliederzweig schlägt an die Fensterscheibe (Zeile 3)

   b) Welche sprachlichen Mittel werden eingesetzt und welche Wirkung haben sie?

     Z.1: gleiche Anfangsbuchstaben von Wörtern → Verstärkung, Nachdruck
     Z.4: Mainacht als Person → Veranschaulichung der Naturerfahrung

5 Wo finden sich in den beiden Texten (S. 114 und S. 115) Übereinstimmungen?

6 Verfassen Sie einen Tagebucheintrag oder ein Gedicht zum Thema „Einsamkeit".
   Tipp: Aufgaben zum Kreativen Schreiben finden Sie auf den Seiten 120 und 121.

Fabeln

Vor rund 2600 Jahren wurden bereits Fabeln geschrieben. Der Dichter Aesop schrieb damals einen Text, der bis heute gelesen wird und der in der Literaturgeschichte Spuren hinterließ.

Das Lamm und der Wolf *(Aesop)*

Ein Lämmchen löschte an einem Bache seinen Durst. Fern von ihm, aber näher der Quelle, tat ein Wolf das Gleiche. Kaum erblickte er das Lämmchen, so schrie er: „Warum trübst du mir das Wasser, das ich trinken will?"

5 „Wie wäre das möglich", erwiderte schüchtern das Lämmchen, „ich stehe hier unten und du so weit oben; das Wasser fließt ja von dir zu mir; glaube mir, es kam mir nie in den Sinn, dir etwas Böses zu tun!"

„Ei, sieh doch! Du machst es gerade wie dein Vater vor sechs Monaten; ich erinnere mich noch
10 sehr wohl, dass auch du dabei warst, aber glücklich entkamst, als ich ihm für sein Schmähen das Fell abzog!"

„Ach, Herr!", flehte das zitternde Lämmchen, „ich bin ja erst vier Wochen alt und kannte meinen Vater gar nicht, so lange ist er schon tot; wie soll ich denn für ihn büßen."

„Du Unverschämter!", so endigt der Wolf mit erheuchelter Wut, indem er die Zähne fletschte.
15 „Tot oder nicht tot, weiß ich doch, dass euer ganzes Geschlecht mich hasset, und dafür muss ich mich rächen."

Ohne weitere Umstände zu machen, zerriss er das Lämmchen und verschlang es.

Das Gewissen regt sich selbst bei dem größten Bösewichte; er sucht doch nach Vorwand, um dasselbe damit bei Begehung seiner Schlechtigkeiten zu beschwichtigen.

1 Geben Sie den Inhalt mündlich knapp in eigenen Worten wieder.

2 Aesops „Personen" sind Tiere. Was mag den Autor dazu bewegt haben, seine Geschichte mit Hilfe von Tieren zu erzählen? Diskutieren Sie in der Klasse.

3 Untersuchen Sie den Text inhaltlich genauer.
a) Lesen Sie den letzten Satz der Fabel und deuten Sie ihn.
Tauschen Sie sich in der Klasse aus.
b) Formulieren Sie ein gemeinsames Ergebnis und schreiben Sie die Lehre der Fabel in Ihr Heft.

Basiswissen

Fabeln sind **bildhafte Erzählungen**, in denen Tiere, Pflanzen oder Gegenstände mit gegensätzlichen Eigenschaften menschliches Verhalten annehmen. Sie handeln und sprechen wie Menschen. Mit Hilfe der Fabel versucht der Verfasser, den Leserinnen und Lesern **eine Lehre bzw. Moral** zu vermitteln. In der europäischen Dichtung gilt Aesop als Wegbereiter der Fabel.

Der deutsche Dichter Gotthold Ephraim Lessing griff das Motiv von der Wolf-Lamm-Begegnung im 18. Jahrhundert erneut auf und machte daraus eine neue Fabel.

Der Wolf und das Schaf (Gotthold Ephraim Lessing)

Der Durst trieb ein Schaf an den Fluss;
eine gleiche Ursache führte auf der andern
Seite einen Wolf herzu.
Durch die Trennung des Wassers gesichert und
5   durch die Sicherheit höhnisch gemacht, rief
das Schaf dem Räuber hinüber: „Ich mache dir
doch das Wasser nicht trübe, Herr Wolf?
Sieh mich recht an; habe ich dir nicht vor sechs
Wochen nachgeschimpft? Wenigstens wird es
10 mein Vater gewesen sein." Der Wolf verstand
die Spötterei; er betrachtete die Breite des

Flusses und knirschte mit den Zähnen. „Es ist dein Glück", antwortete er, „dass wir Wölfe
gewohnt sind, mit euch Schafen Geduld zu haben", und ging mit stolzen Schritten weiter.

1   Geben Sie den Inhalt der Fabel mündlich knapp in eigenen Worten wieder.

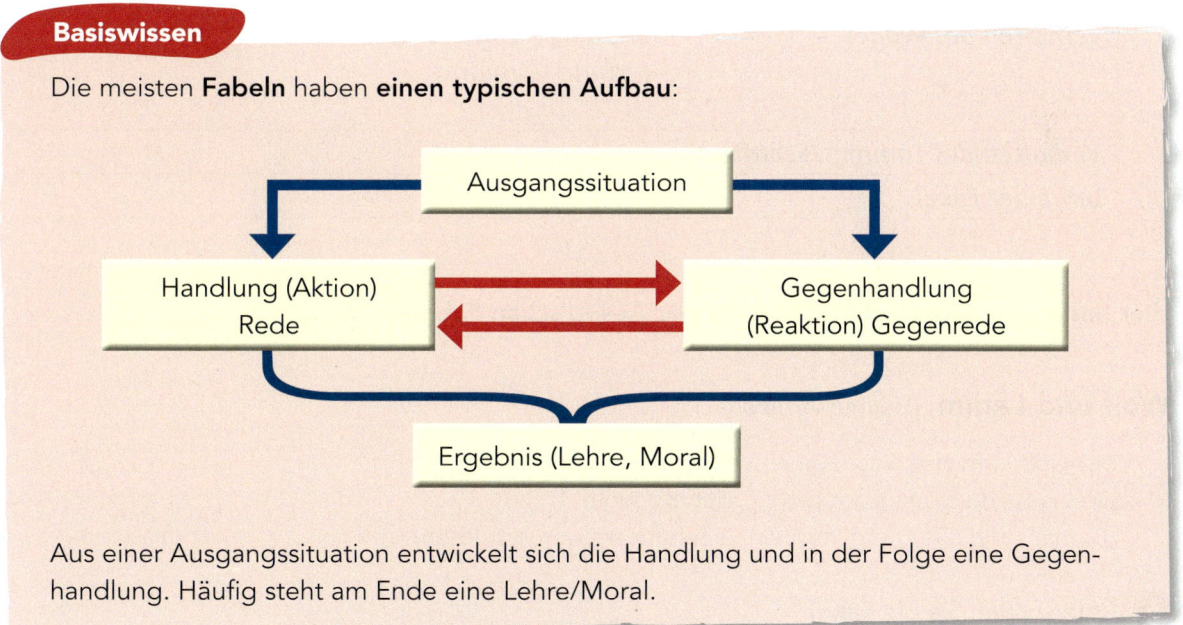

Basiswissen

Die meisten **Fabeln** haben **einen typischen Aufbau**:

Ausgangssituation

Handlung (Aktion)
Rede

Gegenhandlung
(Reaktion) Gegenrede

Ergebnis (Lehre, Moral)

Aus einer Ausgangssituation entwickelt sich die Handlung und in der Folge eine Gegen-handlung. Häufig steht am Ende eine Lehre/Moral.

Fabeln

2 Vergleichen Sie den Aufbau von Lessings Fabel mit dem Schema auf Seite 117.
   a) Übernehmen Sie das Schema des Fabelaufbaus in Ihr Heft.
   Lassen Sie ausreichend Platz zwischen den einzelnen Begriffen des Schaubildes.
   b) Ordnen Sie Textabschnitte der Fabel den Begriffen des Schaubildes zu.
   Finden sich alle Bestandteile des Schemas auch in der Fabel von Lessing?
   c) Fassen Sie die Textabschnitte der Fabel kurz zusammen und schreiben Sie diese
   Zusammenfassungen unter den jeweiligen Begriff in Ihrem Schaubild.

3 Beschäftigen Sie sich mit der Lehre der Fabel.
   a) Welche Lehre steckt Ihrer Meinung nach in der Fabel?
   b) Diskutieren Sie in der Klasse über Möglichkeiten, die Lehre der Fabel in den Alltag
   zu übertragen.

4 Vergleichen Sie diese Fabel mit der Fabel von Aesop auf Seite 116.
   Worin liegen die Unterschiede zwischen Aesops und Lessings Fassung in Bezug auf den
   Inhalt? Erstellen Sie eine Tabelle und listen Sie die Unterschiede darin auf.

	Fabel von Aesop	*Fabel von Lessing*
Standort	...	*– breiter Fluss* *– beide Tiere an* *verschiedenen Ufern*
Verhalten des Wolfes	*– er äußert ungerecht-* *fertigte Vorwürfe* *– ...*	...
Verhalten des Lammes/Schafes	...	...
Lehre der Fabel	...	...

Hier finden Sie eine moderne Version der Aesop'schen Fabel.

Wolf und Lamm *(Helmut Arntzen)*

Der Wolf kam zum Bach. Da entsprang das Lamm.
„Bleib nur, du störst mich nicht!", rief der Wolf.
„Danke", rief das Lamm zurück, „ich habe im Aesop gelesen."

5 Untersuchen Sie die Fabel.
   a) Wie verhalten sich die Tiere in der Fabel?
   b) Vergleichen Sie diese Fabel mit den Fabeln von Aesop und Lessing.
   Wo sehen Sie Gemeinsamkeiten, wo Unterschiede?
   c) In der letzten Zeile des Textes heißt es: „Ich habe im Aesop gelesen."
   Wie deuten Sie diesen Satz?

6 Verfassen Sie selbst eine Fabel. Nutzen Sie dazu das Schema vom Aufbau einer Fabel auf S. 117.

a) Überlegen Sie, welche Lehre Sie mit Ihrer Fabel vermitteln möchten.

Mit Schlauheit kommt man ans Ziel.
Wer stolz ist, der gewinnt keine Freunde. ...

b) Machen Sie sich Notizen zur Handlung Ihrer Fabel. Entscheiden Sie sich für Fabeltiere, die zu Ihrer Geschichte passen. Wählen Sie aus folgender Tabelle aus:

Tier	Fabelname	Eigenschaften
Wolf	Isegrim	gefährlich, träge
Löwe	Nobel	stolz
Fuchs	Reineke	schlau
Rabe	Pflückebeutel	eitel, dumm
Lamm	–	sanft, schwach
Storch	Adebar	stolz
Hase	Meister Lampe	schnell, schlau
Bär	Meister Petz	gutmütig, stark
Kater	Hinze	eigenwillig

c) Erfinden Sie nun eine Ausgangssituation und entwickeln Sie daraus eine Rede und eine Gegenrede.

Meister Petz (Bär) sitzt auf einem Baumstumpf und isst aus seinem Honigtopf.
Reineke Fuchs tritt hinzu.
Reineke Fuchs sagt: „Lieber Bär, ich sehe, du lässt es dir gut schmecken ...“

d) Stellen Sie Ihre Fabel in der Klasse vor und lassen Sie diese deuten.

Kreatives Schreiben nach Bildimpulsen

Durch Schreiben kann man in besondere Welten eintreten: in Bilderwelten oder in die Welt der eigenen Gedanken, Gefühle und Stimmungen.

1 Treten Sie in das Bild ein.
Schreiben Sie auf,
- was Sie sehen,
- welche Stimmung sich im Bild ausdrückt,
- welche Gefühle Sie als eine der Figuren haben,
- was Sie in dem Bild erleben.

2 Erzählen Sie einem Freund oder einer Freundin von der Bilderwelt,
z. B. in einem Brief, in einer E-Mail …

3 Geben Sie einer Figur des Bildes einen Namen. Schreiben Sie eine Begebenheit aus deren Leben in Form einer Erzählung auf.

Auch das eigene Bild kann zum Schreiben anregen.

4 Schreiben Sie über sich oder eine
Freundin/einen Freund.
a) Betrachten Sie sich im Spiegel.
Schreiben Sie auf, wie Sie sind.
b) Sie können auch für einen Freund oder
eine Freundin wie ein Spiegel sein.
Sehen Sie ihn oder sie an.
Schreiben Sie auf, wie er oder sie ist.

Wer bin ich?	*Wer bist du?*
Bin ich ...?	*Bist du ...?*
Bin ich ...?	*Bist du ...?*
Bin ich ...?	*Bist du ...?*
...	*...*
Ich glaube, ich bin ...!	*Ich glaube, du bist ...!*

Die Hoffnung spielt im menschlichen Leben eine große Rolle.
Menschen schreiben über ihre Hoffnung(en).

> Was wäre das Leben ohne Hoffnung!
> *Friedrich Hölderlin (1770–1843)*

5 Schreiben Sie einen Text
zum Thema „Hoffnung".
Nehmen Sie den Ausspruch
Hölderlins, das Foto mit den
zwei Frauen oder das
Schülergedicht als
Ausgangspunkt.
Folgende Fragen können Ihnen dabei helfen:
– Was hoffen Menschen?
– Wozu ist Hoffnung gut?
– Was passiert, wenn Hoffnungen enttäuscht werden?

Tipp: Wenn Sie über Ihre eigenen Hoffnungen schreiben wollen,
eignet sich die Gedichtform besonders gut.

Kino

Vorfreude
Julian
Marktplatz
Samstagabend
5 Minuten
10 Minuten
Ungeduld
Viertelstunde
Telefon
Enttäuschung

WUT

Zusammenfassung: Literatur

In diesem Kapitel haben Sie Texte gelesen, die entsprechend ihren sprachlich formalen Merkmalen als Prosatexte bzw. lyrische Texte zusammengefasst werden können oder die – wie die Fabeln – in Prosa oder in Versen verfasst sein können. Was bedeuten diese Begriffe?

Prosatexte

Das Wort „Prosa" kommt aus dem Lateinischen und bedeutet so viel wie geradeaus gerichtete [= einfache] Rede- oder Schreibweise. Als *Prosatexte* bezeichnet man künstlerisch gestaltete Texte, die im Gegensatz zu *lyrischen Texten* nicht in *Versen* und *Strophen* oder in *Reimform* verfasst sind. Das können z. B. sein: *Erzählungen, Romane, Kurzgeschichten* oder auch *Fabeln*.

- *Erzählung*: Als Erzählung werden verschiedene Formen von mündlichen oder schriftlichen Geschichten bezeichnet. Sie können von wirklichen Ereignissen handeln oder aber von erdachten (erfundenen) Geschehnissen mit ebenso erdachten Figuren.
- *Roman*: Erzählung größeren Umfangs mit zahlreichen Figuren, Haupt- und Nebenhandlungen, die an verschiedenen Orten zu unterschiedlichen Zeiten spielen können.
  Beispiel: Annette Weber: „Sauf ruhig weiter, wenn du meinst!" (S. 108)
- *Kurzgeschichte*: Knappe Erzählung mit besonderen Merkmalen. Das sind: ein plötzlicher Anfang; ein in einem kurzen Zeitabschnitt dargestelltes Alltagsgeschehen, das auf einen entscheidenden Moment konzentriert ist; ein offenes Ende.
  Beispiel: Stefan Heusler: „Der Fall" (S. 110)
- *Fabel*: Kurze bildhafte Erzählung, in der Tiere, Pflanzen oder Gegenstände menschliche Eigenschaften und Verhaltensweisen annehmen. Der Leserin/Dem Leser soll eine Lehre bzw. Moral vermittelt werden. Fabeln können in Prosa oder in Versen geschrieben werden.
  Beispiele: Aesop: „Das Lamm und der Wolf" (S. 116); Gotthold Ephraim Lessing: „Der Wolf und das Schaf" (S. 117); Helmut Arntzen: „Wolf und Lamm" (S. 118)

Lyrische Texte

Das Wort „lyrisch" bzw. „Lyrik" stammt vom griechischen Wort „lyra" ab. Eine Lyra ist ein harfenähnliches Instrument, mit dem dichterische Vorträge begleitet wurden. Lyrische Texte sind in der Regel *Gedichte*. Sie weisen im Gegensatz zu Prosatexten meist mindestens eine *Strophe* auf und sind in *Versen* geschrieben. Die Verse *reimen* sich oft.

- *Vers*: Ein Vers ist eine Gedichtzeile.
- *Strophe*: Eine Strophe verbindet eine bestimmte Anzahl von Versen zu einer Einheit und gliedert das Gedicht oder Lied.
- *Reim*: Ein Reim ist der möglichst genaue Gleichklang von Wörtern.

Beispiel: „Weil du nicht da bist" (Mascha Kalèko)

Vers 1	Weil du nicht da bist, sitze ich und schreibe	} Strophe
Vers 2	all meine Einsamkeit auf das Papier.	
Vers 3	Ein Fliederzweig schlägt an die Fensterscheibe.	Reim a
Vers 4	Die Maiennacht ruft laut. Doch nicht nach mir.	Reim b

Inhaltsangabe und Geschäftsbrief

Was Ihnen das Kapitel bietet:

Sie erfahren, wie Sie eine Inhaltsangabe zu einem Sachtext schreiben und wie Sie einen Geschäftsbrief formulieren. Beide Textsorten sind Gegenstand der Prüfung. Zunächst üben Sie Schritt für Schritt, wie Sie vorgehen müssen, dann folgen zwei kurze Tests zu den beiden Textsorten. Zum Schluss haben Sie die Möglichkeit, sich anhand einer Musteraufgabe in die Prüfungssituation hineinzuversetzen und diese einmal zu trainieren.

Wo gibt es mehr zu diesem Themenbereich?

Im Kapitel „Methodensammlung: Lernen lernen" finden Sie die ausführliche Darstellung der 5-Schritt-Lesetechnik, die Ihnen beim Schreiben einer Inhalts-angabe zu einem Sachtext hilft.
In den Kapiteln „Grammatik" und „Prüfung: Grammatik" gibt es zahlreiche Übungen zur Verwendung der indirekten Rede. Das Formulieren der indirekten Rede müssen Sie beim Schreiben einer Inhaltsangabe beherrschen.
Weitere Informationen zum Formulieren von offiziellen Briefen erhalten Sie im Kapitel „Bewerbung". Zusätzliche Musteraufgaben zur Vorbereitung auf die Prüfung finden Sie in allen anderen Kapiteln im Prüfungsbaustein.

Köpfchen zählt – und Persönlichkeit

Stuttgart – Die Bewerbung für eine Lehrstelle ist verschickt und nach wochenlangem Warten trudelt[1] endlich die Antwort des Unternehmens ein. Doch vor der erhofften Einla-

5 dung zu einem Bewerbungsgespräch möchte die Firma ihre potenziellen[2] neuen Auszubildenden erst einmal auf Herz und Nieren testen: Mathematik, Fremdsprachen, Allgemeinwissen, Logik[3] – die Anforderungen

10 sind hoch. Mit Hilfe einer Prüfung versuchen immer mehr Arbeitgeber herauszufinden, wie fit die Bewerber auf den verschiedenen Gebieten sind und wo ihre Stärken und Schwächen liegen. Auf das Schulzeugnis als

15 Grundlage für die Personalauswahl verlassen sich nach Ansicht von Marcus Schulte immer weniger Firmen. Der Personalberater und Buchautor hält Zeugnisse nur für bedingt vergleichbar. „Die Aussagekraft hat in den

20 letzten Jahren nachgelassen."

Deshalb stützen sich die Betriebe bei der Azubiwahl zunehmend auch auf die Ergebnisse eines Bewerbungstests mittels Fragebogen oder Textaufgaben. „Dann müssen alle

25 die gleiche Hürde überspringen", sagt Schulte. Die Prüfungen seien zumeist standardisiert, also für alle Bewerber mit demselben Schwierigkeitsgrad. Jeder bekomme dieselbe Zeit, um die Aufgaben zu lösen, für die

30 dann Punkte vergeben werden.

Zu den häufigsten Testarten zählen Intelligenz-, Persönlichkeits- und Leistungstests. „Meistens geht es um Intelligenz." Dazu gehörten vor allem logisches Denken und

35 Allgemeinwissen. „Zahlenreihen fortsetzen, Buchstaben durchstreichen, Bilder ergänzen

sind nur einige Beispiele", sagt der Experte. Nach der Prüfung habe jeder das Recht, das Testergebnis auch einzusehen.

40 Berufsberaterin Ilse Rattka-Nüdling von der Agentur für Arbeit in Würzburg unterstützt angehende Lehrlinge bei der Prüfungsvorbereitung: „Manche Tests gehen über ein paar Stunden." Neben den Kenntnissen zum Bei-

45 spiel in Deutsch und Englisch fragen viele Firmen auch nach branchenspezifischem[4] Wissen. „Die Inhalte sind davon abhängig, was der Betrieb eigentlich erfahren möchte." Manchmal würden neben den Fragen

50 zum Ankreuzen auch kurze Aufsätze oder Übersetzungen verlangt: „Da sollte jeder auf seine Handschrift achten."

Haben die Kandidaten die erwünschte Punktzahl erreicht, heißt das allerdings noch nicht,

55 dass sie die Lehrstelle auch bekommen. Eine weitere Hürde sind dann die Vorstellungsgespräche – oder praktische Tests wie Präsentationen. In Rollenspielen oder einer Gruppendiskussion zeigt sich, ob der Bewerber

60 teamfähig ist, sich durchsetzen kann und welche anderen Eigenschaften er – oder sie – mitbringt. Auch die Ausdrucksfähigkeit wird so geprüft. Während es bei den schriftlichen Prüfungen um Prozent- und Zinsrechnung,

65 Geometrie, technisches Verständnis, Englisch oder die Rechtschreibung geht, ist hier die Persönlichkeit des Bewerbers gefragt. […]
(Stuttgarter Zeitung online, 14.09.2007)

1 trudelt ein: kommt langsam an
2 potenziell: möglich
3 Logik: Lehre vom folgerichtigen Denken
4 branchenspezifisches Wissen: auf eine bestimmte Branche bezogenes Wissen, z. B. Lebensmittelbranche oder Automobilbranche

1 Klären Sie unbekannte Wörter. Nutzen Sie dazu auch die Worterklärungen unter dem Text.

Die Suche nach zentralen Begriffen, so genannten Schlüsselwörtern, hilft Ihnen dabei, die wichtigsten Informationen eines Textes zu finden.

2 Untersuchen Sie den Text auf Schlüsselwörter.
  a) Im ersten Abschnitt sind die Schlüsselwörter gelb markiert. Schreiben Sie die Schlüsselwörter des ersten Abschnitts in Ihr Heft. Lassen Sie eine Zeile für eine Überschrift frei.
  b) Finden Sie auch die Schlüsselwörter der anderen Abschnitte. Lassen Sie auch hier jeweils eine Zeile für die Überschrift frei.
  c) Vergleichen Sie Ihre Schlüsselwörter in der Klasse und begründen Sie Ihre Wahl.

3 Formulieren Sie Überschriften für die einzelnen Textabschnitte.
  a) Der Text ist in fünf Abschnitte eingeteilt.
  Formulieren Sie zu jedem Textabschnitt eine passende Überschrift.
  Notieren Sie diese jeweils über den Schlüsselwörtern, die Sie aufgeschrieben haben.

Sachtext „Köpfchen zählt – und Persönlichkeit"
1. Firmen prüfen ihre Bewerber mit Hilfe von Einstellungstests.
  testen, Prüfung, Stärken und Schwächen
2. Einstellungstests sind meistens standardisiert.

    ...
3. ...

  b) Vergleichen Sie Ihre Ergebnisse in der Klasse.

4 Informieren Sie sich über Einstellungstests im Internet.
  a) Verwenden Sie die Suchbegriffe „Einstellungstest" oder „Bewerbungstest". Suchen Sie mindestens drei Tests. Sie können z. B. auf folgenden Webseiten suchen: www.google.de, www.yahoo.de, www.altavista.com.

  b) Wählen Sie einen Test aus und lösen Sie ihn oder bearbeiten Sie einen Test auf der Seite www.berufsberatung.de.ms. Unter „Tipps zur Bewerbung" finden Sie Testaufgaben für verschiedene Berufe.

Eine Inhaltsangabe schreiben

Eine Inhaltsangabe soll die wichtigsten Aussagen eines Textes knapp und sachlich wiedergeben. Sie muss klar strukturiert sein, damit sie gut verständlich ist. Eine Tabelle hilft Ihnen, den Aufbau zu planen und die einzelnen Teile der Inhaltsangabe zu erarbeiten.

Einleitung	• Titel, Verfasser/in, Textsorte, Thema des Textes, Quelle, Erscheinungsdatum
Hauptteil	• die wichtigsten Aussagen des Textes
Eventuell: Schluss	• knappe Zusammenfassung der Gesamtaussage des Textes

Sie beginnen die Inhaltsangabe mit einer Einleitung.

1 Verfassen Sie eine Einleitung zum Text „Köpfchen zählt – und Persönlichkeit".

a) Notieren Sie mit Stichworten alle Angaben für die Einleitung in einer Tabelle.

Einleitung	• Titel:	Köpfchen zählt – und Persönlichkeit
	• Verfasser/in:	– (nicht angegeben)

b) Formulieren Sie aus Ihren Stichworten nun die Einleitung auf einem extra Blatt.

Der Zeitungsartikel „Köpfchen zählt – und Persönlichkeit" ist am 14.09.2007 auf der Webseite der Stuttgarter Zeitung erschienen. Der Text informiert ...

Im Hauptteil der Inhaltsangabe geben Sie die wichtigsten Aussagen des Textes mit eigenen Worten wieder.

2 Schreiben Sie in Stichworten die Hauptaussagen des Textes auf.
Tipp: Die Überschriften und Schlüsselwörter aus Aufgabe 2 und 3 (S. 125) helfen Ihnen dabei.

Hauptteil	Firmen prüfen ihre Bewerber mit Hilfe von Einstellungstests.
	• Prüfungen in Mathematik, Fremdsprachen, Allgemeinwissen, Logik
	• Zweck: Stärken und Schwächen der Bewerber herausfinden
	• Grund: Zeugnisse sind nur bedingt vergleichbar, immer weniger Firmen verlassen sich auf die Zeugnisse
	Einstellungstests sind meistens standardisiert.
	• ...

Der Hauptteil der Inhaltsangabe zum Text „Köpfchen zählt – und Persönlichkeit" könnte so beginnen:

Häufig führen Firmen mit ihren Bewerbern Einstellungstests durch, bevor sie sie zum Vorstellungsgespräch einladen. Mit Hilfe solcher Tests werden die Bewerberinnen und Bewerber in Mathematik, Fremdsprachen, Allgemeinwissen und Logik geprüft, damit die Unternehmen die Stärken und die Schwächen der jungen Leute herausfinden können. ...

3 Untersuchen Sie die Zeitform (das Tempus).
a) Welche Zeitform wird verwendet?
b) Schreiben Sie die Beispielsätze als Anfang Ihres Hauptteils auf das extra Blatt.
Unterstreichen Sie die Verben.

Die wörtliche Rede eines Sachtextes wird in einer Inhaltsangabe immer in die indirekte Rede umformuliert. Im folgenden Ausschnitt einer Inhaltsangabe wurde dies nicht beachtet.

ACHTUNG FEHLER

Der Grund für die Durchführung von Einstellungstests/Bewerbungstests ist, dass immer weniger Firmen sich bei der Personalauswahl auf die Zeugnisse der Jugendlichen verlassen. Dazu meint Personalberater und Buchautor Marcus Schulte: „Die Aussagekraft hat in den letzten Jahren
5 *nachgelassen." Im Gegensatz zu den Schulzeugnissen bzw. den Schulnoten sind die Bewerbungstests/Einstellungstests meistens standardisiert. Schulte sagt: „Dann müssen alle die gleiche Hürde überspringen." Zur Auswahl der Testarten meint er: „Meistens geht es um Intelligenz."*

4 Formen Sie direkte Rede in indirekte Rede um.
a) Wo findet sich direkte Rede im obigen Text? Nennen Sie die entsprechenden Zeilen.
b) Schreiben Sie den Text als Fortsetzung des Hauptteils richtig auf das extra Blatt.
Formulieren Sie dazu die direkte Rede in indirekte Rede um.
Hinweise zur indirekten Rede finden Sie auf Seite 70.

Direkte Rede	*Indirekte Rede*
Z. 4: Dazu meint Personalberater und Buchautor Marcus Schulte: „Die Aussagekraft hat in den letzten Jahren nachgelassen."	*Dazu meint Personalberater und Buchautor Marcus Schulte, die Aussagekraft habe in den letzten Jahren nachgelassen.*

5 Setzen Sie den Hauptteil der Inhaltsangabe fort. Nutzen Sie dafür die Überschriften der einzelnen Abschnitte und die Stichpunkte in Ihrem Heft.

Eine Inhaltsangabe schreiben

Wenn man den Inhalt eines Textes wiedergibt, muss man erklären, von wem welche Aussagen stammen. Mit folgenden Verben kann man Aussagen gut einleiten.

> sagen • meinen • erklären • berichten • mitteilen • sich äußern •
> erwähnen • feststellen • betonen • zu verstehen geben

1 Besprechen Sie in der Klasse, was die einzelnen Verben bedeuten. Gehen Sie auf Unterschiede zwischen den Verben ein.

Es folgt die Inhaltsangabe eines Textes über das Bäckerhandwerk.

ACHTUNG FEHLER

> In dem Zeitungsartikel „Ausbildungsstart in der Bäckerei/Konditorei" von Marleen Backhaus, der am 14. September 2007 in der Zeitschrift „Ausbildung heute" erschienen ist, berichtet die Autorin über die Erfahrungen jugendlicher Auszubildender, die bereits mehrere Wochen eine Ausbildung zum Bäcker bzw. zur Konditorin absolvieren.
>
> 5 Im Text wird gesagt, dass die Arbeit in der Bäckerei **ziemlich hart** ist. Der Jugendliche, der eine Ausbildung zum Bäcker macht, findet das **aber nicht so wild**. Er sagt, die Kollegen seien nett und ihm gefalle die Arbeit mit den modernen technischen Geräten.
>
> Im Text wird eine weitere Auszubildende vorgestellt. Diese möchte Konditorin werden. Sie findet ihre Arbeit **super**, weil sie
> 10 abwechslungsreich ist. Auch diese Jugendliche sagt, dass ihre Kollegen hilfsbereit und freundlich sind. Sie sagt, ihr gefalle die Arbeit mit den hochwertigen Rohstoffen. Sie müsse sich aber erst noch daran gewöhnen, früh **aus dem Bett zu kommen**, sagt sie. Zusammenfassend sagt die Autorin, dass beide die
> 15 Ausbildung **cool** finden und sie keine Probleme haben.

2 Verbessern Sie mündlich die Sätze, in denen das Verb „sagen" vorkommt. Ersetzen Sie das Verb „sagen" durch andere Verben. Die Verben aus Aufgabe 1 helfen Ihnen dabei.

Zeile 5: Im Text wird betont, dass die Arbeit in der Bäckerei …

Die fett gedruckten Stellen im Text enthalten umgangssprachliche Formulierungen. Umgangssprache darf in einer Inhaltsangabe nicht verwendet werden.

3 Ersetzen Sie mündlich die fett gedruckten Formulierungen im Text durch angemessene Formulierungen. Die Auswahl im Kasten hilft Ihnen dabei.

> aufzustehen • sehr gut • nicht schlimm • anstrengend • toll

4 Schreiben Sie jetzt die verbesserte Version der Inhaltsangabe ab Zeile 5 in Ihr Heft. Unterstreichen Sie alle Formulierungen, die die Wiedergabe von Aussagen ausdrücken.

Im Text wird erwähnt, dass die Arbeit in der Bäckerei anstrengend ist. Der Jugendliche, der eine Ausbildung zum Bäcker macht, …

Sie haben gelernt, welche Punkte Sie beim Schreiben einer Inhaltsangabe beachten müssen.

5 Übernehmen Sie das folgende Basiswissen in Ihr Heft und schreiben Sie die passenden Wörter in die Lücken. Besprechen Sie Ihre Ergebnisse in der Klasse.

> Hauptteil • Aussagen • sachlich • Einleitung •
> Präsens • indirekte • Meinung • eigenen Worten

Basiswissen

Eine Inhaltsangabe soll die wichtigsten _____ eines Textes _____ wiedergeben.

Diese werden in der Inhaltsangabe mit _____ formuliert.

Der Aufbau einer Inhaltsangabe:

Eine Inhaltsangabe wird in Einleitung, Hauptteil und (evtl.) Schluss gegliedert.

- In die _____ einer Inhaltsangabe gehören die Angaben zum Titel, zur Verfasserin/ zum Verfasser, zum Erscheinungsdatum, zur Quelle und zum Thema des Textes.

- In den _____ gehören die wichtigsten Aussagen des Textes.

- Der Schluss einer Inhaltsangabe soll die _____ der Verfasserin/des Verfassers kurz wiedergeben, falls diese im Text genannt wird.

Die sprachliche Form einer Inhaltsangabe:

Die Inhaltsangabe wird in der Zeitform _____ verfasst.
Wörtliche Rede wird in der Inhaltsangabe durch die _____ Rede wiedergegeben.
Indirekte Rede kann man durch Verben wie *äußern, meinen, mitteilen, erklären* einleiten.

Mehr zur indirekten Rede erfahren Sie auf den Seiten 70 und 174.

Einen Geschäftsbrief formulieren

Wenn Sie sich um eine Ausbildungsstelle bemühen, verfassen Sie auch Geschäftsbriefe. Stellen Sie sich die folgende Situation vor:

> Sie haben sich fristgerecht bei der Druckerei „Schnelldruck" in Musterstadt für die Ausbildung als Maschinenführer/in beworben. Die Druckerei lud Sie zu einem Einstellungstest ein, an dem Sie teilnahmen. Nach Beendigung des Einstellungstests wurde Ihnen von Frau Meier, der Assistentin des Personalchefs, eine Teilnahmebescheinigung ausgehändigt und mitgeteilt, dass Sie bis zum 13. Mai eine schriftliche Benachrichtigung bekommen würden. Mittlerweile ist schon der 20. Mai und Sie haben noch keine Rückmeldung erhalten.

Zur Klärung der Situation könnten Sie eine telefonische oder eine schriftliche Nachfrage formulieren.

1 Worauf sollten Sie bei einer solchen Nachfrage achten? Sammeln Sie Vorschläge in der Klasse.

– Ansprache mit Namen (Frau Meier)
– Betreff angeben (Worum geht es?)

Tipp: Sie können dazu ein Telefonat als Rollenspiel durchführen. Informationen zur telefonischen Anfrage finden Sie auf der Seite 28.

2 Bereiten Sie eine schriftliche Anfrage an die Firma „Schnelldruck" vor, in der Sie sich nach dem Ergebnis Ihres Einstellungstests erkundigen (siehe Situation oben).
a) Notieren Sie zunächst Sätze und Redewendungen, die Sie in dem Brief an die Firma verwenden könnten.

Leider habe ich noch nichts von Ihnen gehört. …

b) Besprechen Sie in der Klasse Ihre Vorschläge und verbessern Sie diese.

3 Erstellen Sie einen Geschäftsbrief mit Ihrer Nachfrage an die Druckerei „Schnelldruck".
a) Schauen Sie sich das Muster auf Seite 131 an. Überlegen Sie, welche der folgenden Textteile Sie in Ihren Brief einbauen können. Wählen Sie die passenden Textteile aus.

> Druckerei „Schnelldruck" • Lieber Herr Mustermann • 20.05.2008 •
> Musterweg 876 • 12345 Musterstadt • Lebenslauf • Arbeitsplan des letzten Monats •
> Petra Klosterschmidt • Klosterstraße 85 • Anfrage bezüglich meiner Bewerbung •
> 12345 Musterstadt • Schichtführer Herr Klosterstadt • Anlage: Schulbescheinigung •
> Mit freundlichen Grüßen • Sehr geehrte Frau Meier

b) Schreiben Sie nur die passenden formalen Angaben in Ihr Heft. Orientieren Sie sich am Muster. Lassen Sie ein paar Zeilen für den Briefinhalt frei.

(4 Zeilen frei)

(2) Absenderadresse _____ (1) Datum _____

(7 Zeilen frei)

(3) Empfängeradresse _____

(4 Zeilen frei)

(4) **Betreffzeile** _____

(2 Zeilen frei)

(5) Anrede „Sehr geehrte Damen und Herren", „Sehr geehrte Frau …", „Sehr geehrter Herr …"

(1 Zeile frei)

(6) Briefinhalt _____

(nach jedem Absatz immer eine Zeile frei lassen)

(7) Grußformel „Mit freundlichen Grüßen"

(3 Zeilen Platz für die Unterschrift)

(8) Unterschrift _____

eventuell (9) **Anlage(n)** _____

4 Formulieren Sie als Briefinhalt eine höfliche Anfrage bezüglich Ihres Einstellungstests. Nutzen Sie Ihre Ergebnisse aus Aufgabe 2.

Am 6. Mai war ich bei Ihnen zu einem Einstellungstest. Sie sagten mir nach dem Test, …

5 Tauschen Sie Ihren Brief mit einer Mitschülerin/einem Mitschüler aus. Korrigieren Sie mögliche Fehler. Orientieren Sie sich dabei am Basiswissen:

Basiswissen

Ein **Geschäftsbrief** muss folgende Anforderungen erfüllen:

- Er muss einen korrekten Aufbau aufweisen (siehe Muster oben rechts).

- Die Formulierungen müssen höflich sein und es darf keine Umgangssprache verwendet werden.

- Das Anliegen muss deutlich werden; Unwichtiges gehört nicht in einen Geschäftsbrief.

- Grammatik und Rechtschreibung müssen den Regeln entsprechen.

Achten Sie besonders auf die Groß- und Kleinschreibung: In formalen Briefen werden die Anredepronomen großgeschrieben.

Ich wollte nachfragen, ob <u>Sie</u> *inzwischen …*

Mehr zur Rechtschreibung finden Sie auf den Seiten 45–60.
Zum Bewerbungsschreiben finden Sie Informationen auf den Seiten 30–33.

Test: Inhaltsangabe

Marc hat zum Text „Köpfchen zählt – und Persönlichkeit" (S. 124) eine Inhaltsangabe verfasst.

Der Zeitungsartikel informiert über Einstellungstests.

Häufig führen Firmen mit ihren Bewerbern Einstellungstests durch, bevor sie sie zum Vorstellungsgespräch einladen. Mit Hilfe solcher Tests wurden die Bewerberinnen und Bewerber in Mathematik, Fremdsprachen, Allgemeinwissen und Logik geprüft, damit die Unternehmen die
5 Stärken und die Schwächen der jungen Leute herausfinden konnten. Der Grund für die Durchführung von Einstellungstests ist, dass immer weniger Firmen sich bei der Personalauswahl auf die Zeugnisse der Jugendlichen verlassen haben. Personalberater und Buchautor Marcus Schulte gibt an: „Die Aussagekraft hat in den letzten Jahren nachgelassen." Betriebe setzen daher standardisierte Einstellungstests ein. „Dann müssen alle die gleiche Hürde überspringen", erklärt
10 Schulte. Die häufigsten Arten der Einstellungstests sind Intelligenz-, Persönlichkeits- und Leistungstests. Die Berufsberaterin Ilse Rattka-Nüdling von der Agentur für Arbeit in Würzburg berichtet: „Manche Tests gehen über ein paar Stunden." Sie betont: „Die Inhalte sind davon abhängig, was der Betrieb eigentlich erfahren möchte." Außerdem rät sie: „Jeder sollte auf seine Handschrift achten."
15 Wenn ein Einstellungstest erfolgreich war, nimmt der Jugendliche anschließend an einem Vorstellungsgespräch oder an praktischen Tests teil. So prüfen die Betriebe weitere Eigenschaften der Bewerber, wie z.B. Teamfähigkeit und Durchsetzungsvermögen. Außerdem spielt dabei auch die Persönlichkeit der Bewerberinnen und Bewerber eine wichtige Rolle.

1 Prüfen Sie die Einleitung auf Vollständigkeit. Notieren Sie in Stichpunkten, welche Angaben fehlen.

2 Prüfen Sie die sprachliche Form der Inhaltsangabe im Bezug auf die Zeitform (Tempus). Schreiben Sie die Sätze, in denen die Zeitform falsch verwendet wurde, richtig auf.

3 Prüfen Sie die sprachliche Form der Inhaltsangabe im Bezug auf die Verwendung von direkter und indirekter Rede. Schreiben Sie die fehlerhaften Sätze richtig auf.

4 Schreiben Sie nun die ganze Inhaltsangabe korrekt in Ihr Heft.

Test: Geschäftsbrief

5 **Anfrage bezüglich meiner Bewerbung**   20.05.2008

Musterweg 876
Frau Meier
10 Druckerei „Schnelldruck"
12345 Musterstadt

15

Petra Klosterschmidt
20 12345 Musterstadt
Klosterstraße 85

25
Sehr geehrte Frau Meier,

ich habe mich vor einiger Zeit bei ihrer Firma für die Ausbildungsstelle als
30 Maschinenführer/in beworben. Ich erhielt von ihnen eine Einladung zum
Einstellungstest am 3. Mai 2008. Ich folgte der Einladung und nahm am Test teil.
Nach dem Einstellungstest erhielt ich eine Teilnahmebescheinigung von Ihnen.
Außerdem sagten sie mir, dass allen Testteilnehmern die Ergebnisse bis zum 13. Mai
mitgeteilt würden.

35 Heute ist bereits der 20. Mai und ich bedauere sehr, dass ich bisher noch keine
Nachricht von ihnen erhalten habe.

Es würde mich sehr freuen, wenn Sie Mir zeitnah mein Ergebnis mitteilen und mich
40 über den weiteren Verlauf meiner Bewerbung informieren würden.

Anlage:
Beleg über die Teilnahme am Einstellungstest

45
Mit freundlichen Grüßen

Klosterschmidt, Petra

Petra Klosterschmidt hat beim formalen Aufbau ihres Briefes und bei der Groß- und Kleinschreibung einiges falsch gemacht.

1 Bringen Sie die verschiedenen formalen Angaben in die richtige Reihenfolge und schreiben Sie diese – zunächst ohne den Briefinhalt – in Ihr Heft. Lassen Sie in der Briefmitte genügend Platz für den Briefinhalt. Achten Sie auf die richtige Anzahl der Freizeilen.

2 Korrigieren Sie die Rechtschreibfehler.
   a) Im Briefinhalt stecken fünf Fehler. Notieren Sie die entsprechenden Zeilen.
   b) Übernehmen Sie den Briefinhalt in richtiger Schreibung in Ihr Heft.

In der Prüfung bekommen Sie einen Text vorgelegt, den Sie zunächst lesen und zu dem Sie dann zwei Aufgaben lösen müssen. Stellen Sie sich vor, Sie wären in der Prüfung, und bearbeiten Sie die Musteraufgaben.

Ehrenamtliche Arbeit kann sich später auszahlen *von Nina Apin*

Alte Menschen im Krankenhaus besuchen oder Spenden für Flutopfer sammeln: Möglichkeiten für Jugendliche, sich ehrenamtlich zu engagieren, gibt es jede Menge. Wer sich für andere einsetzt, leistet Arbeit, die zwar nicht mit Geld bezahlt wird. Doch umsonst ist freiwilliges Engagement nicht: Neben der Gewissheit, etwas Gutes zu tun, kann es Vorteile für das spätere Berufs-
5 leben bringen.

Wer ehrenamtlich anpackt, steht bei Weitem nicht auf verlorenem Posten. Das ist eines der Ergebnisse der vor Kurzem veröffentlichten Shell-Jugendstudie. Dieser zufolge ist ein Drittel der Jugendlichen „oft" und sind weitere 42 Prozent „gelegentlich" in ihrer Freizeit für gesellschaftliche oder soziale Zwecke aktiv. Viele setzen sich dabei für Gleichaltrige ein. Ein Beispiel dafür ist
10 das Projekt „Jugendliche beraten Jugendliche" in Lüneburg. Eine Gruppe von 15 Jungen und Mädchen bietet dort anderen Jugendlichen telefonische Beratung an und hilft ihnen beim Lösen von Problemen.

Die 19-jährige Lea Schlesmann ist seit vier Jahren dabei: Ein- bis zweimal pro Monat sitzt sie für sechs Stunden am Telefon und beantwortet Anrufe, die über die Hotline „Nummer gegen Kum-
15 mer" eingehen. Die Probleme reichen von einer 5 in Mathe bis zu Selbstmordabsichten. Die Telefonberatung ist eines von zehn Projekten, die jüngst bei „Jugend hilft" für ihre Arbeit ausgezeichnet wurden. Veranstalter des jährlich stattfindenden Wettbewerbs ist die Kinderhilfsorganisation „Children for a Better World"[1] aus München. Die anderen Preisträger unternehmen Ausflüge mit Rollstuhlfahrern oder bewerten Spielplätze für Jüngere.

20 „Ehrenamtliche Arbeit vermittelt Selbstbewusstsein, Verantwortlichkeit und soziale Kompetenz[2]," sagt Ulrike de Vries, Geschäftsführerin von „Children for a Better World". Was das bedeutet, kann Lea Schlesmann erklären. Sie habe bei der freiwilligen Arbeit viel gelernt – auch für ihren späteren Job: „Zuhören und auf andere Menschen eingehen zu können, ist etwas Wertvolles", sagt sie. „Und bei meiner letzten Praktikumsbewerbung hat mir mein Engagement
25 als Telefonberaterin Pluspunkte verschafft."

Dafür, dass die Telefonberater aus ihrem Engagement berufliche Vorteile ziehen können, sorgt Projekteiter Michael Casten. „Zahlen können wir unseren jungen Mitarbeitern leider nur das Busticket", sagt er. „Als Ausgleich bieten wir ihnen mit Kursen zu Gesprächstechniken und Besuchen in sozialen Einrichtungen Weiterbildung an."

Das Zertifikat[3], das die Jungs und Mädchen für ihre Arbeit bekommen, hat schon einigen
die Tür zu Ausbildung und Studienplatz geöffnet. „Soziales Engagement hat mehr Wirkung
auf einen Arbeitgeber als eine Mitarbeit im Eishockeyverein", sagt Casten.

Worterklärungen:
1 Children for a better world = engl.: Kinder für eine bessere Welt
2 soziale Kompetenz: Fähigkeiten bezogen auf den Umgang mit Menschen
3 Zertifikat = Bescheinigung, Zeugnis

Arbeitsanweisungen:

1. Textverständnis/Textproduktion: Inhaltsangabe

Geben Sie den Inhalt des vorliegenden Textes mit eigenen Worten wieder.

2. Textverständnis/Textproduktion: Geschäftsbrief

Sie haben beschlossen, sich im Bereich Naturschutz ehrenamtlich zu engagieren.

Mit Hilfe des Internets haben Sie herausgefunden, dass ein Naturschutzverein in Ihrer
Nähe ehrenamtliche Mitarbeiter/innen sucht.

Sie möchten sich darüber informieren, ob eine ehrenamtliche Mitarbeit für Sie möglich ist
und welche Tätigkeiten eine ehrenamtliche Mitarbeit umfassen würde. Führen Sie aus,
dass Sie gerne in der Natur sind und dass Sie persönlich im Alltag mehr für den
Naturschutz tun möchten. Fragen Sie danach, was der Verein an Aktivitäten unternimmt,
wie oft Vereinstreffen stattfinden und was genau von Ihnen erwartet wird.

Bitten Sie in einem Geschäftsbrief um Informationen. Wenden Sie sich an:

Andrea Königin
Naturschutz e.V.
Maiglöckchenweg 14
12345 Rosenstrauch

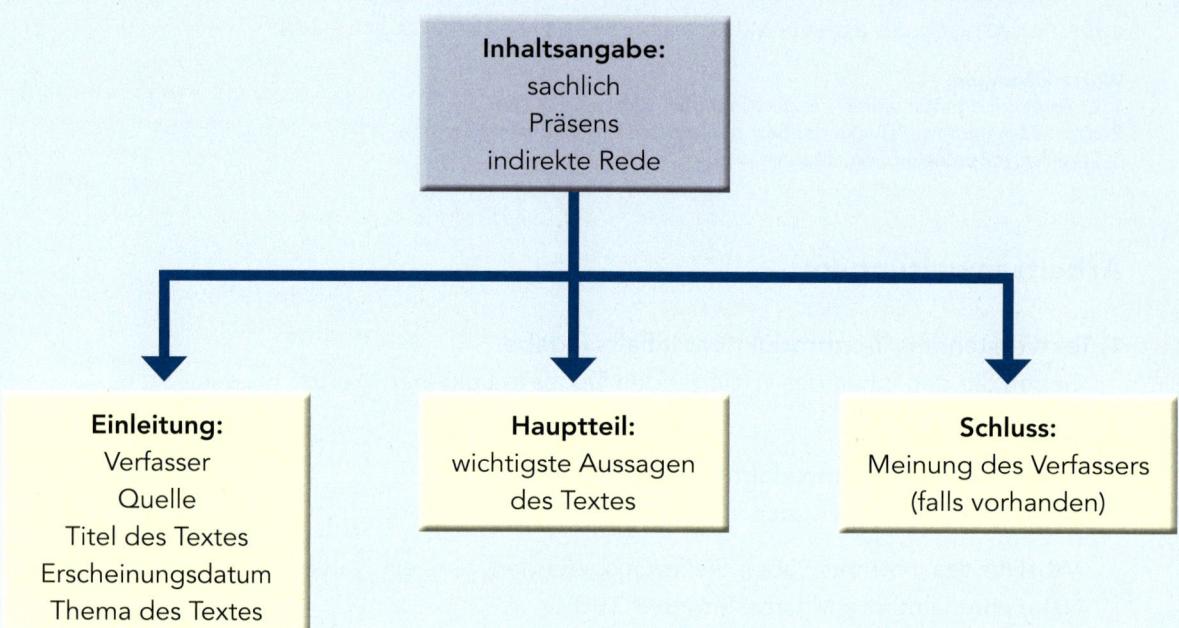

Inhaltsangabe:
sachlich
Präsens
indirekte Rede

Einleitung:
Verfasser
Quelle
Titel des Textes
Erscheinungsdatum
Thema des Textes

Hauptteil:
wichtigste Aussagen
des Textes

Schluss:
Meinung des Verfassers
(falls vorhanden)

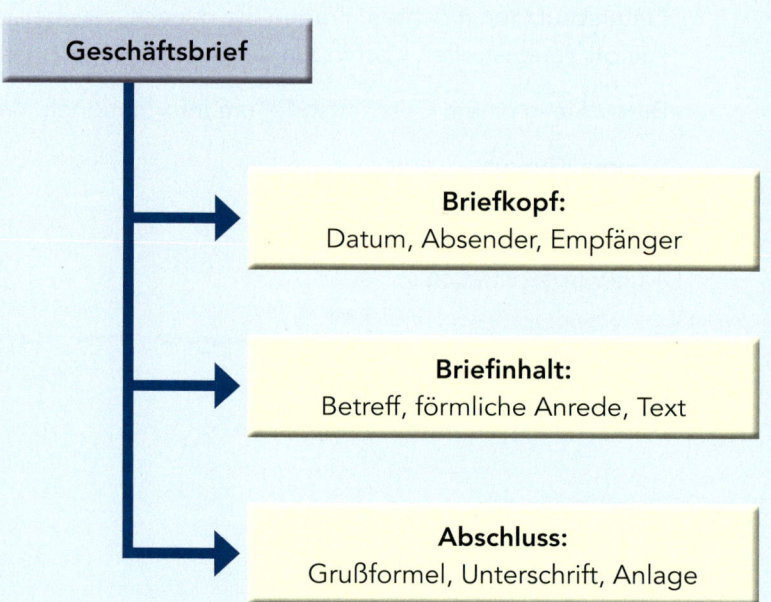

Geschäftsbrief

Briefkopf:
Datum, Absender, Empfänger

Briefinhalt:
Betreff, förmliche Anrede, Text

Abschluss:
Grußformel, Unterschrift, Anlage

Bericht und Stellungnahme

Was Ihnen das Kapitel bietet:

Berichte sollen informieren. Je nach Zweck, Zielsetzung und Adressat können sie unterschiedlich ausfallen. Oft werden sie zur Darstellung eines Geschehens benötigt. Stellungnahmen sollen überzeugen. Ein strittiges Problem steht zur Diskussion und von Ihnen wird eine begründete Stellungnahme dazu erwartet, z. B. in Form eines Leserbriefs.

Berichtschreiben und Stellungnehmen sind Schreibformen, die in Alltag und Beruf häufig von Ihnen verlangt werden, sie sind deshalb auch Gegenstand von Prüfungen. In diesem Kapitel erarbeiten Sie die entsprechenden Prüfungsaufgaben in Teilschritten.

Wo gibt es mehr zu diesem Themenbereich?

Im Kapitel „Bewerbung" üben Sie die besondere Form des Praktikumberichts.
Das Basiswissen zur Zeitform Präteritum und zur indirekten Rede – grammatische Formen, die Sie für das Schreiben eines Berichts benutzen – finden Sie im Kapitel „Grammatik / Zeichensetzung". Wie Sie eine Stellungnahme schreiben, erarbeiten Sie außerdem im Prüfungskapitel „Erzählung und Stellungnahme".

Einen Bericht schreiben

Der Jugendliche B. hat einen Ausbildungsplatz. Doch es gibt Probleme.
Unter dem Namen Lexim beschreibt er in einem Internetforum seine Situation.

Lexim: Hilfe – Ich werde gemobbt!

Hi, ich habe mich jetzt gerade hier angemeldet, damit ihr mir mal ein paar Ratschläge gebt! Ich habe vor einem halben Jahr eine Ausbildung in einer Bäckerei begonnen. Vorher habe ich das BEJ, Berufsfeld Hauswirtschaft, besucht. Das hat mir ganz gut gefallen. Ich habe mich schon während des BEJ in ganz vielen Bäckereien beworben und war total froh, als ich den Ausbil-
5 dungsplatz hier bekommen habe.

Die Bäckerei, in der ich arbeite, ist ein kleiner Betrieb mit nur drei Mitarbeitern und dem Chef. Der Chef ist der Besitzer, er hat auch noch zwei weitere Bäckereien in anderen Stadtteilen. Anfangs fand ich es gut, dass unsere Bäckerei so ein kleiner Betrieb ist. Ich dachte, dass ich in so einer kleinen Bäckerei selbstständiger arbeiten kann und vielleicht mehr lerne als in
10 einem großen Unternehmen wie z. B. einer riesigen Kette.

Die ersten Monate der Ausbildung liefen eigentlich ganz gut und ich hatte keinen Stress mit meinem Chef. Meine Kollegen waren o. k. Die Arbeit war zwar anstrengend für mich, aber sie hat auch Spaß gemacht. Aber vor zwei Monaten (vier Monate nach dem Beginn meiner Aus- bildung) ging's los. Ich bin aus der Berufsschule gekommen und meine Mutter hat sich ziemlich
15 aufgeregt. Sie hat gesagt, mein Chef habe bei ihr angerufen und ihr erzählt, ich sei dumm und faul. Er hat ihr auch noch erzählt, ich mache ständig Fehler, und einen Faulpelz wie mich könne sich ein so kleiner Betrieb wie seiner nicht leisten.
Das ist natürlich alles gelogen! Ich bin echt fleißig. Eigentlich arbeite ich mehr, als ich müsste. Fast jeden Tag lasse ich eine meiner Pausen ausfallen, damit wir die Arbeit schaffen. Ich mache
20 auch Überstunden. Davon hat mein Chef meiner Mutter natürlich nichts erzählt. Und natür- lich hat er ihr auch nicht erzählt, dass ich mit meinen 17 Jahren meine Pausen eigentlich einhal- ten muss und eigentlich auch keine Überstunden machen darf …! Ich finde das unmöglich! Zwei Wochen, nachdem mein Chef mit meiner Mutter gesprochen hatte, hat er eine neue At- tacke gegen mich gestartet. Es war so, dass ich mich am Montag für drei Tage krankmelden
25 musste, weil ich eine ganz schlimme Erkältung und 39° Fieber hatte. Ich habe gleich morgens – noch vor dem Arztbesuch – in der Bäckerei angerufen, mein Chef war aber nicht da. Ich habe also einen Kollegen gebeten, dass er dem Chef Bescheid sagt. Dann habe ich mir einen Erkältungstee gemacht und mich wieder ins Bett gelegt. Anders ging es wirklich nicht. Am Vormittag hat mein Chef mich dann auf meinem Handy angerufen und mich angebrüllt.
30 Er habe keinen Bock auf so einen Faulenzer, und wenn ich morgen nicht wieder da sei, dann würde er mich rauswerfen. Dann hat er sofort aufgelegt. Ich war total fertig und wusste nicht, was ich machen sollte. Ich habe ihm dann eine ganz höfliche SMS geschrieben, dass ich wirklich krank sei und dass meine Mutter ihm heute noch meine Arbeitsunfähigkeitsbescheinigung

bringen würde. Ich habe dann versucht, die Sache erst mal zu vergessen, und ein paar Tage war
35 auch Ruhe.

Eine Woche später wurde es wieder schlimmer. Am Montag war in der Bäckerei die Hölle los.
Ich habe richtig geschuftet. Als ich dann zwischendurch mal kurz in den Personalraum gegangen bin und einen Schluck Wasser getrunken habe, kam mein Chef und hat mich angeschrien:
„Warum stehst du faul rum? Wann arbeitest du endlich mal wieder?" Ich finde das so fies!

40 Ich weiß jetzt wirklich einfach nicht, was ich machen soll. Mir hat die Ausbildung vorher Spaß
gemacht und in der Berufsschule läuft es auch ganz gut. Der Stoff ist zwar ganz schön
anspruchsvoll, aber meine Noten sind trotzdem gut. Mittlerweile habe ich jeden Tag Angst,
zur Arbeit zu gehen, und freue mich richtig auf die Berufsschultage! Ich habe Angst, wieder
von meinem Chef angeschrien zu werden oder noch einmal krank zu werden. Und ich bin
45 richtig sauer auf den Chef. Tja, aber was soll ich jetzt machen? Meine Mutter sagt, ich soll
die Zähne zusammenbeißen und durchhalten. Aber ich weiß echt nicht, ob ich das bis zum
Ende meiner Ausbildung aushalte. Meine Klassenlehrerin sagt, ich soll mich an die IHK
wenden und mich beraten lassen. Ich weiß nicht! Was meint ihr?

1 Was erfahren Sie über Lexim und seine Situation? Bearbeiten Sie den Text wie folgt:
a) Der Text ist inhaltlich in vier Abschnitte gegliedert. Schreiben Sie zu jedem Abschnitt eine
Überschrift in Ihr Heft. Lassen Sie unter jeder Überschrift einige Zeilen frei.

Abschnitt 1: **Lexim macht eine Ausbildung in einer Bäckerei**

b) Fassen Sie den Inhalt jedes Abschnitts knapp zusammen. Schreiben Sie die Sätze unter die
Überschriften in Ihr Heft.

Abschnitt 1: Seit einem halben Jahr macht Lexim eine Ausbildung in einer Bäckerei ...

c) Mit welcher Absicht hat Lexim den Text geschrieben?
Notieren Sie diese.
d) Geben Sie den Inhalt des Textes in eigenen Worten mündlich wieder.

2 Was wissen Sie über „Mobbing"? Tauschen Sie sich über Ihre Kenntnisse aus.
a) Führen Sie mit Ihrer Partnerin/Ihrem Partner ein Brainstorming zum Thema „Mobbing" durch.
Information dazu erhalten Sie auf S. 12.
b) Sprechen Sie in der Klasse über Ihre Stichpunkte.
c) Schlagen Sie in einem Wörterbuch nach, was das Wort „Mobbing" bzw. verwandte Wörter
genau bedeuten. Informationen zum Nachschlagen finden Sie auf S. 13.
d) Vergleichen Sie Ihre Kenntnisse zum Thema „Mobbing" mit der im Text beschriebenen
Situation. Spricht Lexim zu Recht von „Mobbing"?

Einen Bericht schreiben

Lexim hat sich entschieden, eine Beratungsstelle aufzusuchen, um für sein Problem Lösungsmöglichkeiten zu finden. Bevor Lexim zum Beratungstermin geht, soll er einen Bericht schreiben, um die Beraterin über den Ablauf des Geschehens zu informieren.

1 Bereiten Sie auf der Grundlage von Lexims Text einen Bericht inhaltlich vor.

a) Tragen Sie nur die Informationen zusammen, die in einem Bericht über den Ablauf der Ereignisse enthalten sein müssen. Beantworten Sie dazu die folgenden W-Fragen schriftlich in Ihrem Heft:

Wer ist beteiligt? Beteiligt sind: Lexim, Lexims Chef, Lexims Mutter, die drei Mitarbeiter der Bäckerei, Lexims Klassenlehrerin.

b) Vergleichen Sie Ihre Antworten in der Klasse. Ergänzen Sie Ihre eigenen Notizen.

c) Bringen Sie die Ereignisse in die richtige zeitliche Reihenfolge. Legen Sie dazu einen Zeitstrahl in Ihrem Heft an und verzeichnen Sie alle Ereignisse.

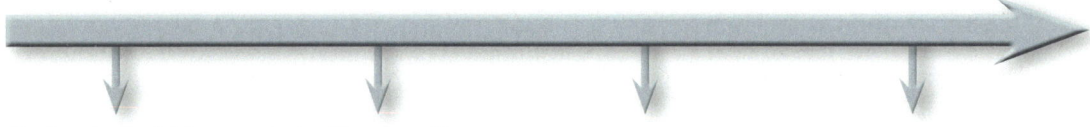

Beginn der Ausbildung   vier Monate später

d) Lesen Sie die folgenden Textbeispiele und entscheiden Sie, welche Mitteilungen in einen Bericht über den Verlauf eines Geschehens gehören und welche nicht. Begründen Sie.

> **1.** Dass der Chef mich bei meiner Mutter als Faulpelz hinstellte, fand ich ziemlich fies. Wahrscheinlich kann er mich nicht leiden.
> **2.** Zwei Wochen nach dem Telefonat mit meiner Mutter wurde ich an einem Montag krank. Ich rief sofort meinen Chef an und ging danach zum Arzt.
> **3.** Ich war total fertig und wusste nicht mehr, was ich machen sollte.
> **4.** Der Stoff in der Berufsschule ist zwar ganz schön anspruchsvoll, aber meine Noten sind trotzdem gut.

2 Bereiten Sie die sprachliche Form des Berichts vor.

a) Entscheiden Sie, welche Zeitangaben für das Schreiben eines Berichts geeignet sind und welche nicht. Übernehmen Sie die Tabelle in Ihr Heft und ordnen Sie die darunter stehenden Zeitangaben entsprechend zu.

geeignet	*nicht geeignet*
zu Beginn der Ausbildung	*auf einmal*

> danach • zuletzt • bevor • während • nachdem • neulich • damals • jetzt • schließlich • nun • mittags • am Nachmittag • endlich • mehrmals • plötzlich • auf einmal • kurz davor • bald darauf • gestern • heute • vor längerer Zeit •

b) Formen Sie die folgenden Sätze in einen knappen und sachlichen Satz um:

> Als ich am Montagmorgen aufwachte, spürte ich, dass ich wahrscheinlich hohes Fieber hatte, und ich fragte mich, ob ich vielleicht zum Arzt oder trotzdem in die stressige Bäckerei gehen sollte. Als ich dann merkte, dass ich schlapp und wahnsinnig erkältet bin, schleppte ich mich zu unserer netten Hausärztin. Dort saß ich eine Stunde. Sie sagte dann: „Oh, da werde ich dich ja krankschreiben müssen."

3 Schreiben Sie nun Lexims Bericht für die Beratungsstelle. Verwenden Sie die Ich-Form und formulieren Sie im Präteritum. Orientieren Sie sich am Basiswissen zum Bericht.

Vor einem halben Jahr begann ich eine Ausbildung ...

4 Nach dem Schreiben lesen Sie Ihren Bericht mehrmals und überarbeiten ihn:

a) Überprüfen Sie, ob Ihre Informationen inhaltlich vollständig, in der richtigen Reihenfolge angeordnet und sachlich sind.

b) Achten Sie auf knappe Sätze, passende Wortwahl und abwechslungsreiche Satzanfänge.

c) Kontrollieren Sie Rechtschreibung und Zeichensetzung. Nutzen Sie ein Wörterbuch.

Basiswissen

Ein **Bericht** soll informieren. Meist dient er der Darstellung eines Geschehens. Dazu hilft die Beantwortung der W-Fragen: **Wer?, Wann?, Wo?, Was?, Wie?, Warum?, Welche Folgen?** Ereignisse und Verlauf eines Geschehens werden knapp, sachlich und in der richtigen zeitlichen Reihenfolge wiedergegeben, ohne ausschmückende Details, ohne emotionale und persönliche Meinungsäußerungen. In einem schriftlichen Bericht wird die Zeitform Präteritum verwendet, es wird keine Umgangssprache benutzt.
Zum Tätigkeitsbericht finden Sie Übungen auf den Seiten 171–172.

Eine Stellungnahme schreiben

Lexims Bitte um Ratschläge zur Lösung seines Problems – Mobbing am Arbeitsplatz – wurde von vielen Mitgliedern des Internetforums gelesen. Es gab zahlreiche Reaktionen auf Lexims Eintrag. Das Mitglied Leo hat die folgende Stellungnahme geschrieben:

Einleitung	*Mobbing am Arbeitsplatz – auch durch den Arbeitgeber – tritt in den vergangen Jahren immer häufiger auf. Mobbing darf nicht geduldet werden, auf keinen Fall dürfen Betroffene darüber schweigen. Sie sollten Hilfe suchen bei der Industrie- und Handelskammer (IHK), bei der zuständigen Gewerkschaft oder bei einer Rechtsberatungsstelle.*	**Thema** der Stellungnahme **Behauptung (These)** des Verfassers
Hauptteil	*Meiner Meinung nach ist Beratung wichtig, weil beim Mobbing oft Rechte verletzt werden – und Auszubildende haben neben ihren Pflichten im Betrieb und in der Berufsschule auch Rechte. Zu den Rechten zählen zum Beispiel regelmäßige Pausen. Das steht sogar in einem Gesetz: dem Jugendarbeitsschutzgesetz.* *Vorgesetzte haben die Pflicht, ihre Mitarbeiter – auch ihre Auszubildenden – zu schützen, und die IHK könnte den Arbeitgeber an diese Pflicht erinnern. Die IHK kann den Bäckereibesitzer beispielsweise belehren, dass er für angemessene Umgangsformen im Ausbildungsbetrieb sorgen muss und dass es natürlich nicht in Ordnung ist, einen Auszubildenden anzuschreien.*	**Begründung (Argument)** und **Beispiel**
Schluss	*Im Fall von Mobbing ist eine professionelle Beratung also sehr wichtig! Lexim sollte sich unbedingt um einen Termin bei der IHK oder einer anderen Beratungsstelle bemühen.*	Bezug zur Einleitung, **Aufforderung (Appell)**, Schlussfolgerung

1 Untersuchen Sie die Stellungnahme.
   a) Geben Sie die Behauptung (These) des Verfassers wieder.
   b) Womit begründet der Verfasser seine These?
   c) Mit welchen Beispielen veranschaulicht der Verfasser seine Begründungen? Formulieren Sie diese mit eigenen Worten.
   d) Welche Aufforderung wird im Schlussteil formuliert?

Basiswissen

In einer **Stellungnahme** äußert man seine Meinung zu einem strittigen Problem oder zu einer aufgeworfenen Frage. Die bekanntesten Formen einer Stellungnahme sind der Leserbrief und der Kommentar (Wandzeitung, Zeitung, Internet). Eine Stellungnahme wird in drei Teile gegliedert:

1. **Einleitung:** Sie benennen das **Thema**. Danach formulieren Sie Ihre Meinung in Form einer **Behauptung (These)**, z. B. *Mobbing darf nicht geduldet werden.*

2. **Hauptteil:** Sie stützen Ihre These durch **Begründungen** (Argumente). Begründungen werden häufig mit Wörtern wie *weil, da, denn* eingeleitet. Sie überzeugen, wenn sie durch **Beispiele, Zahlen- oder Faktenbelege** veranschaulicht werden. Diese werden häufig mit Wörtern und Formulierungen wie *beispielsweise, z. B., wie die Beispiele zeigen, das kann belegt werden durch …* formuliert.

3. **Schlussteil:** Sie können Ihren Standpunkt in einem Satz zusammenfassen, eine Forderung (einen Appell) formulieren oder einen Ausblick auf die Lösung des Problems geben.

Lexim hat in den Interneteinträgen weitere Thesen und Begründungen sowie Beispiele und Belege gefunden. Hier eine kleine Auswahl:

– Lexim sollte unbedingt zur IHK gehen, weil man in einer solchen Arbeitsatmosphäre keine gute Ausbildung machen kann. Man kann beispielsweise kaum freundlich zu den Kunden sein, wenn man ständig Ärger mit dem Chef hat. Wissenschaftliche Studien belegen außerdem, dass in einer schlechten Arbeitsatmosphäre auch nur schlechte Arbeitsergebnisse erreicht werden.

– Ich behaupte, es bringt nichts, gleich zur IHK zu laufen. Ich würde erst mit den Kollegen sprechen, denn ich muss wissen, ob der Chef sich nur zu mir so verhält.

– Meiner Meinung nach muss Lexim sich gegen das Mobbing wehren, weil man sich nicht beleidigen lassen darf. Er soll Lexim ja als Faulpelz bezeichnet haben.

2 Untersuchen Sie die Textauszüge. Orientieren Sie sich am Basiswissen (oben).
  a) Notieren Sie mit eigenen Worten die formulierten Behauptungen (Thesen).
  b) Wie werden die Behauptungen begründet?
  c) Mit welchen Beispielen oder Belegen werden die Begründungen veranschaulicht?

3 Formulieren Sie Ihre Meinung.
  a) Schreiben Sie zu einer in Aufgabe 2 formulierten Behauptung oder zu einer eigenen mindestens zwei weitere Begründungen. Veranschaulichen Sie diese mit Beispielen.

  Meiner Meinung nach muss Lexim sich gegen Mobbing wehren, weil …

  b) Unterstreichen Sie die Wörter, mit denen Sie Ihre Begründungen eingeleitet haben.

Eine Stellungnahme schreiben

In Lexims Interneteintrag (S. 138) wird auf ein weiteres Problem aufmerksam gemacht: Für jugendliche Arbeitnehmer gibt es besondere Jugendarbeitsschutzvorschriften. Das Jugendarbeitsschutzgesetz (JArbSchG) ist ein Gesetz zum Schutz von arbeitenden Kindern und Jugendlichen. Darin sind unter anderem die Arbeitszeiten, der Urlaub und die Mehrarbeit (Überstunden) Jugendlicher geregelt. Hier einige Auszüge:

§ 4 Arbeitszeit

(1) Tägliche Arbeitszeit ist die Zeit vom Beginn bis zum Ende der täglichen Beschäftigung ohne die Ruhepausen (§ 11).

(2) Schichtzeit ist die tägliche Arbeitszeit unter Hinzurechnung der Ruhepausen (§ 11).

(4) Für die Berechnung der wöchentlichen Arbeitszeit ist als Woche die Zeit von Montag bis einschließlich Sonntag zugrunde zu legen. Die Arbeitszeit, die an einem Werktag infolge eines gesetzlichen Feiertags ausfällt, wird auf die wöchentliche Arbeitszeit angerechnet.

§ 8 Dauer der Arbeitszeit

(1) Jugendliche dürfen nicht mehr als acht Stunden täglich und nicht mehr als 40 Stunden wöchentlich beschäftigt werden.

(2) Wenn in Verbindung mit Feiertagen an Werktagen nicht gearbeitet wird, damit die Beschäftigten eine längere zusammenhängende Freizeit haben, so darf die ausfallende Arbeitszeit auf die Werktage von fünf zusammenhängenden, die Ausfalltage einschließenden Wochen nur dergestalt verteilt werden, dass die Wochenarbeitszeit im Durchschnitt dieser fünf Wochen 40 Stunden nicht überschreitet. Die tägliche Arbeitszeit darf hierbei achteinhalb Stunden nicht überschreiten.

(2a) Wenn an einzelnen Werktagen die Arbeitszeit auf weniger als acht Stunden verkürzt ist, können Jugendliche an den übrigen Werktagen derselben Woche achteinhalb Stunden beschäftigt werden.

(3) In der Landwirtschaft dürfen Jugendliche über 16 Jahre während der Erntezeit nicht mehr als neun Stunden täglich und nicht mehr als 85 Stunden in der Doppelwoche beschäftigt werden.

§ 11 Ruhepausen, Aufenthaltsräume

(1) Jugendlichen müssen im Voraus feststehende Ruhepausen von angemessener Dauer gewährt werden. Die Ruhepausen müssen mindestens betragen: 1. 30 Minuten bei einer Arbeitszeit von mehr als viereinhalb bis zu sechs Stunden, 2. 60 Minuten bei einer Arbeitszeit von mehr als sechs Stunden. Als Ruhepause gilt nur eine Arbeitsunterbrechung von mindestens 15 Minuten.

(2) Die Ruhepausen müssen in angemessener zeitlicher Lage gewährt werden, frühestens eine Stunde nach Beginn und spätestens eine Stunde vor Ende der Arbeitszeit. Länger als viereinhalb Stunden hintereinander dürfen Jugendliche nicht ohne Ruhepause beschäftigt werden.

1 Lesen Sie die Auszüge aus dem Jugendarbeitsschutzgesetz. Welche Arbeits- und Pausenzeiten gelten derzeit für 17-Jährige?

Das Jugendarbeitsschutzgesetz wird von Zeit zu Zeit aktualisiert.

Derzeit gibt es Vorschläge, das Gesetz so zu ändern, dass Jugendliche abends länger arbeiten können und dass die Beschäftigungsverbote für Jugendliche an Sonn- und Feiertagen eingeschränkt werden. Folgende gegensätzliche Meinungen bestimmen die Diskussion zu dem Gesetz:

These 1: Das Gesetz muss in Bezug auf Arbeitszeiten aktualisiert werden.
Begründung: Einzelne Regelungen des Jugendarbeitsschutzgesetzes halten Betriebe davon ab, Ausbildungs- und Arbeitsplätze für Jugendliche, vor allem im Bereich der Dienstleistungen, anzubieten.
These 2: Das Gesetz darf nicht verändert werden.
Begründung: Gerade junge Arbeitnehmer benötigen besonderen Schutz.

2 Betrachten Sie die beiden Behauptungen (Thesen) und die Begründungen. Welcher Meinung würden Sie eher zustimmen? Begründen Sie Ihre Wahl im Klassengespräch.

3 Schreiben Sie Ihre Stellungnahme zu der aufgeworfenen Frage:
Sollen die Arbeitszeitregelungen im Jugendarbeitsschutzgesetz gelockert werden?

a) Lesen Sie noch einmal das Basiswissen zur Stellungnahme (S. 143).
b) Schreiben Sie eine Einleitung.

Die derzeit bestehenden Bestimmungen im Jugendarbeitsschutzgesetz ...

c) Notieren Sie in Stichworten mindestens zwei Begründungen (Argumente) für Ihre Behauptung (These). Notieren Sie zu jeder Begründung mindestens ein Beispiel.

	Begründung (Argument)	*Beispiel(e)*
1	*..., weil Jugendliche noch Zeit zum Lernen benötigen*	*... beispielsweise für die Prüfungen in Deutsch und Englisch*

d) Schreiben Sie nun den Hauptteil Ihrer Stellungnahme. Nennen Sie Ihre wichtigsten Begründungen und verknüpfen Sie diese mit den Beispielen.
e) Schreiben Sie einen Schlusssatz.

Abschließend möchte ich noch einmal betonen, dass ...

4 Überarbeiten Sie Ihre Stellungnahme. Achten Sie bei der Überprüfung der Stellungnahme auf die folgenden Kriterien:
✓ Einleitung: Das Thema wird benannt und die Behauptung (These) wird geäußert.
✓ Hauptteil: Mindestens zwei Begründungen mit Beispielen sind vorhanden.
✓ Schluss: Die eigene Meinung wird wiederholt. Eine Forderung kann formuliert werden.

Der folgende Bericht wurde auf der Grundlage der Informationen in Lexims Interneteintrag (S. 138) verfasst. Leider wurde der Text nicht mehr überarbeitet.

ACHTUNG FEHLER

Und dann, und dann, und dann, und dann, und dann, und dann …

Vor einem halben Jahr begann ich eine Ausbildung in einer Bäckerei, in der außer mir noch der Chef und drei andere Mitarbeiter arbeiteten.
Zunächst verlief die Ausbildung ohne Probleme und machte mir Spaß.
Aber dann begann der Chef, mich zu mobben. Vier Monate nach dem Beginn der Ausbildung
5 rief der Chef meine Mutter an und erzählte ihr, ich sei dumm und faul und ich mache ständig Fehler. Für diesen Anruf gab es aber keinen Grund, da ich immer sehr fleißig und zuverlässig war. Ich machte sogar gegen die Bestimmungen des Jugendarbeitsschutzgesetzes oft Überstunden und ließ meine Pausen ausfallen.
Dann, vier Tage später, hinderte mich eine Erkrankung, zur Arbeit zu gehen. Der Chef beschul-
10 digt mich dann in einer SMS, dass ich nicht wirklich krank, sondern faul sei. Ich antworte meinem Chef dann in einer SMS, dass ich wirklich krank sei. Daher rief ich gleich morgens in der Bäckerei an und meldete mich krank. Und ich schrieb ihm, dass meine Mutter die Arbeitsunfähigkeitsbescheinigung vom Arzt vorbeibringe.
Dann folgte ein weiterer Mobbing-Angriff des Chefs: Ich machte nach fünf Stunden eine kurze
15 Pause und dann schrie der Chef mich wieder an, dass ich so faul sei.

1 Korrigieren Sie den vorliegenden Bericht in Bezug auf die Zeitform:
Die Zeitform ist an zwei Stellen im Text falsch gewählt.
Notieren Sie die zu korrigierenden Textstellen (Zeilenangaben).

2 Überarbeiten Sie den Bericht in Bezug auf den Stil:
Ersetzen Sie das Wort *dann* durch andere Zeitangaben.
Schreiben Sie die korrigierten Sätze in Ihr Heft.

Test: Stellungnahme

Die DGB-Jugend – das ist die Jugendorganisation des Deutschen Gewerkschaftsbundes – hat eine Stellungnahme zum Thema „Novellierung des Jugendarbeitsschutzgesetzes" verfasst. (Novellierung heißt so viel wie: ein Gesetz durch ein Nachtragsgesetz ergänzen.)

Hände weg!

[...] Wirtschaftspolitiker sind der Auffassung, die gegenwärtigen Regeln zum Schutz der Jugendlichen seien Ausbildungshemmnisse. Allerdings können sie diese Behauptung nicht belegen. Der Deutsche Gewerkschaftsbund ist der Ansicht, dass Sicherheit und Gesundheitsschutz Vorrang haben – dies gilt gerade angesichts der hohen Zahl von Arbeitsunfällen unter Beteiligung

5 Heranwachsender.

Die Regeln des Jugendarbeitsschutzes sind schon recht flexibel. Bereits heute können Jugendliche unter 18 Jahren in bestimmten Betrieben (z. B. Bäckereien) ab fünf Uhr und in mehrschichtigen Betrieben bis 23:30 Uhr arbeiten. Weiterer Bedarf ist nicht ersichtlich, zumal die Lockerung des Jugendarbeitsschutzes in den vergangenen Jahren (zuletzt 1997) nicht mehr Ausbildungs-

10 plätze gebracht hat. Im Gegenteil: Zählte die Bundesagentur für Arbeit 1996 noch 609 274 Ausbildungsplätze, so waren es 2005 nur noch 562 816. Der anhaltende Mangel an betrieblichen Ausbildungsplätzen rechtfertigt nicht den Abbau von Prävention* und Gesundheitsschutz. Ausbildungsplätze dürfen nicht durch das Streichen von Schutzrechten Jugendlicher erkauft werden.

*Prävention: Vorbeugung, Verhütung

1 Untersuchen Sie Inhalt und Aufbau der Stellungnahme.
   a) Schreiben Sie die Behauptung (These), die der Deutsche Gewerkschaftsbund vertritt, in Ihr Heft.
   b) Notieren Sie die vier Begründungen (Argumente), mit denen die Behauptung belegt wird, in Stichworten in Ihr Heft.
   c) Welche Begründung ist für Sie die überzeugendste? Mit welchem Beispiel wird sie veranschaulicht?
   d) An welcher Stelle im Text beginnt der Schluss? Notieren Sie den entsprechenden Satzanfang und begründen Sie Ihre Meinung.
   e) Wie wurde der Schluss inhaltlich gestaltet (Zusammenfassung, Schlussfolgerung, Aufforderung/Appell)?

Steinheimer: Die Prüfung

Nahezu lautlos bewegt sich Sina fort und das gibt ihr ein gutes Gefühl. Weiß schimmern die neuen Turnschuhe, heben sich im fahlen Licht der Straßenlaternen beinahe strahlend gegen den dunklen Asphalt ab. Es riecht nach Bier und irgendwo schlägt ein Hund an, eine barsche[1] Männerstimme folgt, eine Tür schlägt zu [...] Die Tür des kleinen Schuppens neben dem Miets-

5 haus ist nur angelehnt. Ihr hohes Quietschen ruft den Hund wieder auf den Plan. „Mensch, mach doch nicht so einen Lärm! Muss ja mein Alter nicht hören, dass wir hier sind." Mit einer steilen Zornfalte im Gesicht stapft Ronny über Scherben und schließt behutsam die Tür. „Tschuldigung."

Etwas unschlüssig steht Sina im Raum und versucht, durch das Halbdunkel und den Rauch

10 Gesichter auszumachen. Ronny steht direkt neben ihr, dreht sich eine Zigarette und wirft in seiner typischen Pose die Haare über die Schultern. Gut sieht er aus. Sehr gut sogar. Er bemerkt ihren Blick und Sina sieht schnell auf ihre Füße.

Als er sie heute Morgen gefragt hatte, ob sie abends auch „in die Absteige" kommen wolle, war sie erst mal sprachlos gewesen und vor lauter Angst, etwas Debiles, Dämliches zu sagen,

15 hatte sie nur peinlich rumgestottert und schließlich Ronnys knatternder Schwalbe (ein Moped) hinterhergerufen, dass sie sehr gerne kommen wolle.

In der Absteige treffen sich die Leute, zu denen sie immer gehören wollte.

[...] Ronny hat den Glimmstängel mittlerweile zwischen den Lippen: „Willst du 'n Bier?" Bevor Sina sich eine Antwort zurechtgelegt hat, knackt er den Kronkorken mit Hilfe seines Eckzahnes

20 und weist auf die Sprungfedern: „Setz dich doch."

Eine Weile herrscht Schweigen. [...]

„Gehen wir heute noch raus?", fragt Atze und nickt abfällig mit dem Kopf in Sinas Richtung. [...]

„Ja", sagt Antje, „wenn sie schon unbedingt dazugehören will, muss sie die Prüfung ablegen."

Ronny zieht an der Zigarette, als würde er ertrinken, wirft wieder sein Haar über die Schultern

25 und meint lässig: „Immer mit der Ruhe, der Abend ist ja noch jung, was seid ihr denn so hektisch?"

Keiner antwortet, Ronny ist der Boss. Sina zieht die Schultern hoch. Sie ist sich nicht sicher, auf was sie sich da eingelassen hat. Die Prüfung, schon oft hat sie andere darüber tuscheln hören, aber um was es sich wirklich handelt, weiß keiner so genau. Genau scheinen ohnehin nur

30 Ronny und seine Leute von der Absteige davon zu wissen.

Jetzt ist Sina froh, dass sie eine Bierflasche in der Hand hat, so kann niemand sehen, wie sehr ihre Hände zittern. Nicht nur wegen der Prüfung, sondern auch weil Ronny nun auf der Sofakante neben ihr sitzt und seinen Arm um sie gelegt hat. Langsam streicht seine Hand über ihre Schulter.

35 Irgendwann gehen sie los, Sina hat das Gefühl für Zeit und Bier verloren. [...]

Am Kanal werden sie langsamer, das Wasser gurgelt und Antje schafft es gleichzeitig, Sina misstrauisch zu beäugen und Ronny anzulächeln. [...]

„Fangen wir an", sagt Ronny, als wollten sie für eine Mathematikarbeit lernen. Sina sieht ihn unsicher an. Ihr ist kalt und der schadenfrohe Blick Antjes macht sie nervös.

40 „Also, es ist ziemlich einfach, keine Ahnung, warum die Leute immer so ein Gedöns[2]

um unsere Prüfung machen. Alles, was du tun musst, ist, von einer Seite des Kanals zur anderen zu springen."

Sina misst die Entfernung. So weit ist sie im Sportunterricht noch nie gesprungen, das steht auf alle Fälle fest. Unten glitzert schwarz das brackige[3] Wasser.

45 Es kann ja nichts passieren, oder? Das Wasser sieht recht tief aus, wenn ich reinfalle, ist das nichts anderes, als ob man im Schwimmbad vom Dreier springt. Und wenn ich mich doch verletze? Die Kanten sind aus grobem, unebenem Stein und wer weiß, wie lange ich schwimmen muss, bis ein Aufgang kommt. Aber Ronny würde mich doch sicher rausziehen …

Sina zögert. Kneift die Augen zusammen. Das schaffst du, das schaffst du, hämmert es in
50 ihrem Kopf. Sie spürt den Blick der anderen, vor allem den Ronnys.

Sekunden kribbeln in ihren Fingerspitzen, als sie zurückgeht, um mehr Abstand zu gewinnen. Sina rennt. Denkt nicht. Sieht verschwommen durch das matte Licht der Straßenlaterne den Abgrund auftauchen. Springt ab. Fliegt.

Zu kurz. Die Hände, emporgereckt, verfehlen im letzten Moment die graue, nasse Steinkante.
55 Turnschuhe kratzen hilflos an Algen vorbei. Sina fühlt die Kälte, bevor sie ins Wasser trifft, tausend kleine, bohrende Nadeln. Die schwarze Nässe ist nicht so tief, wie es von oben scheint, sie geht ihr nur bis zur Brust. Durch den verschwommenen Tränenschleier, oder ist es nur Wasser, kann sie vier Gestalten sich abwenden sehen. Von weither dringen Stimmen an ihr Ohr, verzerrt, wie ein zu oft überspieltes Tonband. „Siehst du, Ronny, ich hab doch von Anfang an
60 gesagt, dass die es nicht bringt. Die passt nicht zu uns." Antjes Stimme überschlägt sich fast. „Wahrscheinlich hattest du mal wieder Recht, Antje. Bei der nächsten …"

Hat sie wirklich geglaubt, die Clique würde ihr helfen? Ronny würde ihr helfen? Sina schließt die Augen und lässt sich gegen den grauen nassen Stein sinken.

[1] barsch: unfreundlich, rau
[2] Gedöns: regional für „viel Getue um nichts"
[3] brackig: salzig, ungenießbar

Arbeitsanweisungen:

1. Textverständnis/Textproduktion: Bericht

Stellen Sie sich vor, die Polizei muss Sina retten. Als Sina wieder gesund ist, soll sie einen Bericht über den Vorfall schreiben und wie es dazu kam.

Schreiben Sie diesen Bericht. Nutzen Sie die Informationen aus dem Text und geben Sie als Zeitangabe Freitagabend (15. April) an.

2. Textverständnis/Textproduktion: Stellungnahme

Im vorliegenden Text muss ein Mädchen eine Prüfung bestehen, um zu einer Gruppe zu gehören. Auch im realen Leben stellen Jugendgruppen oft Bedingungen für das Dazugehören, z. B. Äußerlichkeiten (Kleidung, Frisuren) oder Verhaltensweisen (z. B. Mittrinken). Was halten Sie von Gruppen oder Freunden, die Ihnen Bedingungen stellen, wenn Sie dazugehören wollen? Nehmen Sie dazu Stellung.

Zusammenfassung: Bericht und Stellungnahme

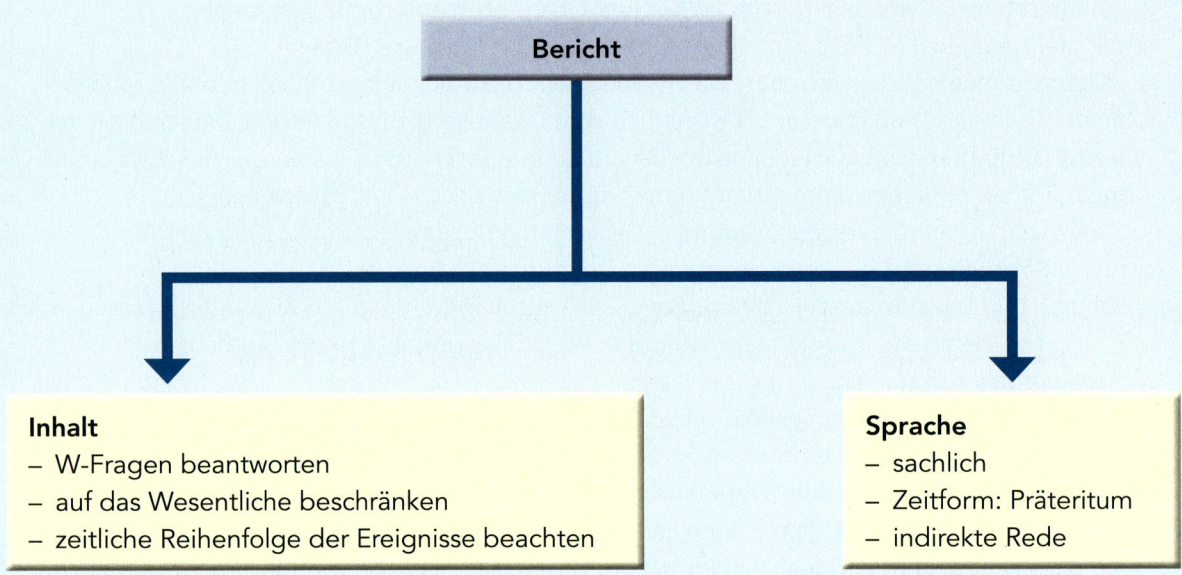

Bericht

Inhalt
- W-Fragen beantworten
- auf das Wesentliche beschränken
- zeitliche Reihenfolge der Ereignisse beachten

Sprache
- sachlich
- Zeitform: Präteritum
- indirekte Rede

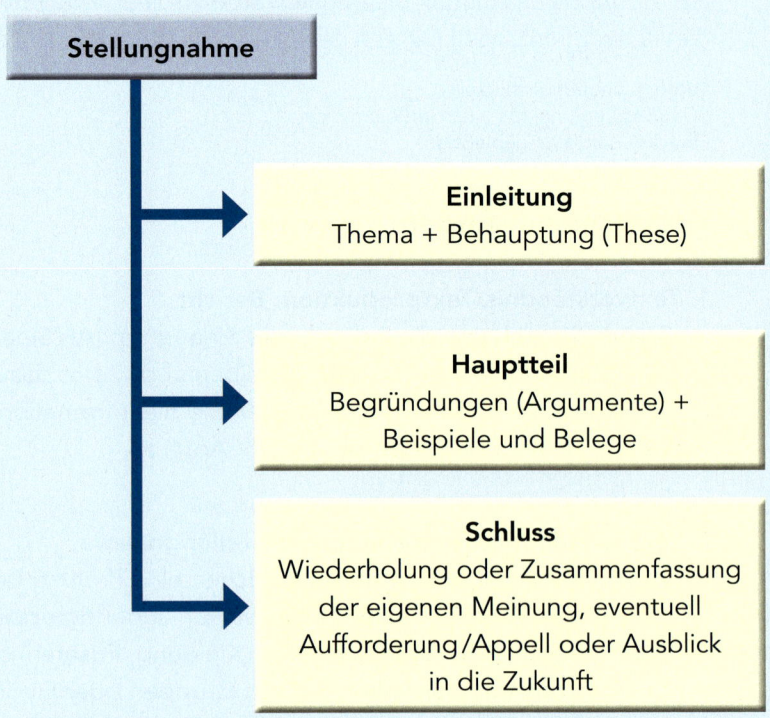

Stellungnahme

Einleitung
Thema + Behauptung (These)

Hauptteil
Begründungen (Argumente) +
Beispiele und Belege

Schluss
Wiederholung oder Zusammenfassung
der eigenen Meinung, eventuell
Aufforderung / Appell oder Ausblick
in die Zukunft

Erzählung und Stellungnahme

Was Ihnen dieses Kapitel bietet:

In diesem Kapitel bereiten Sie sich intensiv auf die Prüfungsaufgabe „Erzählung und Stellungnahme" vor. Schritt für Schritt – von der Idee über Ihren Erzählplan bis zum anschaulichen Formulieren – erarbeiten Sie eine Erzählung zu einem vorgegebenen Thema. Das Thema, zu dem die Erzählung verfasst wird, wirft Fragen auf, zu deren Klärung Sie Stellung nehmen sollen. Auch diesen Teil der Prüfungsaufgabe erarbeiten Sie schrittweise, wobei Sie besonders die sprachliche Gestaltung üben.

Wo gibt es mehr zu diesem Themenbereich?

Im Prüfungskapitel „Bericht und Stellungnahme" erarbeiten Sie Aufbau und Inhalt einer Stellungnahme. Methoden, wie z. B. ein Brainstorming durchführen oder eine Mindmap erstellen, finden Sie im Kapitel „Methodensammlung: Lernen lernen".

Eine Erzählung schreiben

Sie erhalten die Aufgabe, zu einem Text oder Textausschnitt eine Erzählung zu schreiben. Die folgenden Schritte sollen Ihnen dabei helfen. Der Text lautet:

> „Neulich hat`s bei mir gepiept. Nicht im Oberstübchen, was auch vorkommt, sondern völlig überraschend im Kaufhaus. Ich griff an der Kasse nach dem bezahlten Schal, steuerte auf den Ausgang zu und – „Piiiep"– löste an der Warensicherung einen Großalarm aus. Nur ein Schwerverbrecher hätte mehr Wirbel erzeugen können …"

Ideen sammeln

Der vorliegende Text (oben) bietet nur eine knappe Grundlage für Ihre Erzählung.

1 Sammeln Sie Ideen für eine Erzählung zu der beschriebenen Situation.
   a) Schreiben Sie ungeordnet alle Ideen, die Ihnen spontan einfallen, auf einzelne Zettel
       (→ Brainstorming, Methodenkapitel, S. 12).
   b) Notieren Sie auch das Thema auf einem Zettel: Worum geht es überhaupt?

2 Ergänzen Sie Ihre Ideen (Aufg. 1) nach folgenden Gesichtspunkten:
   – Handlung: Was soll geschehen? Welche Handlungsschritte sind möglich?
   – Erzähler: Aus wessen Perspektive soll erzählt werden: Ich-Erzähler, Er-/Sie-Erzähler?
   – Personen: Wer soll an der Handlung beteiligt sein?
   – Ort, Zeit, Umstände: Wo und wann findet das Geschehen statt?

Handlungsschritte:
– zwei Männer vom
  Wachpersonal schrien …
– die Tasche ausgekippt …
– die Kassiererin gerade in Pause
– Miriam trat auf mich zu …
– …

Weitere Personen:
– Miriam (erste
  Verabredung mit ihr)
– 2 Kassiererinnen
– viele Leute
– …

Ort, Zeit, Umstände:
– das Kaufhaus
– später Nachmittag
– keine Zeit
– verabredet

3 Überlegen Sie, wie Sie die Handlung bis zum Höhepunkt hin steigern können. Hier im Folgenden ein paar Beispielvarianten. Ergänzen Sie eigene.
   – Ungünstige Umstände: Die Kassiererin hat Pause; der Kassenzettel ist nicht zu finden.
   – Sich zuspitzende Zwischenfälle: Ein Mann will den Erzähler beim Aussuchen und anschließenden Einstecken des Schals beobachtet haben.
   – Unerwartete Ereignisse: Die Freundin, mit der man das erste Mal verabredet ist, kommt früher als erwartet und deutet die Situation falsch.

Einen Erzählplan erstellen

Bevor Sie mit dem Schreiben beginnen, planen Sie den Aufbau Ihrer Erzählung. Das heißt, Sie überlegen, was der „rote Faden" ist und wie Sie die Erzählung gliedern wollen.

4 Erstellen Sie Ihren Erzählplan.

a) Beantworten Sie sich die folgenden Fragen:
Wie soll meine Erzählung beginnen? Gibt es eine Vorgeschichte zu der Situation?
Wie soll der Hauptteil aufgebaut sein? Was ist der Höhepunkt der Handlung?
Soll es ein gutes Ende geben, soll es überraschend sein oder offenbleiben?

b) Übernehmen Sie das folgende Schema in Ihr Heft und schreiben Sie Ihre Antworten
(siehe Aufg. a) unter den „roten Faden". Beziehen Sie Ihre Ergebnisse aus den
Aufgaben 2 und 3 (S. 152) mit ein.

Einleitung	Hauptteil		Schluss

Höhepunkt

Erzählperspektive und handelnde Personen

Die Handlung Ihrer Erzählung wird vom Verhalten der Personen bestimmt. Dazu gehört auch die Person, aus deren Sicht in der Ich- oder Er-/Sie-Form erzählt wird bzw. über die erzählt wird.

5 Bestimmen Sie die Erzählperspektive: Aus wessen Sicht (Perspektive) wird erzählt?

a) Lesen Sie den folgenden Text.

> „Neulich hat's bei ihm gepiept. Nicht im Oberstübchen,
> was auch vorkommt, sondern völlig überraschend im
> Kaufhaus. Er griff an der Kasse nach dem bezahlten Schal,
> steuerte auf den Ausgang zu und – „Piiiep"– löste an der
> 5 Warensicherung einen Großalarm aus. Nur ein Schwer-
> verbrecher hätte mehr Wirbel erzeugen können …"

b) Vergleichen Sie den Text oben mit der gegebenen Ausgangssituation auf S. 152.
in Bezug auf die Erzählperspektive. Wie ist die Erzählerin/der Erzähler am Geschehen
beteiligt? In welcher Form wird jeweils erzählt?

c) Wie wirken die verschiedenen Erzählperspektiven auf Sie? Welche wählen Sie für Ihre
Erzählung? Begründen Sie Ihre Meinung.

d) Überlegen Sie sich, wer Ihr Erzähler sein soll: Mädchen oder Junge, Mann oder Frau,
jung oder alt? Ein Beobachter im Hintergrund? Notieren Sie sich dazu Stichpunkte.

Eine Erzählung schreiben

Der erste Satz – Erzählanfang

Der erste Satz ist bekanntlich der schwierigste, aber auch einer der wichtigsten Sätze in einer Erzählung. Er soll neugierig machen und in das Geschehen einführen.

6 Schätzen Sie die folgenden Erzählanfänge ein. Schreiben Sie selbst einen ersten Satz.

a) Welche Erzählanfänge wecken Ihr Interesse, welche halten Sie für ungeeignet? Begründen Sie Ihre Meinung.

– *Plötzlich ging der Alarm los. Wie Tiere stürzten sich die Wachleute auf mich …*
– *Es geschah nach der Schule. Ich hatte mich das erste Mal mit Miriam verabredet …*
– *Am 27. September ereignete sich Folgendes …*
– *Meine Zeit war knapp, ich wollte nur noch schnell den Schal kaufen und mich dann mit Miriam treffen. Doch plötzlich …*

b) Schreiben Sie nun selbst zwei Erzählanfänge auf, die zu Ihrer Erzählung passen.

Anschaulich und ausdrucksstark formulieren

Ihre Erzählung soll spannend sein, darüber hinaus sollen sich die Leserinnen und Leser gut in die Personen hineinversetzen und deren Gefühle nachempfinden können.

7 Beschreiben Sie die Personen, die in Ihrer Erzählung vorkommen sollen. Notieren Sie Eigenschaften und Gefühle. Nutzen Sie die Wörter aus dem Kasten.

Ich-Erzähler: gerade noch fröhlich, dann entsetzt, Situation ist peinlich …
Wachmann 1: selbstbewusst …
…

> angespannt • ängstlich • entsetzt • entspannt • erschreckt • freudig • fröhlich •
> gespannt • lässig • nachdenklich • neugierig • risikofreudig • ruhig • schadenfroh •
> selbstbewusst • traurig • triumphierend • überheblich • übermütig • überrascht •
> unsicher • unternehmungslustig • zornig

8 Nutzen Sie ausdrucksstarke Verben. Schreiben Sie die Verben in Ihr Heft und ergänzen Sie sie um mindestens zwei weitere Wörter mit gleicher/ähnlicher Bedeutung (Synonyme).

a) gehen – schleichen, schlendern …
b) sehen – erspähen, ins Auge fassen …
c) stehlen – mitgehen lassen …
d) sagen – erwidern, brüllen …

9 Manche Wörter haben mehrere Bedeutungen. Überlegen Sie, mit welchen Adjektiven Sie das Geschehen, die Personen, Umstände, Gefühle am treffendsten beschreiben können.

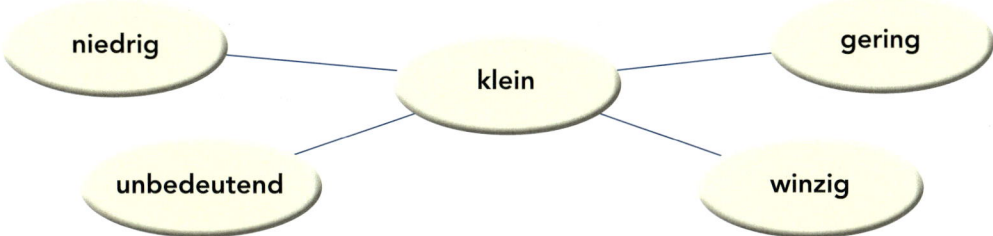

a) Erklären Sie die verschiedenen Bedeutungen des Wortes „klein".

unbedeutend: unwichtig

b) Übernehmen Sie die folgenden Adjektive in Ihr Heft und ordnen Sie die Wörter aus dem Kasten den Adjektiven mit ähnlichen Bedeutungsinhalten in der Tabelle zu.

interessant	*ansprechend, ...*
langweilig	
laut	
groß	
neu	

> ansprechend • spannend • schrill • frisch • dröhnend • schallend • packend •
> ungeheuerlich • vernehmbar • ermüdend • freudlos • reizvoll • erstmalig • reizlos •
> alltäglich • eintönig • riesig • eindrucksvoll • gigantisch • funkelnagelneu

Auch eine abwechslungsreiche Verknüpfung der Sätze kann die Spannung erhöhen.

10 Formulieren Sie die Sätze so um, dass der Vorgang spannender wird.

a) Verwenden Sie zur Verknüpfung der Sätze geeignete Wörter und Wortgruppen:

> bevor • anschließend • später • inzwischen • während • plötzlich •
> zu allem Unglück • ausgerechnet in dieser Minute • in diesem Augenblick

> *„Dann bezahlte er den Schal und dann wollte er zum Ausgang gehen, als dann
> der Alarm losging. Da kamen zwei Wachleute und ließen ihn die Tasche auspacken.
> Es standen viele Leute herum, sie sahen zu. Dann kam Miriam."*

b) Formulieren Sie die Sätze aus Aufgabe a anschaulicher durch ausdrucksstarke Verben und Adjektive.

Eine Erzählung schreiben

Die direkte/wörtliche Rede

Den Vorfall im Kaufhaus kann man auf unterschiedliche Weise erzählen.

*Ein Mann aus der Menge rief in gereiztem Ton, er habe genau beobachtet,
wie ich den Schal ausgesucht und danach in meine Tasche gesteckt hätte.
Das sei überhaupt nicht wahr, schrie ich völlig entsetzt.
Wie er so etwas behaupten könne, fragte ich zurück, das sei eine glatte Lüge.*

<u>*Ein Mann aus der Menge rief mit gereiztem Ton:*</u> *„Ich habe genau beobachtet,
wie Sie den Schal ausgesucht und danach in Ihre Tasche gesteckt haben."
„Das ist überhaupt nicht wahr!", schrie ich völlig entsetzt.
„Wie können Sie so etwas behaupten?", fragte ich zurück. „Das ist eine glatte Lüge."*

11 Lesen Sie die beiden Textauszüge.
  a) Vergleichen Sie die Wirkung der beiden Textauszüge. Worin unterscheiden sie sich?
  b) Übernehmen Sie den Auszug mit der direkten/wörtlichen Rede in Ihr Heft und
    unterstreichen Sie jeweils den Begleitsatz (siehe oben).

12 Üben Sie die direkte/wörtliche Rede. Formulieren Sie ausdrucksstarke Begleitsätze.
  a) Schauen Sie sich die Bilder an. Welche Gefühle drücken die Gesichter aus?

  b) Notieren Sie in Stichworten möglichst anschaulich, welche Gefühle auf den Bildern
    zum Ausdruck kommen.
  c) Verwenden Sie diese Beschreibungen zusammen mit Verben in Begleitsätzen für die
    direkte/wörtliche Rede.

   Mit triumphierendem Blick rief der Mann: ...

13 Führen Sie ein literarisches Rollenspiel zum Vorfall im Kaufhaus durch.
  a) Schreiben Sie zunächst den zweiten Textauszug auf S. 156 oben weiter. Verwenden Sie
    dazu Ihre Ergebnisse aus Aufgabe 12.
  b) Verteilen Sie die Rollen. Überlegen Sie, wie die Personen sprechen (auch Gestik und
    Mimik).
  c) Spielen Sie die Szene vor der Klasse.

14 Üben Sie die Zeichensetzung in der direkten/wörtlichen Rede.

a) Lesen Sie die folgenden Sätze. Was fällt Ihnen in Bezug auf die Zeichensetzung auf?

1. *Der Wachmann forderte mich auf: „Machen Sie Ihre Taschen leer!"*
2. *„Ich habe nichts gestohlen", erklärte ich.*
3. *„Haben Sie heute noch etwas anderes gekauft?", fragte der Wachmann.*
   „Es kann sein, dass da die Sicherung noch dran ist."

b) Leiten Sie aus den Sätzen 1–3 die Regeln für die Zeichensetzung bei der direkten/wörtlichen Rede ab. Ergänzen Sie den folgenden Text und übernehmen Sie ihn in Ihr Heft:

Basiswissen

Die **Zeichensetzung bei der direkten/wörtlichen Rede** ist wie folgt geregelt:

Vorgestellter Begleitsatz: Der Begleitsatz endet mit einem ▬▬▬▬▬. Die direkte/wörtliche Rede beginnt mit Anführungszeichen ▬▬▬▬▬ und endet mit Anführungszeichen ▬▬▬▬▬.

Nachgestellter Begleitsatz: Die direkte/wörtliche Rede wird nach dem ▬▬▬▬▬ durch ein ▬▬▬▬▬ abgegrenzt.

Zwischengestellter Begleitsatz: Der Begleitsatz wird am Anfang und am Ende durch ▬▬▬▬▬ abgegrenzt. Besteht die direkte/wörtliche Rede aus einem Ausrufe- oder Fragesatz, so wird das entsprechende Satzzeichen verwendet und der Satz mit Anführungszeichen oben abgeschlossen.

---

15 Formulieren Sie die folgenden Sätze in die direkte/wörtliche Rede um.
- Die Kassiererin fragte mich, ob ich jetzt Schwierigkeiten bekäme.
- Ich antwortete, dass meine Freundin die Situation wohl missverstanden habe.
- Das hätte ich mir so nicht vorgestellt, sagte ich zu Miriam, es sei sehr schade, dass unser erstes Treffen so begonnen habe.

16 Schreiben Sie Ihre Erzählung nun vollständig auf. Überlegen Sie sich auch eine Überschrift, die zu Ihrer Erzählung passt. Überarbeiten Sie Ihre Erzählung anschließend.

Basiswissen

Eine **Erzählung** zu einem Text oder Textauszug sollte folgende Merkmale enthalten:

Inhalt: spannungsreiche Handlung (zeitlicher Ablauf der Ereignisse); interessante Personen; Ich- oder Er-/Sie-Erzählperpektive
Aufbau: Einleitung → Hauptteil (mit Höhepunkt) → Schluss
Sprache: ausdrucksstarke und anschauliche Verben und Adjektive; abwechslungsreiche Satzanfänge und Satzverknüpfungen; wörtliche Rede; Zeitform: meist Präteritum

---

Eine Stellungnahme schreiben

Immer mehr Überwachungssysteme sollen mehr Sicherheit schaffen. Die Meinung der Bevölkerung dazu ist sehr gespalten. Nehmen auch Sie im Folgenden dazu Stellung.

Überwachung macht (un)sicher

Schon lange gibt es elektronische Überwachungssysteme, wie z. B. Warensicherungssysteme in Geschäften und Kaufhäusern. Doch nicht nur dort, sondern immer häufiger wird man auch in anderen Alltagssituationen überwacht (z. B. Videoüberwachung in Banken, Bussen und Bahnen; Vorratsdatenspeicherung; Fingerabdruck im Reisepass).

5 So soll mehr Sicherheit geschaffen und Straftaten sollen verhindert werden. Der Einsatz solcher Techniken kann aber auch fehleranfällig sein und damit zu unberechtigten Beschuldigungen führen, die für den Einzelnen nicht nur unangenehm sind, sondern zu persönlichen Nachteilen führen können. Der Ausbau von Überwachungsmaßnahmen ist in der Bevölkerung sehr umstritten. So formulieren Befürworter die These:

10 Der Einsatz weiterer Überwachungssysteme ist notwendig und unproblematisch, denn wer nichts zu verbergen hat, der muss auch nichts fürchten. Gegner behaupten: Überwachung verändert unser Denken und Handeln. Man fühlt sich beobachtet und wird unsicher.

1 Lesen Sie den Text und bearbeiten Sie ihn mit Hilfe folgender Fragestellungen:
  a) Was drückt die Überschrift „Überwachung macht (un)sicher" aus?
  b) Schreiben Sie das Thema des Textes mit eigenen Worten in Ihr Heft.
  c) Im Text werden zwei Behauptungen (Thesen) aufgestellt. Schreiben Sie diese in Ihr Heft.

2 Setzen Sie sich mit dem Thema auseinander, bereiten Sie eine Stellungnahme vor.
  (→ Orientieren Sie sich auch am Basiswissen „Stellungnahme", S. 143.)
  a) Diskutieren Sie in der Klasse die Frage: Bringt mehr Überwachung mehr Sicherheit?
  b) Notieren Sie in Ihrem Heft Antworten, die in der Diskussion auf die Frage gegeben wurden und die Ihnen zu dem Thema selbst einfallen.
  c) Entscheiden Sie sich, ob Sie die unter a) gestellte Frage grundsätzlich mit „Ja" oder mit „Nein" beantworten wollen. Formulieren Sie eine Behauptung (These).
  Beginnen Sie so:

  Meiner Meinung nach ... • Ich behaupte, dass ... • Mehr Überwachung bringt ...

3 Formulieren Sie eine Einleitung zu Ihrer Stellungnahme.
  a) Schreiben Sie einen einleitenden Satz, in dem Sie das Thema benennen.

  Das Thema „Überwachung im Alltag" wird zurzeit ... • In den Medien ist immer wieder ...

  b) Schließen Sie die Einleitung mit Ihrer These (siehe Aufgabe 2 c) ab.

Ihre Stellungnahme soll überzeugend sein. Dafür reicht eine Behauptung allein nicht aus.

4 Bereiten Sie den Hauptteil Ihrer Stellungnahme vor.
   a) Überlegen Sie, ob die Begründungen und Beispiele in der Tabelle für oder gegen den Ausbau von Überwachungsmaßnahmen sprechen.
   b) Schreiben Sie – passend zu Ihrer Behauptung (These) – eine weitere Begründung (ein weiteres Argument) sowie zwei Beispiele für die Begründung in Ihr Heft.

Begründungen (Argumente)	Beispiele (auch Belege oder Beweise)
– Mögliche Straftaten werden verhindert, da die Täter wissen, dass sie überwacht werden. – Die Menschen fühlen sich sicherer, weil ... – Alles, was man tut, wird aufgezeichnet. Das führt dazu, dass man sich überwacht und unsicher fühlt.	– In großen Städten konnte nachgewiesen werden, dass sich die Zahl der Straftaten auf videoüberwachten Plätzen verringert hat. – Wissenschaftler haben nachgewiesen, dass sich Leute, die sich beobachtet fühlen, anders verhalten, z.B. sorgt ein Foto eines Augenpaars über einer freiwilligen Kaffeekasse dafür, dass dreimal mehr Geld in der Kasse ist, als wenn nichts da ist ... – Es geht z.B. keinen etwas an, wo und mit wem ich meine Freizeit verbringe.

Ihre Stellungnahme soll nicht nur inhaltlich, sondern auch sprachlich überzeugend sein.

5 Verbinden Sie alle Begründungen. Nutzen Sie Formulierungshilfen:

Einführung der ersten Begründung	An erster Stelle ist zu nennen, dass ...; Für meine These spricht zuerst einmal ...
Anführen einer weiteren Begründung	Ein weiteres wichtiges Argument ...; Darüber hinaus ...; Weiterhin bleibt zu bedenken ...; Ebenfalls ...; Es kommt hinzu ...
Rückgriff auf Begründungen	Wie oben schon erwähnt ...; Wie eingangs schon ausgeführt wurde ...; Um auf den schon genannten Aspekt zurückzukommen ...
Hervorhebung von Begründungen	Als besonders wichtig ist hervorzuheben, dass ...; Noch bedeutsamer ist aber, dass ...

6 Formulieren Sie einen Schlusssatz zu Ihrer Stellungnahme. Fassen Sie Ihre Begründungen zusammen oder formulieren Sie einen Ausblick in die Zukunft.

Zusammenfassend lässt sich sagen, dass ...; Folglich ist in der Zukunft damit zu rechnen, dass ...

Der folgende Dialog könnte die Handlung der Erzählung (Vorfall im Kaufhaus) abschließen.
Der Ich-Erzähler (ein Junge) konnte seine Unschuld doch noch beweisen und verlässt
das Kaufhaus – traurig, denn die erste Verabredung mit Miriam ist sicher „geplatzt".

Junge:	„Hi, du hast ja doch auf mich gewartet!"	
Miriam:	„Ja, aber so hatte ich mir unseren ersten Nachmittag nicht vorgestellt."	
Junge:	„Was hast du denn von mir gedacht?"	
5 Miriam:	„So, wie das ganze Wachpersonal und die vielen Leute über dich hergefallen sind, war der Fall für mich klar – und das Ganze war total peinlich."	
Junge:	„Hast du mir wirklich zugetraut, dass ich den Schal geklaut habe?"	
10 Miriam:	„Ja, so eine Warensicherung piept ja nicht ohne Grund!"	
Junge:	„Na super, wenn von solch einem technischen Überwachungsteil abhängt, was man von jemandem hält!"	
Miriam:	„Entschuldige, ich bin ja hier."	

1 Schreiben Sie den Dialog in einen fortlaufenden Erzähltext um.

a) Überlegen Sie, in welcher Stimmung die Dialogpartner gesprochen haben könnten.

b) Formulieren Sie entsprechende Begleitsätze, mit denen Sie die direkte/wörtliche Rede
einleiten oder abschließen oder zwischen zwei Begleitsätze einschieben. Verwenden Sie
dafür zutreffende Wörter oder Wortgruppen aus dem folgenden Wortmaterial.

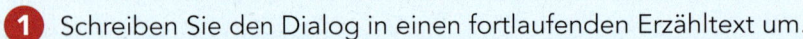

> fragen • antworten • erwidern • betonen • fauchen • erkundigen •
> erklären • flüstern • nachfragen • beschimpfen • sagen • rufen • schreien •
> mitteilen • beschwören • freudig überrascht • übel gelaunt • enttäuscht •
> verärgert • fast beleidigt • empört • ernst • ungläubig • verletzt •
> versöhnlich • aufmunternd • herablassend • niedergeschlagen

c) Schreiben Sie Ihren fortlaufenden Erzähltext. Beginnen Sie so:

*Nachdem der Junge das Kaufhaus verlassen hatte, wurde ihm klar, dass er Miriam
wohl nicht wiedersehen würde. Da plötzlich entdeckte er sie einige Meter
vom Ausgang entfernt und rief freudig überrascht: „Hi, du hast ja doch auf mich
gewartet!" Miriam ...*

d) Kontrollieren Sie in Ihrem Text die Zeichensetzung, besonders mit Blick auf die
Besonderheiten bei der direkten/wörtlichen Rede.

Test: Stellungnahme

Im US-Bundesstaat Mississippi wurde die erste öffentliche Schule vollständig mit Webcams ausgestattet, der Unterricht wird per Videoaufzeichnung überwacht. Diese Maßnahme soll die Sicherheit vor Amokläufern erhöhen. Auch in Deutschland fordern einige Politiker aufgrund von Gewalttaten, Schulen mit Videoüberwachung auszustatten.
Zu diesem Thema wurden in einem Internetforum die folgenden Kommentare verfasst:

Text 1:

Ich persönlich finde die Überwachung eigentlich ganz gut, weil Straftaten erschwert werden, so zum Beispiel Diebstähle. Es kommt ja hier oft genug vor, dass von Schülern diverse Gegenstände entwendet werden, die nicht gerade billig sind. Ich erinnere mich da an meine alte Schule, dort wurde ein neuer Beamer im Wert von circa 500 € gestohlen. Damit werden aber
5 nicht nur die Schüler, sondern auch die Lehrer überwacht. Wenn der Unterricht beobachtet wird, müssen sich auch die Lehrer mehr anstrengen. Der Unterricht kann beispielsweise nicht früher beendet werden.

Text 2:

Ich bin absolut gegen die Überwachung, weil dann jeder meint, vor der Kamera den „korrekten" Schüler spielen zu müssen, und das wird die Stimmung in der Klasse und auch zwischen Lehrern und Schülern ungemein drücken. In der Schule ist es doch auch mal angenehm, am Rande des Unterrichts mit dem Lehrer ein wenig zu plaudern oder früher Schluss zu machen.
5 Alles in allem wird das Lernen bei so viel Überwachung sehr unangenehm werden und deshalb sollten alle Verantwortlichen sich dagegen wehren. Ich glaube auch nicht, dass Straftaten verhindert werden können, denn Gewalt unter Schülern wird es immer geben, wenn nicht in der Schule, dann eben vor der Schule. An unserer Schule gab es den Fall, dass eine Gruppe von Schülern vor der Schule auf einen anderen Schüler gewartet und ihn dann abgezogen hat.

1 Arbeiten Sie aus beiden Textbeispielen die Behauptungen (Thesen) sowie Begründungen (Argumente) und Beispiele stichpunktartig heraus. Notieren Sie diese in Form einer Tabelle nach folgendem Muster:

Behauptung (These)	Begründung (Argument)	Beispiele

2 In einem der Texte werden zusammenfassend ein Ausblick in die Zukunft und eine Aufforderung formuliert.
a) Schreiben Sie den entsprechenden Satz auf.
b) In welchen Teil einer Stellungnahme gehört dieser Satz (Einleitung, Hauptteil, Schluss)?

Dafür steh' ich nicht gerne gerade

Der Anfang

Als ich dreizehn Jahre alt war, lernte ich einen Jungen auf einem Konzert kennen. Wir tauschten unsere Nummern und verabredeten uns häufig. Er war ein „Kiffer" und ich schaute mir
das einige Zeit lang an und wollte dann natürlich auch mal. Mein Kumpel machte mir die
5 Wasserpfeife fertig und erklärte mir, wie das Ganze funktionieren sollte. Ich rauchte und
merkte sofort, dass meine Lunge total überfordert war. Mein Kumpel lachte nur und sagte:
„Das ist am Anfang immer so." Von da an kiffte ich regelmäßig. Ich kaufte mir eine eigene
Wasserpfeife und schmiss mein ganzes Taschengeld für Dope raus. Das ging dann erst einmal
zwei bis drei Jahre so weiter.

10 Die nächste Droge

Irgendwann bin ich dann mit jemandem zusammengekommen, der ebenfalls gern kiffte.
Er blieb aber nicht dabei, sondern kaufte auch gelegentlich andere Sachen, wie zum Beispiel
„Magic Mushrooms". Für alle, die nicht wissen, was das ist: Das sind Pilze, die Halluzinationen
hervorrufen. Ich wollte wieder mal nur ausprobieren, wie das so ist. Wir genehmigten uns
15 von da an circa einmal im Monat die Pilze.

Droge Nr. 2

Wir hörten von einem Kaktus, der ebenfalls einen halluzinogenen Stoff produziert. Der Unterschied zu den Pilzen ist, dass der Kaktus wirklich härter ist. Also tauschten wir Pilze gegen
Kaktus. Der Vorteil ist, dass man die Kakteen besser selber züchten kann.

20 Droge Nr. 3

Irgendwann blieb es nicht mehr bei den Sachen, die die Natur lieferte, sondern ich brachte
„Pappen" mit nach Hause. „Pappen" sind kleine Papierstückchen, die mit LSD beträufelt sind.
Wir stiegen also eine Liga auf. Mittlerweile mussten wir beide arbeiten, um uns den Kram
finanzieren zu können. Es wurde im Monat nur noch Geld für die Miete und für wenig
25 Fressalien ausgegeben. Der Rest verschwand für Drogen.

Nr. 4 kommt ins Spiel

Ich lernte ein Mädchen kennen, mit dem ich viel unternahm. Sie war heroinsüchtig. Ein wirklich abschreckendes Bild. Sie brachte mal ein Päckchen Speed mit zu mir. Das erste Mal, dass
ich Amphetamine zu mir nahm. Die Folge war, dass ich drei Tage lang nicht schlafen konnte
30 und deshalb meine Wohnung auf Hochglanz polierte. Die Droge lockte mich auch nicht weiter.
Mein Freund dagegen hatte sich des Heroins angenommen. Es dauerte nicht lange und ich
warf ihn aus meiner Wohnung raus.

Es geht weiter

Ich lernte durch meine Freundin eine neue Droge kennen. „Pepp" war ihr Name. „Pepp" ist
35 eine Mischung aus Speed und Kokain. Diese Droge brachte mir großen Spaß. Ich konnte
die Nacht durchmachen und hatte überhaupt keine weiteren Bedürfnisse mehr. Ich nahm
sie ein Jahr lang fast täglich. Ich hörte damals auch mit dem Kiffen auf. Mit dieser Droge
schaffte ich alles. Meinen Schulabschluss, meinen Führerschein und so weiter. Ich wollte
nicht bemerken, dass ich mittlerweile wegen dem Kokainanteil abhängig davon geworden war.
40 Ich ignorierte es einfach und lebte damit weiter.

The last one

„Pepp" reichte mir irgendwann nicht mehr. Ich fing an, mir Kokain pur zu besorgen, und zog
das Zeug durch die Nase. Ich war chronisch blank. Mein Körper wollte, aber mein Konto
konnte nicht. Es gab Wochen, die ich einfach nur mit Schmerzen in meinem Bett verbrachte.
45 Dort wartete ich auf den 15. des Monats. Dann gab es endlich wieder Geld. Damals lernte ich
auch meinen jetzigen Freund kennen.

Die Wende

[…]

Arbeitsanweisungen:

1. Textverständnis / Textproduktion: Erzählung

Die Verfasserin des Berichts kündigt am Ende einen Abschnitt mit der Überschrift
„Die Wende" an. Verfassen Sie eine interessante und spannende Erzählung
über den weiteren Lebensweg des Mädchens.

2. Textverständnis / Textproduktion: Stellungnahme

Im vorliegenden Text berichtet das Mädchen, dass die Einnahme von „Pepp" ihr
bei der Bewältigung von bestimmten Aufgaben geholfen habe. Bewerten Sie
diese Aussage im Zusammenhang des Berichts.
Lassen sich Probleme durch die Einnahme von Drogen langfristig bewältigen?
Nehmen Sie dazu Stellung.

Zusammenfassung: Erzählung und Stellungnahme

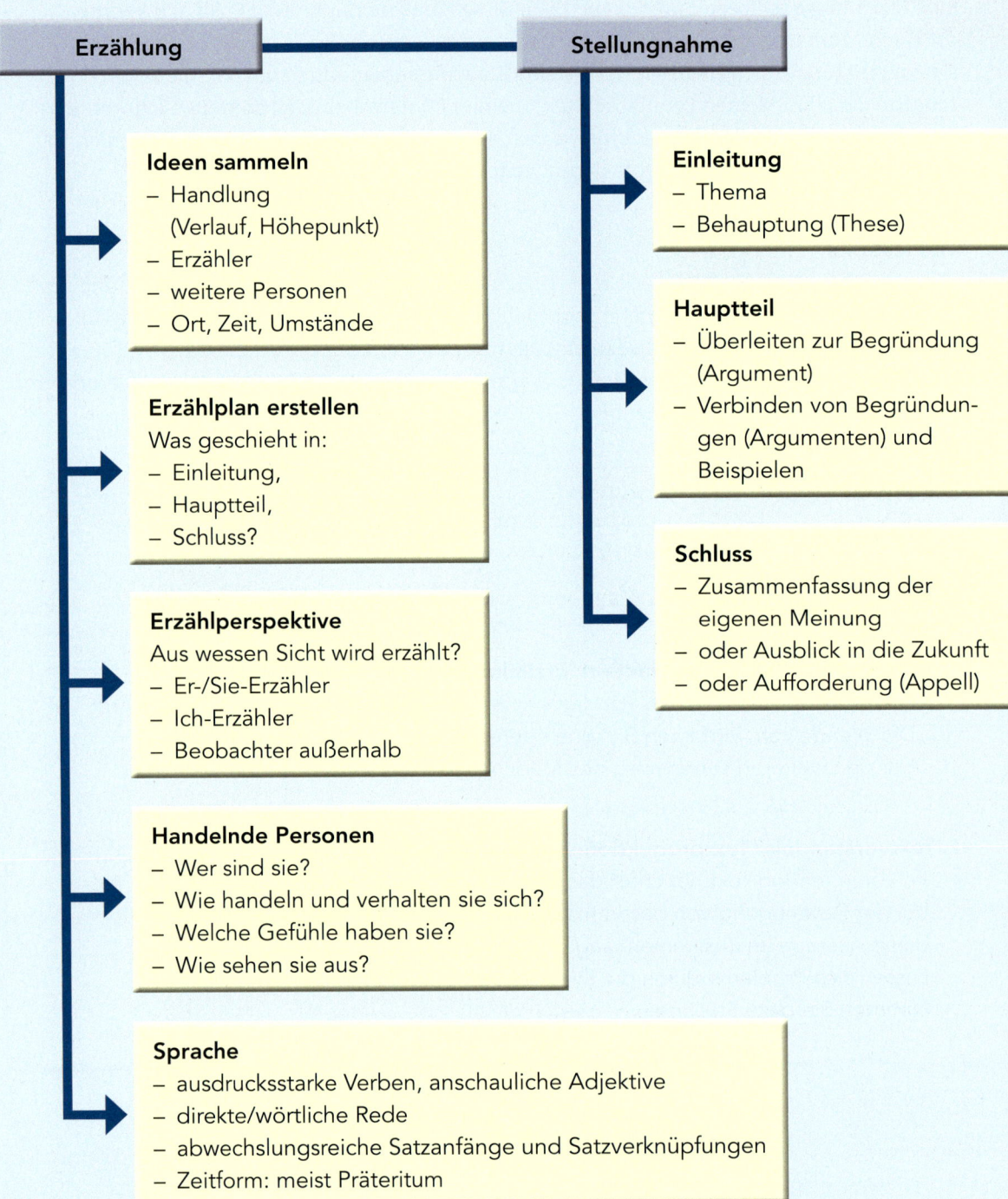

Erzählung

Stellungnahme

Ideen sammeln
- Handlung
  (Verlauf, Höhepunkt)
- Erzähler
- weitere Personen
- Ort, Zeit, Umstände

Erzählplan erstellen
Was geschieht in:
- Einleitung,
- Hauptteil,
- Schluss?

Erzählperspektive
Aus wessen Sicht wird erzählt?
- Er-/Sie-Erzähler
- Ich-Erzähler
- Beobachter außerhalb

Handelnde Personen
- Wer sind sie?
- Wie handeln und verhalten sie sich?
- Welche Gefühle haben sie?
- Wie sehen sie aus?

Sprache
- ausdrucksstarke Verben, anschauliche Adjektive
- direkte/wörtliche Rede
- abwechslungsreiche Satzanfänge und Satzverknüpfungen
- Zeitform: meist Präteritum

Einleitung
- Thema
- Behauptung (These)

Hauptteil
- Überleiten zur Begründung
  (Argument)
- Verbinden von Begründun-
  gen (Argumenten) und
  Beispielen

Schluss
- Zusammenfassung der
  eigenen Meinung
- oder Ausblick in die Zukunft
- oder Aufforderung (Appell)

Was Ihnen dieses Kapitel bietet:

In diesem Kapitel bereiten Sie sich gezielt auf den Prüfungsteil „Grammatik" vor. Sie üben die konkreten Aufgabenformate, denen Sie in der Prüfung begegnen werden. Umfangreiches Übungsmaterial bietet Ihnen die Möglichkeit zur optimalen Vorbereitung.

Wo finden Sie mehr zu diesem Themenbereich?

Grundlagen zur Grammatik finden Sie im Kapitel „Grammatik" im Basisbaustein. Dort werden die Zeitformen, das Aktiv/Passiv und die direkte/indirekte Rede vorgestellt und geübt. Mehr Material zur Prüfungsvorbereitung finden Sie in den anderen Kapiteln des Prüfungsbausteins. Das Beherrschen der direkten Rede ist auch für das Verfassen einer Erzählung notwendig.

Prüfungsschwerpunkt „Zeitformen"

Die Zeitformen Präsens, Präteritum, Perfekt und Futur I können Sie erkennen, wenn Sie sich folgende Fragen stellen.

Aus **wie vielen Teilen** besteht die Verbform: einem oder zwei?	✓
Welche **Zeitebene** ist gemeint: Vergangenheit, Gegenwart oder Zukunft?	✓
Welche typischen **Zeitangaben** stehen im Satz, z.B.: heute, gestern, morgen?	✓
Wie wird die Form **verwendet**, z.B.: mündlich oder schriftlich?	✓

Basiswissen

Präsens: *Ich schreibe heute eine Bewerbung.*
Das Präsens ist **einteilig**.
Man benutzt das Präsens, wenn etwas in der **Gegenwart** geschieht.
Typische Begleiter sind **Zeitangaben** wie *heute*, *jetzt* oder *im Moment*.
Das Präsens verwendet man, um etwas **Allgemeingültiges** auszudrücken.
Es ist auch möglich, über **zukünftige Ereignisse** im Präsens zu berichten.
Das Präsens verwendet man z.B. in der **Inhaltsangabe** und der **Stellungnahme**.

Präteritum: *Ich schrieb gestern eine Bewerbung.*
Das Präteritum ist **einteilig**.
Man benutzt das Präteritum, wenn etwas in der **Vergangenheit** geschah.
Typische Begleiter sind **Zeitangaben** wie *gestern*, *früher* oder *damals*.
Das Präteritum verwendet man vor allem in der **schriftlichen Sprache**.
Das Präteritum verwendet man z.B. in **Berichten** und **Erzählungen**.

Perfekt: *Ich habe gestern eine Bewerbung geschrieben.*
Das Perfekt ist **zweiteilig**.
Man benutzt das Perfekt, wenn etwas in der **Vergangenheit** geschah.
Typische Begleiter sind **Zeitangaben** wie *neulich*, *letzte Woche* oder *gestern*.
Das Perfekt verwendet man vor allem in der **mündlichen Sprache**.

Futur I: *Ich werde morgen eine Bewerbung schreiben.*
Das Futur I ist **zweiteilig**.
Man benutzt das Futur I, wenn etwas in der **Zukunft** geschehen wird.
Typische Begleiter sind **Zeitangaben** wie *morgen*, *bald* oder *im nächsten Jahr*.
Das Futur I verwendet man in der **mündlichen** und in der **schriftlichen Sprache**.

Im folgenden Text geht es um das Thema „Berufswahl".

Mädchenberufe – Jungenberufe?

Steffi interessierte sich bereits in der Schule sehr für Mathematik und Physik. Und in ihrer Freizeit saß sie oft am Computer. „Aber ich habe kaum Computerspiele gespielt, viel öfter habe ich am PC rumgebastelt", erklärt sie. „Und sobald im Haushalt meiner Familie irgendein technisches Problem auftauchte, fragten alle mich und ich musste etwa Lampen
5 reparieren."
Deshalb fand es ihre Familie nicht außergewöhnlich, dass Steffi einen für eine junge Frau eher untypischen Beruf ergriff: Bauelektrikerin. „Aber welcher Beruf ist schon typisch?", meint sie. „Es ist doch egal, ob sich eine Frau oder ein Mann für das Legen elektrischer Leitungen interessiert und gerne technische Probleme löst. Man braucht logisches Denken,
10 technisches Verständnis und muss Zusammenhänge erkennen können."
Noch steht Steffi ganz am Anfang ihrer Ausbildung. „Aber ich weiß, ich habe genau die richtige Wahl getroffen. Am meisten Spaß machen mir das Rechnen mit Formeln und praktische Aufgaben."

1 Schreiben Sie alle Verben aus dem Text heraus und bestimmen Sie mit Hilfe der Checkliste (Fragen S. 166 oben) die Zeitformen.

(Steffi) interessierte sich – Präteritum

Steffi lernt in ihrer Ausbildung verschiedene Tätigkeiten kennen.

Bauteile reparieren • Spannung messen •
Anlagen montieren • Geräte prüfen • Schaltpläne lesen

2 Üben Sie die Bildung von Präsens, Präteritum, Perfekt und Futur I.
a) Legen Sie in Ihrem Heft eine Tabelle an. Notieren Sie zu den oben aufgeführten Verben alle Zeitformen.

Infinitiv	Präsens	Präteritum	Perfekt	Futur I
reparieren	sie repariert	sie reparierte	sie hat repariert	sie wird reparieren
…	…	…	…	…

b) Was wird Steffi im Laufe ihrer Ausbildung machen? Formulieren Sie Sätze im Futur I und unterstreichen Sie in jedem Satz das Verb im Futur I.

Steffi wird in ihrer Ausbildung Bauteile reparieren.

Prüfungsschwerpunkt „Zeitformen"

„Weil ich mich immer schon gerne gepflegt und Wert auf mein Aussehen gelegt habe, schlug mir meine Berufsberaterin vor, ein Praktikum bei einem Friseur zu machen", erinnert sich der 21-jährige Tom an die Zeit seiner Berufswahl.

Tom:	Praktikum – gut gefallen (Präteritum)
die Kunden:	Tom – oft – loben (Präteritum)
Toms Chefin:	ihm – Ausbildungsplatz – anbieten (Präteritum)
Tom:	sich entscheiden – eine Ausbildung zum Friseur zu beginnen (Präteritum)
Tom:	heute – Auszubildender – im dritten Lehrjahr – sein (Präsens)
seine Eltern:	Tom – bei der Berufswahl – unterstützen (Präsens)
Tom:	jeden Morgen auf die Arbeit – sich freuen (Präsens)

3 Beschreiben Sie Toms Weg vom Praktikanten zum Auszubildenden. Bilden Sie dazu mit Hilfe der Stichworte Sätze in der entsprechenden Zeitform.

Tom gefiel das Praktikum gut. Die Kunden ...

Hier geht es um typische Aktivitäten von Fahrradmonteuren, Restaurantfachleuten, Fliesenlegern und Tischlern.

Ich wechsle das Hinterrad.
Ich kontrolliere die Beleuchtung.
Ich öle die Kette.

Ich bediene Gäste.
Ich berate bei der Auswahl von Speisen.
Ich serviere die Bestellungen.

Ich säge Holz.
Ich montiere Schranktüren.
Ich lackiere einen Tisch.

Ich messe ein Bad aus.
Ich bereite den Untergrund vor.
Ich verlege ein Mosaik.

4 Bilden Sie Sätze im Perfekt und im Präteritum.
   a) Die Auszubildenden erzählen ihren Freunden, was sie während des Arbeitstages gemacht haben. Setzen Sie die Sätze ins Perfekt und schreiben Sie sie in Ihr Heft.

   Ich habe ein Hinterrad gewechselt. Ich ...

   b) Stellen Sie sich vor, die Auszubildenden schreiben einen Arbeitsbericht. Setzen Sie die Sätze ins Präteritum und schreiben Sie sie in Ihr Heft.

   Ich wechselte ein Hinterrad. Ich ...

Test: Zeitformen

In der zentralen Abschlussprüfung müssen Sie eine Zeitform in eine andere umformen.

1 Setzen Sie die folgenden Sätze ins Präsens.

1.1 Ich habe stundenlang nach meinem Handy gesucht.

1.2 Der Unterricht hat mit Verspätung begonnen.

1.3 Die Köche benutzten nur frische Zutaten.

1.4 Zu dem Fußballspiel sind etwa 10.000 Zuschauer gekommen.

1.5 Isabelle wird eine Ausbildung in der Altenpflege machen.

2 Setzen Sie die folgenden Sätze ins Perfekt.

2.1 Paul läuft 100 Meter in 13 Sekunden.

2.2 Ich fing schon im Alter von vier Jahren mit dem Schlittschuhlaufen an.

2.3 Die Schüler übernehmen die Bemerkungen des Lehrers in ihre Hefte.

2.4 Die Kandidaten der Quizshow beantworten naturwissenschaftliche Fragen.

2.5 Ich gehe mit meiner Freundin ins Kino.

3 Setzen Sie die folgenden Sätze ins Präteritum.

3.1 Patrick meldet sich, weil er noch eine Frage hat.

3.2 Familie Burg hat am Wochenende eine Fahrradtour unternommen.

3.3 Der Praktikumsbetrieb stellt am Ende des Praktikums ein Zeugnis aus.

3.4 Die Autofahrer dürfen in diesem Straßenabschnitt nur Schritttempo fahren.

3.5 Ich überprüfe die Rechnung noch einmal auf Fehler.

4 Setzen Sie die folgenden Sätze ins Futur I.

4.1 Beatrice und Franziska machen am Nachmittag einen Einkaufsbummel.

4.2 Die Auswertung der Übung hat eine halbe Stunde gedauert.

4.3 Meine Handyrechnung fällt in diesem Monat hoch aus.

4.4 In der Innenstadt findet am Sonntag ein Straßenfest statt.

4.5 Die Kellnerin bringt gleich die Rechnung.

Prüfungsschwerpunkt „Aktiv und Passiv"

Sie können Aktiv und Passiv unterscheiden, wenn Sie sich folgende Fragen stellen.

*Steht die/der **Handelnde** oder die **Handlung** (das **Geschehen**) im Mittelpunkt?*	✓
*Kommt eine Verbform von „**werden**" und ein dazugehöriges **Partizip** vor (dann Passiv)?*	✓
*In welchen Zusammenhängen werden Aktiv und Passiv **verwendet**?*	✓

Basiswissen

Aktiv: *Der Personalchef prüft Marias Lebenslauf.*
Die/Der **Handelnde steht im Mittelpunkt** und soll besonders erwähnt werden.

Passiv: *Marias Lebenslauf wird geprüft.*
Die **Handlung** steht im Mittelpunkt, die/der Handelnde soll nicht erwähnt werden.

Das Verb im Passiv ist **zweiteilig**. Man bildet das Passiv mit einer Form des Verbs *werden* und dem *Partizip Perfekt*.

Das Passiv verwendet man häufig für die Beschreibung von **Vorgängen** oder **Abläufen**, z.B. für **Berichte**, **Arbeitsabläufe**, **Inhaltsangaben** und **Stellungnahmen**.
Zuerst wird der Kühlschrank ausgeräumt. Danach wird er sorgfältig gereinigt. Nach Über-prüfung der Verfallsdaten werden die Lebensmittel zurück in den Kühlschrank gestellt.

Für einen Tätigkeitsbericht verwendet man häufig das Passiv.

Um 08:00 Uhr werden zuerst die Tagesaufgaben verteilt. Bis zur Mittagspause werden alle Waren im Lebensmittellager gezählt, sortiert und schriftlich in Listen erfasst. Nach der Mittagspause werden die Regale neu beschriftet.

1 Schreiben Sie die Verben im Passiv aus dem Text heraus und fügen Sie die entsprechenden Formen im Aktiv hinzu. Benutzen Sie dazu das Personalpronomen „ich".

werden verteilt – ich verteile

Peter Klein schreibt eine E-Mail an einen alten Schulfreund.

Lieber Andreas,
schon lange haben wir nichts mehr voneinander gehört. Jetzt habe ich endlich mal wieder Zeit, dir zu schreiben. Seit ich Abteilungsleiter bin, habe ich ziemlich viel zu tun. Die Kunden werden von mir betreut, der Praktikant wird von mir eingewiesen, die Post wird von mir erledigt
5 und die Lohnabrechnungen werden auch von mir gemacht. Auch für die Einstellungen bin ich verantwortlich. Trotz der vielen Arbeit habe ich meinen Job sehr gern. Können wir uns nicht mal wieder treffen?
Viele Grüße
Peter

2 Der Text enthält einige Verben im Passiv. Setzen Sie die Sätze ins Aktiv.

Ich betreue die Kunden. Ich ...

Diese Aufgaben sind bei einer Inventur zu erledigen.

Listen ausdrucken	✓	Waren in Listen eintragen	✓
Waren zählen	✓	Listen kopieren	✓
Waren sortieren	✓	Regale wieder einräumen	✓
Verfallsdatum prüfen	✓	abgelaufene Waren entsorgen	✓

3 Schreiben Sie den Tätigkeitsbericht einer Inventur. Setzen Sie die Verben ins Passiv.

Zuerst werden die Listen ausgedruckt. Dann ...

Prüfungsschwerpunkt „Aktiv und Passiv"

Das **Passiv** kann auch zusammen mit einem **Modalverb** *(können, müssen, sollen, dürfen, ...)* stehen. Das ist oft bei **Arbeitsanweisungen** der Fall:
Die Arbeitsplätze <u>*sollen*</u> *jeden Abend* <u>*aufgeräumt werden*</u>.

Markus hat einen vollen Arbeitstag vor sich.

Die Abteilungsleiterin hat Markus für heute viele Aufgaben gegeben: Er soll die Briefe zur Post bringen und neue Umschläge kaufen. Am Nachmittag muss er im Büro die Post sortieren
5 und Telefondienst machen. Er muss den Reparaturdienst anrufen, weil der Kopierer kaputt ist. Kurz vor Feierabend soll er dann neue Etiketten auf die Büroordner kleben. Danach kann er, wenn noch Zeit ist, schon den Konferenzraum
10 für die Sitzung am nächsten Tag vorbereiten. Was für ein Tag!

Damit Markus nichts vergisst, macht er sich eine Checkliste.

Die Briefe müssen zur Post gebracht werden.	✓	*Der Telefondienst ...*	
Neue Umschläge ...		*Der Reparaturdienst ...*	
Die Post ...		*Neue Etiketten ...*	
Der Konferenzraum ...			

4 Bilden Sie Sätze im Passiv mit den Modalverben *können, sollen, müssen*.
 a) Vervollständigen Sie die Checkliste in Ihrem Heft. Formen Sie mit Hilfe des Textes Sätze im Passiv.
 b) Schreiben Sie eine eigene Checkliste zur Vorbereitung der Prüfung. Formen Sie dazu vier Sätze im Passiv mit dem Modalverb *müssen*.

Test: Aktiv und Passiv

In der zentralen Abschlussprüfung müssen Sie Verben ins Aktiv und ins Passiv setzen.

1 Übertragen Sie die folgende Tabelle in Ihr Heft. Setzen sie die Verben ins Aktiv bzw. Passiv.

Verb	Aktiv Präsens	Passiv Präsens
kaufen	Ich _kaufe_ die Umschläge.	Die Umschläge _werden gekauft_.
lesen	Du …	Der Bericht …
feilen	Ihr …	Das Werkstück …
backen	Wir …	Der Kuchen …
binden	Ich …	Der Strauß …

2 Übertragen Sie die folgenden Tabellen in Ihr Heft. Ergänzen Sie dann die Sätze und setzen Sie dabei die Verben ins Aktiv bzw. Passiv.

Verb	Aktiv Präsens
einladen	Ich _lade_ die Kollegen _ein_.
renovieren	Er _____ die Wohnung.
begrüßen	Sie _____ die Teilnehmer.
ausfüllen	Wir _____ das Formular _____.
einreichen	Er _____ die Krankschreibung _____.
prüfen	Sie _____ das Verfallsdatum.
stempeln	Er _____ die Unterlagen.

Verb	Passiv Präsens
einladen	Die Kollegen _werden eingeladen_.
renovieren	Die Wohnung _____.
begrüßen	Die Teilnehmer _____.
ausfüllen	Das Formular _____.
einreichen	Die Krankschreibung _____.
prüfen	Das Verfallsdatum _____.
stempeln	Die Unterlagen _____.

Prüfungsschwerpunkt „Direkte und indirekte Rede"

Die Formen der direkten und indirekten Rede können Sie unterscheiden, wenn Sie sich folgende Fragen stellen.

*Wird eine **Aussage direkt (wörtlich)** oder **indirekt** wiedergegeben?*	✓
*Werden **Anführungszeichen** gesetzt oder wird der **Konjunktiv I** verwendet?*	✓
*Will man einen gewissen **Abstand** zur wiedergegebenen Aussage zum Ausdruck bringen?*	✓

Basiswissen

Direkte Rede:
Mark sagt: „Es ist wichtig, für welchen Beruf man sich entscheidet. Nur wenn mir der Beruf Spaß macht, kann ich etwas leisten."

– Es wird **wörtlich wiedergegeben**, was jemand sagt.

– Die Aussage wird in **Anführungszeichen** gesetzt.

Indirekte Rede:
Mark sagt, es sei wichtig, für welchen Beruf man sich entscheide. Nur wenn ihm der Beruf Spaß mache, könne er etwas leisten.

– Es wird **indirekt wiedergegeben**, was jemand zuvor gesagt hat.

– Es wird der **Konjunktiv I** verwendet.
  Gebildet wird er aus dem Wortstamm des Infinitivs und der Endung -e:
  haben: ich hab<u>e</u> – du hab<u>e</u>st – er/sie hab<u>e</u> – wir hab<u>e</u>n – ihr hab<u>e</u>t – sie hab<u>e</u>n.
  Eine Ausnahme bildet das Verb *sein:*
  <u>sein</u>: *ich sei – du seiest – er/sie/es sei – wir seien – ihr seiet – sie seien.*

– In der 1. Person Singular und in der 1. und 3. Person Plural gleichen die Konjunktiv-formen manchmal den Verbfomen im Präsens. Deshalb wird hier als **Ersatzform** der **Konjunktiv II** verwendet:
  *ich habe → ich **hätte**; wir/sie haben → wir/sie **hätten**.*

– Beim Wechsel von der direkten zur indirekten Rede **verändern** sich oft die **Pronomen**:
  *„**Mir** wird nie langweilig."* – Sie sagt, *ihr* werde nie langweilig.

– Die indirekte Rede verwendet man häufig für die **Wiedergabe von Zeugenaussagen**, z.B. vor Gericht, oft aber auch in **Meldungen** und **Berichten**. Man drückt einen gewissen **Abstand zur Aussage** aus.

Mark war auf einer Bildungsmesse und hat sich dort von einem Ausbilder beraten lassen. Für die Schule hat er daraus einen Text verfasst.

Gute Vorbereitung ist alles!

„Welche Fähigkeiten müssen Schulabgänger mitbringen, damit sie einen leichten und erfolgreichen Start ins Berufsleben haben?" Diese Frage beantwortete mir ein Ausbilder, der seit fünfzehn Jahren in seinem Beruf arbeitet.

Er sagte mir, **der erfolgreiche Start ins Berufsleben beginne**
5 bereits mit der guten Vorbereitung. Dazu gehöre, dass der/die Jugendliche schon in der Schulzeit eine stabile Persönlichkeit entwickelt habe. Denn die Berufsschule könne das nicht mehr vermitteln. Der Ausbildungsbetrieb erwarte zudem ein hohes Maß an Lernbereitschaft, Leistungsfähigkeit und Teamgeist.

10 Schulisches Grundwissen müsse unbedingt vorhanden sein. Das bedeute, dass man die deutsche Sprache problemlos verstehe, fehlerfrei lese und schreibe. Auch ohne Englisch komme man heute nicht mehr weit.

In Mathematik müsse die Schülerin/der Schüler einfache
15 Rechentechniken ebenso beherrschen wie den Umgang mit Maßeinheiten.

Erfahrung im Umgang mit dem PC sei ein großer Vorteil, denn in der Arbeitswelt gehe es nicht mehr ohne die moderne Technik.

Zur Arbeit im Betrieb sagte er, ein höfliches und freundliches Auftreten sei wichtig
20 für eine gute Zusammenarbeit. Dazu gehöre auch, dass man über Probleme offen rede und andere Meinungen akzeptiere.
Außerdem müsse sich der Betrieb auf seine Auszubildenden stets verlassen können. Ein Misserfolg dürfe kein Grund sein, gleich alles aufzugeben. Ziel der Ausbildung sei es ja, die eigenen Fähigkeiten erst zu entwickeln.

1 Üben Sie die Bildung der direkten und indirekten Rede.

a) Schreiben Sie Teilsätze heraus, die indirekte Rede enthalten, und unterstreichen Sie jeweils das Verb im Konjunktiv I.

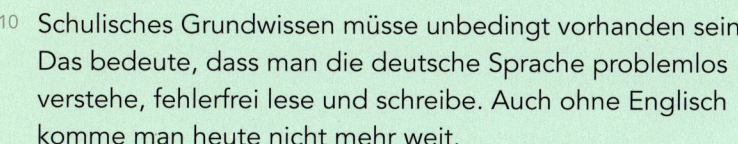

… der erfolgreiche Start ins Berufsleben beginne …

b) Setzen Sie die Sätze von der indirekten Rede in die direkte Rede und unterstreichen Sie das Verb.

Der erfolgreiche Start ins Berufsleben beginnt …

Prüfungsschwerpunkt „Direkte und indirekte Rede"

Hier müssen die Pronomen geändert werden.

> Tim verspricht Marie, <u>er</u> rufe <u>sie</u> bald an.
> Marie antwortet, <u>sie</u> freue <u>sich</u>, von <u>ihm</u> zu hören.
> Marie fragt ihre Freundin, ob <u>ihr</u> Tim gefalle.
> Die Freundin antwortet, <u>sie</u> wisse nicht, was <u>sie</u> von Tim halten solle.
>
> Tim verspricht Marie: „▬▬▬▬ rufe ▬▬▬▬ bald an."
> Marie antwortet: „▬▬▬▬ freue ▬▬▬▬ von ▬▬▬▬ zu hören."
> Marie fragt ihre Freundin: „Gefällt ▬▬▬▬ Tim?"
> Die Freundin antwortet: „▬▬▬▬ weiß nicht, was ▬▬▬▬ von Tim halten soll."

2 Schreiben Sie die Sätze des Lückentextes in Ihr Heft und tragen Sie die passenden Pronomen ein.

Tim verspricht Marie: „Ich rufe dich bald an."

Marie und ihre Freundin Kim sprechen über ihre Berufswünsche.

> Marie meint: „Vor allem <u>interessiere ich mich</u> für Blumen und Pflanzen."
> Außerdem sagt sie: „Auch die Arbeit im Team <u>gefällt mir</u> sehr gut."
>
> Ihre Freundin Kim antwortet: „Dann <u>wird dir</u> bestimmt eine Ausbildung zur Floristin gefallen."
>
> Kim fügt hinzu: „<u>Ich finde</u>, dieser Job <u>passt</u> super zu <u>dir</u>."
> Sie fragt Marie: „<u>Willst du</u> nicht erst einmal ein Praktikum machen?"
>
> Marie erwidert: „<u>Ich weiß</u> nicht, wo <u>ich</u> ein Praktikum machen <u>kann</u>."
>
> Kim sagt: „In den ‚Gelben Seiten' <u>findest du</u> Adressen von Floristen. <u>Du kannst</u> auch im Internet nachsehen."

3 Formulieren Sie die Sätze aus der direkten Rede in die indirekte Rede um. Formen Sie hierfür die unterstrichenen <u>Verben</u> in den Konjunktiv I um und verändern Sie die unterstrichenen <u>Pronomen</u> nach dem folgenden Muster.

Marie meint, vor allem interessiere sie sich für Blumen und Pflanzen.

Diese Sätze stehen in der indirekten Rede.

1. Chris meint, er finde Mathe langweilig.
2. Tom sagt, er werde zum Konzert gehen.
3. Svenja sagt, sie wolle mich anrufen.
4. Jenny behauptet, sie könne fließend Englisch sprechen.
5. Mein Freund hat mir versprochen, er melde sich, sobald er angekommen sei.
6. Mein Vater rät mir, ich solle mehr üben.
7. Meine Lehrerin meint, ich könne die Facharbeit am Monatsende abgeben.
8. Der Reporter sagt, er schreibe jetzt den Artikel zu Ende.
9. Franks Mutter behauptet, er sei krank.
10. Meine Chefin sagt, der Brief müsse noch heute abgeschickt werden.

4 Formulieren Sie die Sätze aus der indirekten Rede in die direkte Rede um.

Chris meint: „Ich finde Mathe langweilig.“

Hier finden Sie die Fortsetzung des Gesprächs zwischen Mark und dem Abteilungsleiter auf der Bildungsmesse:

Der Ausbilder sagte zu Mark:

„Ich erwarte von dir, dass du mir aufmerksam zuhörst, wenn ich dir etwas erkläre. Dafür musst du dich gut konzentrieren und darfst dich nicht ablenken lassen. Wenn du etwas nicht gleich verstehst, kannst du es mir ruhig sagen. Schließlich bedeutet Ausbildung ja, den Beruf zu erlernen. Natürlich arbeitet man da noch nicht wie ein Profi. Für eine gute Zusammenarbeit ist mir gegenseitiges Vertrauen besonders wichtig. Wenn du Probleme hast, kannst du jederzeit zu mir kommen. Dann können wir gemeinsam an einer Lösung arbeiten. Du musst einfach ehrlich sein.“

5 Formulieren Sie die Aussagen des Ausbilders aus der direkten Rede in die indirekte Rede um.

Der Ausbilder sagte zu Mark, er erwarte von ihm, dass …

Prüfungsschwerpunkt „Direkte und indirekte Rede"

Ihren ersten Praktikumstag im Restaurant „Traube" hatte sich Karina stressfreier vorgestellt.

„Stellen Sie die leeren Gläser auf das Tablett!"
„Füllen Sie Wasser in die Vasen!"
Herr Keller

„Dekorieren Sie die Platten!"
„Helfen Sie der Kollegin beim Eindecken!"
Frau Werte

„Schalten Sie das Radio aus!"
„Holen Sie den Sektkübel!"
der Restaurantleiter

„Wischen Sie den Tisch ab!"
„Schälen Sie die Kartoffeln!"
die Köchin

6 Formulieren Sie die Aufforderungen aus der direkten Rede in die indirekte Rede um.

Herr Keller ruft, Karina solle die leeren Gläser auf das Tablett stellen. Er ...

Tina hat sich um eine Ausbildung zur Altenpflegehelferin beworben. Sie berichtet ihrer Freundin Svenja vom Vorstellungsgespräch.

Zuerst wollte der Personalchef wissen, warum ich mich für den Beruf der Altenpflegehelferin interessiere. Dann fragte er, wie viel Erfahrung ich im Umgang mit alten Menschen hätte. Es interessierte ihn, ob ich belastbar sei. Er erkundigte sich, ob ich auch am Wochenende arbeiten könne. Zum Schluss wollte er wissen, weshalb ich eine Ausbildung in seinem Pflegeheim absolvieren wolle.

7 Formulieren Sie die Fragen aus der indirekten Rede in die direkte Rede um.

Der Personalchef fragte mich: „Warum interessieren Sie sich für den Beruf der Altenpflegehelferin?"

Auch Svenja hat einige Fragen zu Tinas neuem Job.

Wie bist du an die Adresse des Pflegeheims gekommen? Wie viele Angestellte arbeiten dort? Hast du dich online beworben? Hast du dich auf das Gespräch vorbereitet? Was hast du getan, um sicher aufzutreten? Wann beginnt deine Ausbildung? Wie lange musst du jeden Tag arbeiten?

8 Formulieren Sie die Fragen aus der direkten Rede in die indirekte Rede um.

Svenja fragt, wie Tina an die Adresse des Pflegeheims gekommen sei. Sie erkundigt sich ... Sie möchte wissen, ...

Test: Direkte und indirekte Rede

In der zentralen Abschlussprüfung müssen Sie Sätze aus der direkten Rede in die indirekte Rede oder aus der indirekten Rede in die direkte Rede setzen.

1   Formulieren Sie folgende Sätze aus der direkten Rede in die indirekte Rede um.

1.1   Michael fragt Stefan: „Kommst du heute Abend mit ins Kino?"

1.2   Katja erzählt Mike: „Am Abend vor der Prüfung werde ich bestimmt sehr aufgeregt sein."

1.3   Herr K. fragt den Passanten: „Können Sie mir bitte sagen, wie ich zum Bahnhof komme?"

1.4   Der Zeuge sagt aus: „Ich habe am fraglichen Abend noch mit ihr telefoniert."

1.5   Der Sportreporter kommentiert: „Endlich sieht man hier mal wieder ein spannendes Spiel!"

1.6   Mein Chef sagt: „Es gibt bald eine Gehaltserhöhung."

1.7   Michael behauptet: „Ich arbeite gerne im Team."

1.8   Meine Freundin beschwert sich: „Du rufst mich in letzter Zeit gar nicht mehr an."

1.9   Der Personalchef fragt Paul: „Warum haben Sie sich entschlossen, Hotelkaufmann zu werden?"

2   Formulieren Sie die folgenden Sätze aus der indirekten Rede in die direkte Rede um.

2.1   Die Nachbarin berichtet, sie habe Frau Meier schon wieder beim Friseur gesehen.

2.2   Miriam meint, sie verstehe alles, weil ihr die Ausbilderin die Aufgaben gut erkläre.

2.3   Der Zeuge sagt aus, dass er sich deutlich an Einzelheiten des Gesprächs erinnern könne.

2.4   Andreas behauptet, handwerkliche Berufe seien nur etwas für Männer.
Für Frauen gebe es doch schöne Berufe im sozialen Bereich.

2.5   Der Angeklagte bestreitet, dass er die Tat begangen habe. Er sei zur fraglichen Zeit im Urlaub gewesen.

2.6   Mein Lehrer meint, ich mache gute Fortschritte in Deutsch.

2.7   Nadja ruft, Gabi solle das Radio ausschalten.

2.8   Stefan sagt, sein Kollege nehme ihm viel Arbeit ab.

2.9   Der Hausmeister behauptet, Herr Schulte sei gestern sehr spät nach Hause gekommen.

Die Prüfungsaufgaben verstehen

Der **erste Schritt** in Ihrer schriftlichen Prüfung besteht darin, zwischen drei Prüfungsaufgaben auszuwählen, wobei die Prüfungsaufgaben aus den folgenden Teilen bestehen können:

Prüfungsaufgabe 1

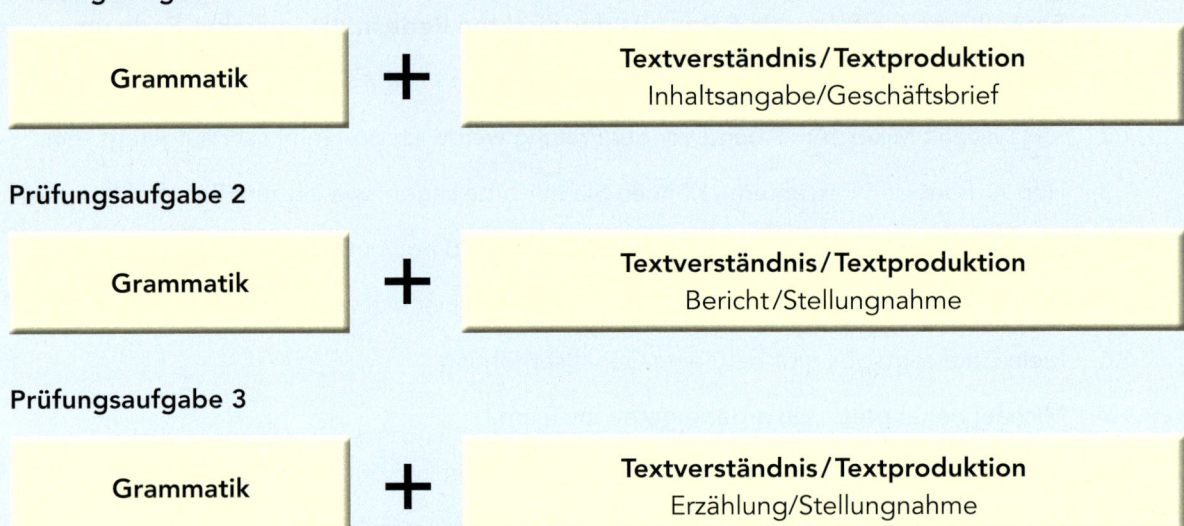

| Grammatik | + | Textverständnis / Textproduktion
Inhaltsangabe/Geschäftsbrief |

Prüfungsaufgabe 2

| Grammatik | + | Textverständnis / Textproduktion
Bericht/Stellungnahme |

Prüfungsaufgabe 3

| Grammatik | + | Textverständnis / Textproduktion
Erzählung/Stellungnahme |

Der **zweite Schritt** besteht darin, die Arbeitsanweisungen zu verstehen. Oft müssen Sie aus einem Textzusammenhang herausfinden, was von Ihnen gefordert wird.

1 Üben Sie anhand der Musteraufgaben auf den Seiten 135, 149 und 163 das genaue Lesen der Arbeitsanweisungen. Schreiben Sie die Schlüsselwörter – meist sind es Aufforderungsverben – in Ihr Heft und notieren Sie dazu, was die Aufgabe von Ihnen fordert. Beispiel:

> ## Textverständnis / Textproduktion: Geschäftsbrief
>
> Sie haben sich entschlossen, sich im Bereich Naturschutz zu engagieren. Beziehen Sie sich auf die Anzeige im Internet und nennen Sie den Grund für Ihr Schreiben an den Naturschutzbund. Führen Sie dazu aus, warum Sie gerne in der Natur sind und dass Sie persönlich mehr für den Naturschutz tun wollen. Fragen Sie, welche Aktivitäten der Verein geplant hat
> 5 und was von Ihnen erwartet wird. Bitten Sie in einem Geschäftsbrief um Informationen.

Meine Aufgabe ist es, einen <u>Geschäftsbrief</u> zu verfassen. Das heißt, es sind inhaltliche, vor allem aber auch formale Gesichtspunkte zu beachten. <u>Inhalt:</u> Ich gehe auf die Internetanzeige (siehe Text) ein und nenne einen Grund für mein Schreiben, den ich mit einigen Sätzen erläutere. Außerdem erfrage ich die in der Arbeitsanweisung genannten Fakten. Ich bitte am Schluss zusammenfassend um entsprechende Informationen. <u>Form:</u> Bei einem Geschäftsbrief sind besondere Formvorschriften im Briefkopf (Datum, Absender, Empfänger), Briefinhalt (Betreff, Anrede) und Abschluss (Grußformel, Unterschrift) zu beachten.

Sachwortverzeichnis

181

Textquellen

Aesop: *Das Lamm und der Wolf, S. 116.* Aus: Antike Fabeln. Bibliothek der Antike. Berlin und Weimar: Aufbau Verlag 1978. **Apin, Nina:** *Ehrenamtliche Arbeit kann sich später auszahlen, S. 134.* Aus: http://www. morgenpost.de/stellen/markt/perspektiven/867071.html vom 19.11.2006 [06.06.2008]. **Arntzen, Helmut:** *Wolf und Lamm, S. 118.* Aus: H. A.: Kurzer Prozess. Aphorismen und Fabeln. München: Nymphenburger Verl.-Handl. 1966, S. 66. **Eckeberg, Peter:** *Tägliche Leistungskurve (Grafik), S. 8.* Aus: Zeit- und Selbstmanagement. München: Oldenbourg Verlag 6/2004, S. 55. **Heusler, Stefan:** *Der Fall, S. 110.* Aus: Die Erklärung. Ausgezeichnete Kurzgeschichten. Hg. v. P. Härtling u.a. Stuttgart: Quell Verlag 1988, S. 102. **Kaléko, Mascha:** *Weil du nicht da bist, S. 115.* Aus: Liebesgedichte von Mascha Kaléko und Elke Heidenreich. Frankfurt a. Main: Insel Verlag 2007. **Kalusch, Matthias:** *Mein schöner Schulalltag oder Zugabe!, S. 106.* Aus: Sie wollen nur unser Bestes … Geschichten vom Leben zwischen den Pausen. Hg. v. Volker Fabricius. Frankfurt a. Main: Fischer Tb 1987, S. 169. **Lessing, Gotthold Ephraim:** *Der Wolf und das Schaf, S. 117.* Aus: Lessings Werke in fünf Bänden. Bd. 5. Berlin und Weimar: Aufbau Verlag 1978, S. 162. **Schmidt, Klaus J.:** *Elkes Berufswunsch, S. 104.* Aus: Frauen und Männer sind gleichberechtigt. Hg. v. der Arbeitsgemeinschaft zur Förderung der wirtschaftlichen und sozialen Bildung e. V. Gelsenkirchen: Verlag Dr. Neufang KG 1992/93. **Sepp, Daniel:** *Gedanken eines Gemobbten, S. 113.* Schülergedicht. **Steinheimer:** *Die Prüfung, S. 148.* Aus: http://www. kurzgeschichten.de/vb/showthread.php?t=37540. © Steinheimer. [02.02.2008]. **Völk, Andreas:** *Machst du, dass es mir schlecht geht?, S. 112. Immer wenn ich alleine bin, S. 114.* Schülergedicht. **Weber, Annette:** *Sauf ruhig weiter, wenn du meinst! (Auszug), S. 108.* Mülheim an der Ruhr: Verlag an der Ruhr 2004, S. 72–74.

Unbekannte und ungenannte Verfasser

Arbeitsalltag einer Fleischverkäuferin, *S. 56.* Aus: http://www.machs-richtig.de/opencms_new/opencms_new/Berufskunde_live_2006/Tagesablaeufe/Lebensmittel [06.06.2008]. **Bevor ich anfange zu arbeiten**, …, *S. 56.* Aus: http://www.machs-richtig.de/opencms_new/opencms_new/Berufskunde_live_2006/Tagesablaeufe/Lebensmittel [06.06.2008]. **Bindung an Medien 2000 (Grafik)**, *S. 94.* Aus: Sabine Feierabend. JIM 2000. Jugend, Information, (Multi-)Media. Hg. v. Medienpädagogischer Forschungsverbund Südwest. Baden-Baden 2000, S. 18 (www.mpfs.de). **Bindung an Medien 2007 (Grafik)**, *S. 94.* Aus: Thomas Rathgeb. JIM 2007. Jugend, Information, (Multi-)Media. Hg. v. Medienpädagogischer Forschungsverbund Südwest. Baden-Baden 2007, S. 17 (www.mpfs.de). **Dafür stehe ich nicht gerne gerade**, *S. 162.* Aus: www.ciao.de/Drogen_Test_2912908 [07.05.2008]. **Hände weg!**, *S. 147.* Aus: http://www.dgb-jugend.de/themen/jugendarbeitsschutz. [06.06.2008]. **Jugendarbeitsschutzgesetz** *(JArbSchG), S. 144.* Aus: http://www.gesetze-im-internet.de/bundesrecht/jarbschg/gesamt.pdf. [06.06.2008]. **Köpfchen zählt – und Persönlichkeit**, *S. 124.* Aus: www.stuttgarter-zeitung.de/ vom 14.09.2007. **Neulich hat's bei mir gepiept …**, *S. 152.* Aus: www.braunschweig.de/wirtschaft_wissenschaft_bildung/stadt-der-wissenschaft/ [24.04.2008]. **§ 4 Arbeitszeit**, *S. 144.* Siehe: Jugendarbeitsschutzgesetz (JArbSchG). **Tipps zum Verhalten in einem Vorstellungsgespräch**, *S. 51:* Nach: www.berufswahl-tipps.de [06.06.2008]. **Tischler/innen arbeiten …**, *S. 36.* Aus: berufenet.arbeitsagentur.de [06.06.2008]. **Vorstellungsgespräch**, *S. 51.* Siehe: Tipps zum Verhalten in einem Vorstellungsgespräch.

Alle hier nicht verzeichneten Texte sind Originalbeiträge für dieses Buch.

Bildquellen

Einband: Bloomimage/Corbis;
S. 7: Axel Hess;
S. 8: Vuk Vukmirovic – Fotofolia.com;
S. 9: Christina Hohenegger;
S. 11: imago/imagebroker/Michael Weber;
S. 13: Martina Hengesbach/JOKER;
S. 16,17, 28, 31, 79, 82, 86, 87, 121 o., mi.: Peter Wirtz, Dormagen;
S. 19: Peter Himsel/Intro;
S. 20: vario images;
S. 25: picture-alliance/ZB;
S. 29: Michael Seifert, Hannover;
S. 35: ullstein bild – INTRO Ausserhofer;
S. 36: ullstein bild – Unkel;
S. 45: imago/Rainer Unkel;
S. 56: ullstein bild – Imagebroker.net;
S. 57: picture-alliance/ASA;
S. 61: Peter Widmann;
S. 65: Westend61/Creativ Studio Heinemann;
S. 67: ullstein bild – Intro/Schmigelsk;
S. 72: ullstein bild-imagebroker.net;
S. 77: Bildmaschine.de/Erwin Wodicka;
S. 78 v. li. n. re.: Peter Wirtz, Dormagen; A1PIX; ullstein bild – Schellhorn, ullstein bild – Sylent Press;
S. 83: v. li. n. re.: ullstein bild – JOKER/Hengesbach; ullstein bild – Oberhäuser/CARO; Peter Wirtz, Dormagen;
S. 84: David Ausserhofer/Intro;
S. 91: KEYSTONE/Keystone;
S. 92 v. li. n. re.: picture-alliance/Sven Simon; picture-alliance/ZB; picture-alliance/dpa; picture-alliance/dpa Themendienst;
S. 96 oben v. li. n. re.: ullstein bild; ullstein bild - Granger Collection; ullstein bild – ullstein bild; unten v. li. n. re.: picture-alliance/dpa; ullstein bild;

S. 97: Sonja Klimaschka, Ahrensburg;
S. 98: Fachingen Heil-und Mineralbrunnen GmbH;
S. 100: v. li n. re.: Archiv der sozialen Demokratie der Friedrich-Ebert-Stiftung Bonn, Bündnis 90/Die Grünen, liberal Verlag GmbH, Die Linke, CDU;
S. 103: imago/INSADCO;
S. 104: Jochen Zick/Keystone;
S. 106: Helga Lade Fotoagentur GmbH;
S. 108: Buchcover Annette Weber: „Sauf ruhig weiter, wenn du meinst!", 2004 Verlag an der Ruhr;
S. 112: Anselm Wenzke;
S. 113: Sebastian Volkholz;
S. 115: plainpicture/Onimage;
S. 116: Illustration aus: Heinrich Steinhöwel, Aesopus, Vita et Fabulae, Ulm 1476, Faksimileausgabe, Edition Libri Illustri, Ludwigsburg;
S. 117, 120: akg-images, Herstellungsjahr: 1823 (S. 111), 1910 (S. 113);
S. 120: Edward Hopper: Hotel Lobby / The Bridgeman Art Library, London;
S. 121: u: picture-alliance / maxppp
S. 123: ullstein bild – imagebroker.net;
S. 125: Kurt Fuchs Presse Foto Design;
S. 127: bilderlounge/F1 ONLINE;
S. 128: picture-alliance/Sven Simon;
S. 131: ullstein bild – Wodicka;
S. 137: argum;
S. 151: bildstelle/action press GmbH & Co. KG;
S. 153: ullstein bild – rust;
S. 165: argum/Falk Heller;
S. 167: die bildstelle/Mike Witschke;
S. 172: Jürgen Christ, Köln;
S. 175: ullstein bild – Wodicka;
S. 176: ullstein bild – JOKER/Hengesbach;

Wir danken allen Rechteinhabern für die Abdruckgenehmigung. Da es uns leider nicht möglich war, alle Rechteinhaber zu ermitteln, bitten wir, sich gegebenenfalls an den Verlag zu wenden.

Textsorten